U0917758

湖北省人文社科重点研究基地
三峡大学区域社会管理创新与发展研究中心开放基金重大项目
“三峡流域城市社会治理研究”资助

三峡流域城市
社会治理研究丛书

丛书主编：谭志松

应用社会学文库

三峡流域城市社会文明教育创新研究

陈金明等 著

SANXIA LIYU CHENGSHI SHEHUI WENMING JIAOYU CHUANGXIN YANJIU

中国社会科学出版社

图书在版编目（CIP）数据

三峡流域城市社会文明教育创新研究／陈金明，谭志松著．—北京：中国社会科学出版社，2016.7

（三峡流域城市社会治理研究丛书）

ISBN 978－7－5161－8199－7

Ⅰ.①三… Ⅱ.①陈…②谭… Ⅲ.①三峡—长江流域—城市建设—精神文明建设—研究 Ⅳ.①D648

中国版本图书馆 CIP 数据核字(2016)第 109563 号

出 版 人　赵剑英
责任编辑　张　林
责任校对　张依婧
责任印制　戴　宽

出　　版　中国社会科学出版社
社　　址　北京鼓楼西大街甲 158 号
邮　　编　100720
网　　址　http://www.csspw.cn
发 行 部　010－84083685
门 市 部　010－84029450
经　　销　新华书店及其他书店

印　　刷　北京明恒达印务有限公司
装　　订　廊坊市广阳区广增装订厂
版　　次　2016 年 7 月第 1 版
印　　次　2016 年 7 月第 1 次印刷

开　　本　710×1000　1/16
印　　张　15.25
插　　页　2
字　　数　245 千字
定　　价　58.00 元

《三峡流域城市社会治理创新研究丛书》编辑委员会

总　序

“三峡流域城市社会治理研究丛书”（以下简称“丛书”）是湖北省人文社科重点研究基地三峡大学区域社会管理创新与发展研究中心（以下简称社管研究中心）开放基金的一项重大研究课题“三峡流域城市社会治理研究”的系列成果。本课题由我主持，下设九个子课题，每个子课题用一本专著结题，分别由研究中心部分教授和博士主持完成。经过课题组和编委会近几年的艰苦努力，成果将陆续由中国社会科学出版社出版。

本课题研究对象是三峡流域中各大中小城市的社会治理研究。这里涉及两个社会空间概念：一个是大区域概念，即所谓“三峡流域”社会空间，这里指长江三峡段涉及的流域区域和汇入三峡流域段的三江（乌江、清江、沅江）所经流的流域区域共同连片构成的地域的社会空间，它涉及湖北、湖南、重庆、贵州 4 个省市的 15 个地市州区及其 94 个县市区（其中重庆的 12 个县为副地级县），国土面积 21.2 万平方公里，总人口 4607.8 万余人。这个区域有四大特点：一是水域和水电特色，举世瞩目的三峡水电工程和葛洲坝水电工程等引起世界关注；二是民族山区特色，这一区域覆盖了武陵山区的大部分地域，土家族、苗族、汉族等 30 余个民族共居此地，具有独特的民族和地域文化；三是自然风景和民族文化构成了丰富独特的民族旅游资源；四是远距省会之外，处于边缘地带而分属 4 个省市，且有相当一部分地区还处于需要国家大力扶贫的状态。另一个区域概念是三峡流域中的城市社会。第一，按现在划分，这一区域内有一个大城市——宜昌市城区，其余全是中小城市（地市州首府和县市区首府城市）；第二，这些城市都在具有国家发展战略和省市发展战略的四个城市圈、群（武汉“8＋1”城市圈、湖南“长株潭”城市群、重庆城市群和贵阳城市群）之外；第三，在这些城市中有一个被确定为首批35个全国城市社会治理的试点——宜昌市，且经过五年的努力，已形成了行之有效的城市社会治理“一本三化”体系和模式。[①] 因此，笔者认为三峡流域社会是一个值得关注和研究的社会空间，并首次选择了“三峡流域城市社会治理研究”为我们的研究课题。

党的十八届三中全会通过的《中共中央关于全面深化改革若干重大问题的决定》（以下简称《决定》）明确提出：“全面深化改革的总目标是完善和发展中国特色社会主义制度，推进国家治理体系和治理能力现代化”，并强调要“创新社会治理的体制”。其现实意义就是维护最广大人民根本利益，最大限度地增加社会和谐因素，增强社会发展活力，提高社会治理水平，确保人民安居乐业、社会安定有序。它体现了我们党对社会发展规律认识和把握的又一次新飞跃，实现了我国社会建设理论和实践的又一次创新。《决定》的精神，提升了“丛书”研撰的重要现实意义。

研究城市社会治理，必然要考虑城市社会空间的特点和社会转型期社会结构变化情况，要以马克思主义社会空间理论为指导，来构建城市社会治理研究的框架和体系。马克思主义社会空间理论源于马克思“土地空间”理论所导出的社会空间思想。20世纪70年代以来，以列斐伏尔、卡斯特尔、哈维、詹姆逊等为代表的新马克思主义者们循着马克思和恩格斯的思想进一步推进了马克思主义的社会空间思想，进而逐步形成了马克思主义社会空间理论。[②] 马克思主义社会空间思想的核心是“社会空间是人类社会实践活动的产物”。“实践”是马克思主义哲学的立足点也是目的地。马克思指出：“从前的一切唯物主义（包括费尔巴哈的唯物主义）的主要缺点是：对对象、现实、感性，只有从客体或者直观的形式去理解，而不是把它们当作感性的人的活动，当作实践去理解。”[③] 由此可见，马克思的“实践”，“不单是指人类的物质生产实践活动，还

---

① 这部分内容的详细论述见笔者著，本“丛书”著作之一：《三峡流域城市社会治理概论》。

② 王晓磊：《社会空间论》，中国社会科学出版社2014年版，第95页。

③ 《马克思恩格斯选集》（第1卷），人民出版社1995年版，第54页。

包括人类的精神生产实践活动、人的生产实践活动和社会交往实践活动"①。也就是说，社会空间是人类物质生产实践、精神生产实践、人的生产实践和社会交往实践等四种实践活动的产物。

从马克思主义社会空间理论去思考，研究城市社会治理必须考虑城市社会与城市自然空间（城市区域位置）和再现的城市空间（政府主导下人们建造的城市空间）关系；要考虑城市社会与该城市的精神空间的关系；还要考虑城市社会与该城市的人口规模、民族结构和文化的关系；更离不开与该城市的经济发展状况以及治理体制和机制的关系。因此，我们是在这个基本思想的指导下构建的本"丛书"内容体系：

其一，"丛书"第一次提出"三峡流域"的概念，对"三峡流域"概念的界定及其意义的阐释，以及对该区域城市社会治理综合状况梳理，包括研究区域城市社会的一些基础性理论论述，是整个"丛书"基础性的重要工作。这方面以题为《三峡流域城市社会治理概论》的著作，由谭志松教授完成。

其二，我们选取宜昌市城市社会治理为研究范本，进行全面系统的研究拟作为三峡流域城市社会治理可以循借的样本，以指导实践和找出规律。这样做的理由有四：一是，宜昌市是三峡流域中规模最大、经济基础较好的城市（现城区人口120余万）。二是，区域位置处该流域中部核心位置，中国水电主要枢纽工程：三峡水电工程和葛洲坝水电工程所在地，有"中国能源的心脏"和"世界水电之都"之称，有重要的社会影响和社会地位。三是，宜昌市已作为全国城市社会管理创新首批35个试点城市之一进行了5年的实践探索，取得了开创性的成果，形成了特色鲜明的社会治理体系："一本三化"城市社会治理模式，并得到了中央和湖北省委的肯定和重视，已经产生了重要影响。这个体系和模式对于三峡流域乃至全国城市社会治理具有重要的示范和推广意义。四是，宜昌城市发展的历史变迁、社会文化结构、经济生活方式与地理生态环境等与三峡流域内城市基本相近，因此，选择宜昌市做样本具有直接指导意义。我们用三本专门著作全面研究宜昌城市社会治理模式和经验：《现代城市社会治理创新"一本三化"模式研究——来自宜昌的中国经验》

① 王晓磊：《社会空间论》，中国社会科学出版社2014年版，第87页。

（谭志松教授和王俊教授等编著）、《现代城市政务信息化大统一模式研究——宜昌市电子政务实践与实效》（王俊教授等编著）、《宜昌城市变迁史研究》（李敏昌教授等著）。

其三，围绕城市社会治理涉及的各个方面结合三峡流域城市社会治理状况，从五个方面作专题研究：

邓莹辉教授的《三峡流域城市社会文化管理创新研究》一书，主要分析了政府行使文化管理职能过程中所面临的困境及其产生的原因，厘清了城市文化管理和管理文化创新的基本思路及有效路径，其间，特别注意到地方文化建设、发展和管理对城市社会治理的影响和作用。

陈金明教授等的《三峡流域城市社会文明教育创新研究》一书，着重分析三峡流域城市社会文明教育的结构体系，从实证研究的角度，总结了三峡流域城市社会文明教育的重要举措及基本经验，同时也对城市文明教育对城市社会治理作用的理论进行一定的探讨。

骆东平教授等的《三峡流域城市社会治理法治化研究》一书，以全国社会管理创新的试点城市——宜昌市的城市社会治理法治化实践为研究对象，重点就宜昌市城市社会治理法治化、社会稳定风险评估与应急管理法治化、特殊人群管理法治化、非政府组织法治化和“智慧城市”建设等几大方面的实践与理论问题进行了研究。以探究当下城市社会治理中本地优势资源的开发与本地社会服务水平提升中的诸多理论与实践问题。意在阐释城市社会治理需将创新社会治理置于法治化的轨道中，需科学规划社会治理立法进程、有序推进公民参与公共决策、积极营造社区法治文化氛围和全面保障社会组织服务民生。

李见顺博士的《三峡流域城市社会社区自治的理论与实践研究》一书，从逻辑的、历史的和现实的三个层面探讨了三峡流域城市社区自治的理论问题和实践模式，对三峡流域社会建设背景下城市社区自治的产生与发展进行理论总结，并提出适应社会建设需要的城市社区自治重构模式和路线图。

朱静博士和梁贤艳副教授等的《三峡流域城市社会安全治理研究》一书，主要选择了我国各地运行较好的城市社会安全治理模式进行比较研究，这些城市包括山东烟台、浙江平阳、辽宁沈阳、江苏淮安、四川遂宁、湖北宜昌等，通过比较研究，归纳出这些城市社会安全治理的特征和经验。

《丛书》的研撰经过了艰辛努力，也得到了多方的帮助和支持。2012年，在宜昌市政协主席、市社会管理创新领导小组办公室（以下简称“市创新办”）主任李亚隆同志的支持下，三峡大学应用社会学研究所与宜昌市社会管理创新办公室联合申报湖北省人文社科重点研究基地三峡大学区域社会管理创新与发展研究中心并获得成功，开始实质性合作研究。我们派出朱静博士等到市创新办挂职工作学习宜昌市社会管理创新工作，参与市创新办相关工作。多次请市创新办相关领导和工作人员来社管研究中心讲座，介绍宜昌市社会管理创新工作，并一直保持紧密合作关系，进行了政校联合攻关。

2014年8月，我率《丛书》编撰人员赴三峡流域中的恩施土家族苗族自治州、利川市、黔江区、涪陵区、湘西土家族苗族自治州、张家界市、怀化市、铜仁市等地区进行了为期20余天的实地调研，2014年10月又在宜昌市调研三周，其他地方我们也通过其他途径联系获得了需要的资料。各地政府和部门的相关领导和干部都给予了大力支持和热情接待，使我们的调研得以顺利进行，并获得了近两千万字的第一手重要资料。借此，我要向以上各地党委政府及其部门的相关领导表示衷心的感谢！

著名社会学家、中国人民大学一级教授郑杭生先生生前是我们社管研究中心名誉主任，他十分关心《丛书》的研撰和出版工作，并对《丛书》框架和各著作的提纲给予了许多具体的指导性意见。我们也以《丛书》的出版表达对郑先生的深切怀念和万分感激之情。

我们还得到中国社会科学出版社副总编辑曹宏举编审的细心指导和大力支持，责任编辑张林主任也给予了大力帮助，在此一并致谢。

《丛书》得以顺利出版，还要特别感谢三峡大学党委书记李建林教授、校长何伟军教授，他们不仅出任编委会顾问，在《丛书》研撰的整体方向上把脉，还给我们全体编撰人员以极大的鼓励和支持。还要感谢三峡大学科技处（社科处）许文年处长、周卫华副处长，马克思主义学院胡孝红院长、胡俊修和黎见春副院长等给予的大力支持。

《丛书》涉及社会学、文化学、民族学、管理学、法学、教育学等多个学科，虽然各著作的负责人属于在相应领域里有较深造诣或者有一定研究特长的专家、教授和博士，但毕竟着眼于一个区域的城市社会治理研究的知识和经验有限，所以，书中定有不足或不妥之处，还请各位学者、广大读者和三峡流域各地的领导、干部批评指正。

谭志松

于三峡大学云锦花园专家楼

2015 年 3 月 1 日

目　　录

前　　言

城市社会文明教育是培育和践行社会主义核心价值观的重要举措。三峡流域各个城市在进行社会文明教育的过程中，立足区域实际，并结合自身特点，运用多种形式和载体，加强理想信念教育和核心价值观的培育，弘扬文明的道德风尚，强化党风廉政建设，打造公平正义的法制环境和诚实守信的市场环境，涌现了以宜昌市为代表的全国文明城市和一批省级文明城市。当然，城市社会文明教育只有起点，没有终点。面对三峡城市群的迅速崛起，如何通过城市社会文明教育，进一步提升城市公众形象，提高市民文明素质，优化城市投资环境，需要学界和政界共同努力思考，作出科学理性的回答。也正是基于此种考量，谭志松教授审时度势，提出了"三峡流域城市社会文明教育创新研究"的课题，并要求课题组成员力求理论联系实际，既要开展深入的理论探讨，又要进行实地调研考察，唯此，才能拿出较有分量的研究成果。正是根据谭志松教授的总体要求，我们开展了近三年的调研、探讨和写作，终于形成了呈现在读者面前的这部书稿。

本书是谭志松教授主持的一项重大研究课题"三峡流域城市社会治理创新研究"的系列成果之一。为完成这项重大研究课题，谭志松教授带领课题组成员于 2014 年 8—10 月在三峡流域所属城市恩施、利川、黔江、涪陵、张家界、怀化、铜仁、宜昌等地进行了为期 60 余天的实地调研，得到了各地政府及党委宣传部、文明办等部门领导和干部的热情接待与大力支持，并给我们提供了有关城市社会文明建设等第一手宝贵资料。在此，一并表示衷心的谢意。

2013 年春季本书编撰组成立并开始运行，具体分工如下：谭志松教授确定本书书名，并提出该书的框架设想；陈金明教授根据框架设想拟出编撰计划，并经编委会集体讨论，最后由陈金明教授确定书稿提纲。根据提纲，李军撰写了第一、二、三章初稿，谢丞撰写了第四、五、六章初稿。陈金明、李红梅、谢丞又对书稿进行了反复修改。最后，陈金明、李军、谢丞进行统稿并定稿。

本书是集体智慧的结晶，凝聚了许多人的心血汗水和帮助指导。在此，我除了要感谢编撰组同志的精诚合作和不辞辛劳外，还要代表编撰组特别感谢谭志松教授，正是在他带领下，我们才有机会奔赴三峡流域各城市顺利开展调研活动并取得丰富的调研资料；也正是在他的亲自指导和热情关心之下，书稿才得以如期完成。我还要感谢丛书编委会的邓莹辉教授、骆东平教授、覃美洲副教授、梁贤艳副教授等，他们在调研期间给予我很多的关心与帮助，在书稿提纲讨论过程中提出许多宝贵的修改意见。

在编撰本书的过程中，我们参考了许多文献资料，有的在文中已经标明，有的因篇幅所限，尚没有列出。在书稿即将付梓之际，向参考文献的作者表示深深的谢意。

因编撰者知识水平所限，再加之搜集的资料尚不全面，故书中仍有诸多不尽如人意的地方，在此，恳请广大读者、各位专家学者及相关领导不吝赐教，并予以批评指正。

三峡大学　　陈金明

于云霞小区

2015 年 12 月 3 日

第一章

城市社会文明教育概说

现代城市的产生是生产力发展、社会文明进步的结果，但城市的日益现代化也滋生出许多社会问题。因此，加强城市社会文明教育就显得尤为重要，这将有利于提升城市社会文明主体素质、促进经济社会和谐发展。

第一节　社会文明与城市社会文明

人类社会文明是一个复杂的有机整体。我国在 30 多年的改革开放进程中，社会主义文明建设经历了“两个文明”一起抓，到“三个文明”协调发展，再到“五个文明”全面协调发展的三个阶段，从而形成系统的中国特色社会主义文明建设理论。这是我们党对中国特色社会主义认识的深化，对于不断促进物质文明、精神文明、政治文明、社会文明和生态文明的协调发展具有重要的现实意义。其中，社会文明的提出，已引起学界的高度关注。

一　社会文明

在以往的研究中，人们并没有把狭义的社会文明和广义的社会文明区别开来，因为关于社会文明的研究成果大部分采取了文明或者广义社会文明的表述形式。从这个角度上看，国外对社会文明研究的历史十分久远。早在公元前 4 世纪，修昔底德的《伯罗奔尼撒战争史》一书中就使用了“文明”一词。到了 18 世纪，法国的伏尔泰在《风俗论》一书中谈到了埃及、巴比伦、中国、印度等国的社会文明问题。19 世纪，法国的基佐在《法国文明史》和《欧洲文明史》两部著作中都提出了文明包括个人发展和社会生活发展等重要论点。美国著名的人类学家路易斯·亨利·摩尔根也在其著作中探讨了人类文明的起源与发展。20世纪，主要资本主义国家从自由竞争到垄断进行过渡，无产阶级与资产阶级之间的矛盾、生产社会化与生产资料私有制两者的矛盾、帝国主义国家与殖民地及附属国等之间的矛盾并存，这些矛盾的存在对资本主义社会以及人类社会文明提出了严峻的挑战。在这种情况下，探讨文明本质的成果大量涌现。福泽谕吉的《文明论概论》、马尔库塞的《爱欲与文明——对弗罗伊德思想的哲学探讨》、阿诺尔德·汤因比的《历史研究》和《文明经受着考验》、威尔·杜兰的《世界文明史》等著作对社会文明进行了深入研究。此后，梅棹忠夫的《文明的生态史观》、伊东俊太郎的《比较文明》、西格蒙特·弗罗伊德的《文明及其缺憾》、岸根卓郎的《文明论——文明兴衰的法则》、神川彦松的《从文明的视角看世界现状和未来》、塞缪尔·亨廷顿的《文明的冲突与世界秩序的重建》、威廉·麦克尼尔的《西方的兴起》等著作从不同视角，对人类文明进行了更加深入的解析。①

由于历史和现实等多种因素的制约，社会文明作为一个重要的课题在我国被提出和关注的时间较短，研究成果主要体现在以下几个方面：从社会资源分配方式、社会基层治理模式和社会成员精神状态等维度阐述了社会文明建设与政治文明建设之间的关系②；剖析社会文明的本质内涵，及与构建和谐社会的内在联系；探讨物质文明、政治文明、精神文明、生态文明对社会文明的影响和相互作用；阐释全球化时代背景下人类社会文明发展所遇到的失调与协调、冲突与融合、危机与转型、嬗变与重构；社会文明建设要注重经济持续健康协调发展，妥善处理各方面的利益关系；社会文明建设需要妥善处理人际关系矛盾，做好群众工作，维护社会稳定；社会文明建设是一个整体系统工程，要求做好社会安置、

① 于建荣：《中国特色社会主义社会文明研究》，中共中央党校博士论文，2007年。

② 庄锡福：《社会文明建设与政治文明建设辩证关系分析》，载《马克思主义研究》2006年第6期。

社会保障、社会调控，促进社会的不断进步。①

从社会学的角度来说，社会是由具备一定联系的、相互依存的超个人的有机整体，它是总的社会生活体系，是人们通过交往形成的社会关系的总和，是人类生活的共同体。社会的本质是人和组织形式，其中，人确定了社会的规模和活动的状态；组织形式，则决定了社会的性质及生产关系。社会具有一系列的特征：社会是一个有文化、有组织的系统。是由人群组成具有一定的文化模式组织起来的；在社会中，生产活动是一切活动的基础，任何社会都必须进行生产；任何社会都是从前人继承下来的，同时又与周围的社会发生横向联系，具有自己的特点；社会能够主动地调整自身与环境的关系，创造自身生存与发展的条件；社会都有明确的区域和界限，存在于一定空间之内。此外，社会还具有交流、整合、导向、继承、发展等功能。社会有广义的社会（大社会）和狭义的社会（小社会）之分，广义的社会是指由生产力、生产关系等要素构成的复杂但又统一的系统，它是政治、经济、文化和社会的有机整体。

目前学界对狭义社会的认识并不统一，比较公认的观点认为狭义的社会是指相对于政治、经济、文化而言的其他领域，还有观点认为狭义社会是与国家相对应的私人的自治领域。也有学者认为，狭义的社会是指与政治、经济、文化相对应的一种客观存在，社会生活、社会关系、社会意识、社会生活环境和社会管理是其基本的构成要素。

文明是文明行为、文明过程和文明结果的有机统一。② 在马克思主义经典著作里，“文明”一词多次使用并被赋予了多重内涵。马克思主义经典作家肯定了摩尔根对人类社会发展阶段的划分，将人类从低级到高级划分为三个时期，即蒙昧、野蛮、文明时期。文明出现的判定标准，主要是城市的出现、文字的产生、国家制度的建立。其中最重要的前提条件是城市的出现，可以说城市是文明的标志。

关于文明的含义，学界仁者见仁、智者见智，向来莫衷一是。首先，文明是人类社会实践活动的产物，是一种社会品质。文明是人类一切实践活动的产物，离开了实践的活动，文明就失去了赖以生存的土壤。实

---

① 于建荣：《中国特色社会主义社会文明研究》，中共中央党校博士论文，2007年。

② 罗浩波：《社会文明学导论》，浙江大学出版社2008年版，第65页。

践活动不仅使人类创造了文明，同时也极大地推动了文明的发展，若人类实践活动一旦停止，文明便失去了发展的动力。文明也不能离开社会而存在，文明总是社会的文明，是人的社会性的集中反映。脱离人类社会，文明的产生和发展就不复存在。

其次，文明是一个不断进化发展的过程，是社会规律作用的结果。对待文明，不能将其看成是一个完美的事物，而是一个不断进化的过程，并且这种进化是没有止境的，一旦进化和发展停止了，文明也就终结了。文明虽是不断进化发展的，但是这种进化发展是有规律可循的，它内在蕴含一种规律。正如马克思所指出的那样，“当文明一开始的时候，生产就开始建立在级别、等级和阶级的对抗上。没有对抗就没有进步，这是文明直到今天所遵循的规律。到目前为止，生产力就是由于这种阶级对抗的规律而发展起来的”①。

再次，文明具有世界性和开放性。没有一种文明可以免于其他文明的“干扰”，没有一种文明可以不与其他文明进行交流和互动。文明本身就像一件“百家衣”一样，没有“独家制造”的品牌。文明从诞生之日起就随着人类的不断迁徙和开拓而得以传播和交流，并在这种传播和交流中不断得到发展和进步。因而，文明本身是具有世界性的，开放性是文明重要的特性。

最后，文明会带来一定的问题，也会产生冲突和矛盾。文明一方面确实给人类社会带来了进步和发展，另一方面，它也会造成一定的问题，这些问题自文明产生之日就存在，随着文明的发展，这些问题虽然在一定程度上得以解决，但不能根绝。从另一个方面来说，对文明发展所带来的问题的治理在一定程度上体现了人类文明的进步，推动了文明发展的进程。文明不仅要面对产生的各种问题，还要注意不同文明间的冲突，各种文明之间的斗争以及文明内部各阶级之间的冲突问题。在文明传播和交流的过程中，文明的认同是一个关键问题，如果认同不存在或者认同度低，那么冲突就会发生。美国著名学者塞缪尔·亨廷顿在《文明冲突和世界秩序重建》一书系统地提出了“文明冲突论”。亨廷顿认为，现当代世界冲突的基本根源不再是意识形态，而文化方面的差异，主宰全

---

① 《马克思恩格斯全集》第4卷，人民出版社1972年版，第104页。

球的将是“文明的冲突”①。除了不同文明之间的冲突存在之外，同一文明中也会有斗争和矛盾，这主要是由于不同阶层、不同阶级、不同地域之间的差别所造成的。这种矛盾和斗争具有两面性，一方面是文明多样性的体现，但同时它又会阻碍这一文明整体进程的发展和巩固。

通过上述对“社会”和“文明”分别进行了一定的梳理之后，社会文明的概念逐渐清晰。广义的社会文明是指人类社会发展的全部劳动成果，是物质文明、精神文明、政治文明、生态文明和狭义社会文明的有机整体。广义的社会文明也是人类遵循社会发展规律而改造客观世界和主观世界所获得的积极成果的总和，体现出整个社会进步与发展的过程，是以社会为本位的文明进化状态。简单地说，广义的社会文明就是一种社会生活的逻辑，这种生活逻辑涵盖了三个基本要素：生活方式、价值取向、运作模式。

狭义的社会文明是指党的十七大提出的“五个文明”之一，是与物质文明、精神文明、生态文明以及政治文明并列的，其含义是指社会建设的进程及成果，并包含社会主体文明、社会关系文明、社会观念文明、社会制度文明、社会行为文明等方面。更进一步说，社会主体文明包括个人的发展、家庭邻里的幸福和谐以及整个社会的和谐；社会关系文明包含了人际关系文明、家庭关系文明、邻里关系文明、社团关系文明等；社会观念文明则涵盖了社会理论、社会心理、社会风尚以及社会道德；社会制度文明包涵了社会体制文明、社会政策文明以及社会法律文明等；社会行为文明则主要指的是社会活动、社会工作以及社会管理文明等。我们日常提及的社会文明指的是狭义的社会文明。在“五个文明”共同构成文明系统中，生态文明是前提，物质文明是基础，精神文明是灵魂，政治文明是保障，而社会文明则是目的。“五个文明”相辅相成、相互制约、协调发展，是一个完整而系统的文明体系，是我们党和国家和谐发展理念的一次升华，是对人类社会发展趋势的正确回应，是人类社会发展进程中不可低估的力量。从历史视角看，一种文明形态不会被另一种文明形态完全取代，几种文明形态会有同时存在的可能性。但是，在这

---

①　耿赜：《试论亨廷顿的〈文明的冲突与世界秩序的重建〉观点的真伪性——以伊拉克战争为例》，载《魅力中国》2011年第8期。

一过程中，总有一种文明会起主导作用，而其他文明则处于次要地位。因此，必须重视社会文明的教育，不断提升社会文明的水平和程度。

社会文明的实质是人通过自身本质的对象化和自然界人化而达到的超越自然限制的能力和水平，社会文明的主体是人，并以人的全面而自由的发展为标志。[①] 社会文明作为一种人类活动的历史产物，具有以下三个鲜明的特征：

一是社会文明具有强烈的实践性，是人类实践活动的产物，根源于人类的实践活动。[②] 任何一种文明，都是全体社会成员在继承前人智慧的基础上，通过改造自然、改造社会以及改造人自身所取得的积极成果。离开了人的实践性，社会文明就失去了赖以依附的根基，也就谈不上社会文明的繁荣与昌盛了。从奴隶社会、封建社会、再到近代文明时代，每一次生产关系的变革，每一次生产力的迅猛发展，都极其有力地推动了社会文明的前进。而生产关系的变革、生产力的进步，都来自于人的实践、人的社会劳动。正是在不断的社会实践中，社会文明的进步才得以实现。因此，必须充分发挥人的主观能动性，不断推进实践的纵深发展，在总结实践经验和积累实践教训的基础上，不断系统地深化对社会文明的认识和了解。

二是社会文明具有不断进步性，并且遵循一定的规律。社会文明不是一个静止的状态，而是伴随人类社会发展进化的历程，不断呈现出鲜明的时代性和先进性。社会文明是在实践的基础上产生的，而实践又是伴随着生产力和生产关系的进步而不断向前推进的，因而，社会文明的发展也应是向前的，是在不断进步的。这种进步主要体现在物质文明的富有、精神文明的丰富，生态文明的改善等各个方面，这种进步是一种整体意义上的向前推进，而不是单一的、突兀的进步。同时，社会文明的发展和进步也要遵循一定的规律，这主要是由社会文明产生的基础和条件决定的。社会文明总是以一定的社会形态为依托，是一定范围内人们实践活动的生动再现，所以它也必须遵循这一特定时空范围内物质条件、上层建筑之间所表现的内在规律。

---

① 罗浩波：《社会文明学导论》，浙江大学出版社 2008 年版，第 96 页。

② 吴自斌：《社会发展视域中的政治文明》，南京师范大学博士论文，2004 年。

三是社会文明具有世界性和开放性。① 一方面，社会文明本身并不是一个封锁和闭塞的事物，在社会文明形成和发展的过程中，不同文明之间的交融和吸收不断出现，社会文明之间相互影响、相互渗透、相互借鉴，这就使得社会文明的内涵和外延不断丰富。另一方面，从当今全球化不断深化的现实来看，社会文明也需要不断增强其世界性和开放性。只有在不同社会文明的大交融中，一国的社会文明才能得以不断发展和提升。任何“闭关锁国”、故步自封都只会导致自身的落后和倒退。中国自鸦片战争以来的历史教训不断告诉我们，必须加强与外界的沟通与交流，切不可妄自尊大，也不可闭目塞听。在积极走向开放的同时，也要充分注意保护自己社会文明的独立性和独特性，要有效抵制外来文明的侵扰和侵蚀，不被外来文明“同化”。

二　城市社会文明

城市是人类社会发展到一定阶段所形成的，是人类文明的结晶、社会进步的摇篮，是经济、社会、政治、文化等发展的载体；城市也是人类生存和发展较为理想的场所。从根本上说，城市产生与发展的基本动力是社会生产力的发展。② 城市的起源有因“城”而“市”和因“市”而“城”两种类型，因“城”而“市”即先有城后有市，市是在城的基础上发展起来的，这种类型的城市多见于战略要地和边疆城市；因“市”而“城”则是由市的发展而形成的城市，也就是先有市场而后有城市的出现，这类城市比较普遍，是人类经济发展到一定阶段的产物，本质上是人类的交易中心和聚集中心。从城市综合经济实力和世界城市发展的历史来看，城市的主要类型有集市型、功能型、综合型、城市群等。

其一，集市型城市。即周边农民或手工业者商品交换的集聚地，商业主要由交易市场、商店、旅馆、饭店等配套服务设施所构成。处于集市型阶段的城市在中国主要是集镇。

其二，功能型城市。即通过自然资源的开发和优势产业的集中，开始发展其特有的工业产业，从而使城市具有特定的功能。功能型城市不

---

① 谢基昌：《对政治文明的哲学思考》，载《广东教育学院学报》2004 年第 4 期。

② 肖爱民：《论马恩“两个彻底决裂”思想及其意义》，载《湖湘论坛》2003 年第 2 期。

仅是商品的交换地，同时也是商品的生产地。但城市因产业分工而形成的功能单调，对其他地区和城市经济交流的依赖增强，商业开始由封闭型的城内交易为主转为开放性的城际交易为主，批发贸易业有了很大的发展。这类城市主要有工业重镇、旅游城市等。

其三，综合型城市。一些地理位置优越和产业优势明显的城市，经济功能趋于综合型，金融、贸易、服务、文化、娱乐等功能得到发展，城市的集聚力日益增强，从而使城市的经济能力大大提高，往往成为区域性、全国性甚至国际性的经济中心和贸易中心。综合型城市的商业由单纯的商品交易向综合服务发展，商业活动也扩展延伸为促进商品流通和满足交易需求的一切活动。这类城市在中国比较典型的有直辖市、省会城市等。

其四，城市群。城市的经济功能已不再是一个孤立的城市体现，而是由一个中心城市为核心，同与其保持密切经济联系的一系列中小城市共同组成的城市群来体现。如美国大西洋沿岸的波士顿城市带，日本的东京、大阪、名古屋三大城市圈，英国的伦敦—利物浦城市带等。上海所在的长江三角洲地区实际上也正在形成一个经济关系密切的长江三角洲城市群，其整体的经济功能已在日益凸显。

城市是人类文明的重要组成部分，同时，城市也是伴随人类文明与进步发展起来的。[①] 早在农耕时代，人类就已开始定居生活，城市也就出现了，但其作用主要是军事防御和举行祭祀仪式，并非生产功能，城市只是作为消费中心。而且，因为周围的农村所能够提供的余粮并不多，城市的规模较小，城市发展的水平受到较大的限制。那时每个城市和它控制的农村，呈现出一个小单位，相对封闭，自给自足。伴随工商业的迅速发展，城市崛起和城市文明开始传播。真正意义上的城市是工商业发展的产物。如 13 世纪兴起的米兰、威尼斯、巴黎等，都是当时重要的商业和贸易中心，其中威尼斯在繁盛时期，人口超过 20 万。工业革命后，生产力水平得到空前提高，生产关系发生了翻天覆地的变化，城市化进程也随着大大加快。此外，大量农民不断涌向新的工业中心，城市

---

① 黄孟洲、孔德甲：《建设中国特色社会主义政治文明的马克思主义哲学向量》，载《电子科技大学学报》（社会科学版）2006 年第 3 期。

获得了前所未有的发展。第一次世界大战前夕，英、美、德、法等国绝大多数人口已生活在城市。这不仅是富足的标志，而且是文明的象征。[①]据统计，现在发达国家90%以上的人口居住在城市，其中95%以上的国民生产总值来自于城市；而中国超过40%的人口居住在城市，85%以上的国民生产总值是由城市创造的。城市，已经是一个国家实力和竞争力的反映。城市的存在是人类社会高级文明的存在形式，城市的发展需要城市社会文明。

城市社会文明是指城市社会建设的进程及成果，包含城市社会主体文明、城市社会关系文明、城市社会观念文明、城市社会制度文明、城市社会行为文明等方面。[②] 其主要特征可以概括如下：

其一，城市社会文明是人类社会发展到较高水平的产物。作为人类实践活动的产物，城市社会文明伴随着实践活动的发展而发展，并且只有当人类实践活动的水平到达一定程度之后，城市社会文明才会以一种反馈式的形式出现，这种文明不仅是生产力进步的表征，同时又能对社会生产力的发展产生强大的推动作用，不断促进生产力的发展。

其二，城市社会文明具有强大的辐射和影响力，是某一地区文明的中心地带。由于城市一般是某一地区的政治、经济、文化中心，拥有这一地区较为优良的资源和优越的地理位置，因而城市社会文明一旦形成之后，并将以城市为依托，对周边地区形成较大的辐射半径和磁场。一般而言，某一地区城市的社会文明在教育、居民素质等方面都具有一定的标杆示范作用，是这一地区能够有效影响和规范人们行为的重要因素。

其三，城市社会文明具有一定的地域性，是当地风土人情的有效表现途径。城市社会文明除了能够有效地反映生产力的情况之外，对于不同地区的影响、不同种族人群的生存方式多样性的存在，城市社会文明所呈现出来的面貌也是千差万别、“风情万种”。就像每一座城市都有自己独特的韵味一样，城市的社会文明无不打上这一城市特有的印记，成为整个文明体系中一道亮丽的风景。城市社会文明的这一特点是某一城市区别于其他城市的重要特征。尤其是在现代社会中，城市的整体规划

---

① 罗浩波：《文明起源研究若干前沿问题述论》，载《天府新论》2011年第4期。

② 杨党校、肖良东：《政治文明内涵之刍议》，载《管理科学文摘》2008年第1期。

和发展越来越趋于相同，一样的高楼大厦、一样的车水马龙、一样的霓虹闪烁，城市之间的差别变得越来越小，而城市社会文明无疑是衡量一座城市水平的重要指标。在当今国际竞争日趋激烈的背景下，文化软实力的竞争显得尤为重要。因而，城市社会文明怎样突破现有的观念束缚，走向一条实现自我文化复兴的道路，以求真正彰显自己本城市的独特性和新异性，这是城市社会文明建设应该思考的问题。

第二节　城市社会文明教育

城市社会文明教育对于提高城市社会文明主体素质，促进城市社会文明发展水平，具有重要的现实意义。①

一　城市社会文明教育的原因和对象

现代城市的产生是生产力发展、社会文明进步的结果，同时，现代城市也推进了社会生产力的发展与社会文明的进程。但是城市的日益现代化并不能保证社会风气高尚、市民自觉履行社会文明行为。在这种情况下，城市社会文明教育的作用就显得尤为重要。

1. 教育的起源与功能

“教”，孝为先，以文传授；“育”的关键在于身体力行。从广义上讲，教育指的是增进人们的知识和技能、影响人们的思想品德的活动。从狭义来讲，教育指的就是学校教育，其具体含义指教育者依据一定社会的要求，有目的、有组织、有计划地对受教育者的身心进行影响，把其培养成为社会所需要的人的活动。② 教育的起源理论有三个，分别是本义教育起源论、民族文化起源论和科学教育起源论。本义教育起源论主要有四种代表性观点：生物起源论认为教育是物种进化过程中所形成的人和动物共同具有的本能行为；心理起源论认为教育最初是源于原始人类的具有教育含义的无意识模仿行为；劳动起源论主张劳动创造了社会和人类，劳动的复杂性需要通过教育把人类社会的经验传授给下一代；

---

① 洪晓楠：《文明城市论》，载《洛阳师范学院学报》2002 年第 1 期。

② 张英辉：《试论教育过程的本质》，载《长春大学学报》2001 年第 6 期。

社会实践起源论认为教育起源于原始社会人类的社会实践。民族文化起源论认为教育起源于民族文化。科学教育起源论则认为学校教育是起源于原始社会初期“男女儿童、少年和老人群”的共同活动。

教育的起源不仅是个人因素的作用，而且也是政治、经济、文化、社会发展的客观需求。教育的功能可以分为社会发展功能和个体发展功能。[①] 教育的个体发展功能可分为个体个性化功能和个体社会化功能两个方面。人类社会活动的领域主要指经济、政治和文化等方面。从历史发展进程的角度来看教育的功能，教育的意义在于使人们掌握一定的生产生活技术，提升社会物质生产力，进而提高人们生活水平，还可以传授制度规范、文明习俗，“教化”人们，进而提高人们的素质。

2. 城市社会文明教育的必要性

城市现代化进程中往往会出现很多复杂的问题，甚至会存在很多社会弊端，正是这些问题和弊端却也可能成为开展城市社会文明教育的重要现实因素。当今社会经历着剧烈的转型，必定会导致城市社会阶层出现异动，随之也会不断衍生出数量众多的外来务工人员以及经商人员等，在他们逐渐融入城市生活的过程中，会使得整个城市市民群体的异质性成分不断扩大，并导致市民的素质状况呈现出复杂多样的变化趋势。在现代城市化的进程中，城市市民的文化素养和文明程度往往跟不上社会经济发展的节奏，呈现相对滞后的状态。当下，城市社会仍然存在着市民科学文化素质发展不均衡的情况，很多市民的思想意识、行为习惯、生活方式以及素质品格等方面的状况也不容乐观。一些最基本的做人理念并没有完全深入到市民生活中去，还需要进一步通过开展市民教育予以灌输、引导以及塑造。而转移至城市的农民工大都存在着素质较低的情况，尚无法快速适应城市社会文明的高度发展。因此，要注重提高他们的生存及就业能力，使他们快速融入城市。要为他们提供良好的教育环境，能够满足他们的休闲娱乐及文化学习的需求，充实其生活和生存技能，帮助他们取得生活和工作上的长远发展。总之，现代城市不能仅仅注重经济的发展，更要加快和促进城市社会文明教育的发展。

---

① 肖露：《教育功能释放的三重境界》，载《沈阳教育学院学报》2010 年第 6 期。

3. 城市社会文明教育的对象

城市社会文明教育的主要对象是市民，因为市民是整个城市社会的主体，是城市社会文明的创造者和保护者，同时也是城市文明进步的推动力，因此，市民素质的高低直接决定了城市的文明程度。市民素质由身心素质、思想道德素质和科技文化素质等方面构成。作为现代市民的基本要求，体现在思想道德上，应具有良好的举止行为；在身心上，培养塑造健全的市民人格；在科技文化素质上，应掌握必要的专业技能。在现代城市化的进程中，市民教育对社会文明发展具有十分重要的意义。① 有学者认为市民教育不能简单地停留在形式层面上，需要进行更为深入的研究，并认为现代社会市民教育机制，须从资源整合、教育培训、协调运行和支持保障等方面进行整合构建。还有学者认为，城市社会文明的创建，必须突出强调市民素质这一主线，可以通过环境熏陶、活动渗透、教育引导和实践塑造，全面提高市民文明程度。

当然，这里所说的“市民”并非仅限于具有城市户籍且常住在城市的公民，它还包括从事非农生产劳动但却并不具备城市户籍的城市居民，如外来务工人员，虽然他们没有城市户籍，但他们依然与城市的建设和发展有着千丝万缕的关系，他们的一言一行也会彰显出整个城市社会的文明程度。② 所以，城市社会文明教育的对象不能把外来务工人员排除在外。

二　城市社会文明教育的基本特征

城市社会文明教育指的是在一定城市（市区）区域范围内，以全体市民为教育主体，以形式多样的文明教育活动为手段，以代表先进文化的素材作为内容，以提高市民整体素质为目的，以促进城市社会文明建设为宗旨的社会实践过程。③ 城市社会文明教育应从实际出发，依据城市社会文明教育的特点，保证城市社会文明教育的顺利开展并取得应有的

---

① 张炜：《城市化、市民化和城市文化》，载《经济与社会发展》2004年第11期。

② 刘德明：《我国城市体育发展及其与主要社会因素间的相关分析》，载《南京体育学院学报》（社会科学版）2009年第2期。

③ 方世南：《坚持社会主义和谐社会构建的整体文明观》，载《苏州大学学报》（哲学社会科学版）2007年第3期。

成效。城市社会文明教育具有以下基本特征：

1. 城市社会文明教育的目的性

城市社会文明教育目的十分明确，其实质就是“治城育人，共建文明”。一方面是“治城”。“治城”包括“治”和“建”两个紧密相连的部分，“治”就是治理，即大力治理脏乱差的环境。城市在创造大量物质财富的同时，也产生了诸多的问题，最为严重的就是城市环境污染，如城市的水污染、大气污染、噪声污染、生活垃圾等。这些污染不仅造成了人们居住环境的急剧恶化，同时也是一个文明城市所不能容忍的。城市社会文明教育就是要通过教育的方式，规范社会成员的行为，使人们在生活和生产过程中能够充分意识到环境保护的重要性，自觉地保护好城市环境，从而实现城市社会环境的改善。城市社会文明教育虽然没有直接作用于城市环境的治理，但由于城市社会文明教育具有较强的目的性，它追求的目标之一就是城市人居环境的优美、人与自然的和谐共处。在这样的目标指引下，通过城市社会文明教育的实施，人们就会将关注的重点倾注于城市环境问题上，政府和管理部门也会不断加大环境治理的力度，政府的执政理念也会不断更新、不断改进，朝着人与自然和谐相处的有利方面努力。① 同时，市民个人也会受到这种追求良好环境的极大鼓舞和触动，在日常生活中会更加注重对环境的保护。“建”就是新建、扩建、改建、创建，实现城市环境的“绿美静安”。城市社会文明教育追求的是社会的公序良俗和总体进步。这种进步不仅体现在市民素质的提升上面，更依附于城市基础设施的完善。城市的发展是一个不断完善自我的过程，在这一过程中，通过城市社会文明教育的实施，城市不断实现结构和功能上的完善和进步。由于城市社会文明教育对“文明”有明确的要求，因此，在对城市进行建设的过程中，就要将文明外在的东西显现出来。通过对城市楼群、公共设施、基础工程等城市要件的新建，对城市进行合理科学的扩建，对一些过时的建筑和设施的改建，对具有独特标志的城市建筑的创建，实现城市硬件环境的改善。

另一方面，实现城市市民由“传统人”向“文明人”的转化，即为

① 王晓玲：《以人为本的城市化实现途径研究》，载《济南大学学报》（社会科学版）2009年第1期。

了提高本城区全民的素质，促使本城区政治文明、精神文明、物质文明、生态文明和社会文明的同步协调发展。通过城市社会文明教育传递社会文化，使个体认同社会规范。在这里，社会文化可以认为是社会成员普遍持有的传统、习惯、价值观、信念和礼仪等体系；社会规范是指社会成员应该遵循的行为准则，是协调个人之间、团体之间、个人与团体之间、团体与社会之间主要关系的重要依据。城市文明教育强调的是通过选择并传递与社会发展规律相一致的主流文化和行为规范给市民群体，使其认同并内化为自己的行为规范。①

2. 城市社会文明教育的整体性

城市社会文明教育强调教育与社会有机结合起来，从而使教育和社会相互促进，共同发展。② 由于城市社会文明教育的受众是全体市民，没有年龄和性别的差异，不管你是牙牙学语的幼儿还是耄耋之年的老人，不论你是诲人不倦的老师还是挥汗如雨的外来务工人员，不论你是成功的政商界人士，还是一名普通的市井小民，文明教育都会发生在你的身边。在城市社会文明教育中，所有的市民都能够平等地享受到教育的资源。同时，城市社会文明教育是纵横交错、上下贯通立体式推进的，这种整体推进的方式注重综合运用政治、经济、法律、舆论的手段，整合各方面的优势资源，形成强大的合力，发挥出整体效应，因而在城市社会文明教育开展的过程中，能够有效地促进社会各项事业的协同发展。最后，城市社会文明通过开辟多种教育渠道，能够真正发挥教育的整体功能。城市社会文明教育的开展不仅没有对象的限制和区别，在实践环节中，城市社会文明教育的途径也是多方位的，从幼儿园到高等学府、从广场到家庭、从写字楼到社区，只要有人活动的地方，城市社会文明教育就有施展的舞台，就能发挥自己的作用。城市文明教育就是要通过全方位的、形式多样的文明教育活动，积极引导和组织市民参与城市发展的各种社会活动。③

---

① 明庆华：《试论市民教育与市民的社会化》，载《湖北大学学报》（哲学社会科学版）2002 年第 5 期。

② 胡余良：《社区教育之我见》，载《城市建设理论研究》（电子版）2011 年第 32 期。

③ 明庆华：《试论市民教育与市民的社会化》，载《湖北大学学报》（哲学社会科学版）2002 年第 5 期。

此外，在时间维度上，城市社会文明教育也具有整体性、延续性和承继性，它在与传统接轨的同时也不会落下时代前进的“火车”。对于一个城市来说，通过教育的方式不断地将文明传承下去，使得城市文明在发展上是连续的，并具有城市整体的风貌。

3. 城市社会文明教育的地域性

一方水土孕育一方文化，一方文化影响一方经济、造就一方社会。不同社会结构和发展水平的地域，它的自然地理环境、民俗风情习惯、政治经济情况，孕育了不同特质、各具特色的地域文化，诸如中原文化、三秦文化、燕赵文化、中州文化、齐鲁文化、三晋文化、湖湘文化、巴蜀文化等。现代城市不仅是一个地方经济、政治中心，更是一个地方文化的集中体现之地，是一个地方地域性文化的有力表现。一个地方的地域性文化主要有方言文化、饮食文化、民间信仰、建筑风格等。这些地域性文化是城市独特性的表现，是城市魅力的原动力。地域文化的发展既是地域经济社会发展不可忽视的重要组成部分，又是地方经济社会发展的窗口和品牌，也是招商引资和发展旅游等产业的基础性条件。中华大地上各具特色的地域文化已经成为地域经济社会全面发展不可或缺的重要推动力量。地域文化一方面为地域经济发展提供精神动力、智力支持和文化氛围；另一方面通过与地域经济社会的相互融合，产生巨大的经济效益和社会效益，直接推动社会生产力发展。伴随着知识经济的兴起和经济社会一体化进程的不断加快，地域文化已经成为增强地域经济竞争能力和推动社会快速发展的重要力量。①

城市社会文明教育是在一定的城市范围内进行的，这个城市区域范围可大可小，但不论其区域大小都可以作为一个完整的系统来开展文明教育。在这个系统中，城市社会文明教育的内容就会不由自主地带有地域文化特色，具有明显的地域性特征。在开展城市社会文明教育时，要充分发挥地域文化特色和优势，充分发掘地域文化的优秀因子，开发利用好地域文化资源，提升整个城市的社会文明水平。

4. 城市社会文明教育的针对性

城市社会文明教育是一种综合性教育，它的教育对象是有着不同需

---

① 张凤琦：《“地域文化”概念及其研究路径探析》，载《浙江社会科学》2008 年第 4 期。

求的市民，而对市民的文明教育在其各个阶段也有着不同特点和需求。因此，城市社会文明教育必然要在教育内容和教育方法上具有针对性和有效性，力求做到针对不同的社会群体，开展因人施教、分类施教。首先，对党员干部的教育方法和手段进行创新。党员干部往往是社会风尚的引领者，由党委中心组带头学习现代城市社会文明的教育理念，能够更好地帮助广大市民树立正确的世界观、人生观和价值观，也能使党员干部树立正确的群众观、政绩观和权力观。习近平总书记在全国组织工作会议上曾强调："党要管党，首先是管好干部。"而管好干部，对干部的教育培训则是重要一环。其次，要开拓城市居民的教育形式，尤其是要加强对城市外来人口的文明教育，着重抓好思想道德和科普知识教育，以提高居民文明水平，丰富居民文化生活。同时，根据城市发展的实际，围绕创建科技致富、特色文化、知法守法、家庭美德、卫生健康五种类型的文明示范户，对外来人员开展以科技、文化、法律、道德、卫生为主要内容的市民文明教育。为了提高教育效果，可以采取多种教育形式，如自编自讲、文艺活动、专家授课等形式。通过开展各类教育活动，从根本上提高城市的文明程度。①

三　城市社会文明教育的重要意义

1. 城市社会文明教育有利于提升城市社会文明主体素质

市民是城市社会文明的主体，没有一批较高素质和觉悟的市民，就不可能有城市社会文明。一方面，城市社会文明教育，可以培养市民的社会公德意识、职业道德意识、法律意识、规则意识、环保意识等现代文明意识，促使市民更新其思想观念，振奋其精神面貌，提高其文化素质，引导市民追求高尚、文明、健康的生活方式，从而使整个城市社会的文明程度得以进一步提高；另一方面，城市社会文明教育又是一个调动各方、凝心聚力的共建共享过程，广大市民可以从城市精神风貌的提升中感受到社会文明的愉悦，从而更加激发城市社会文明建设的积极性，使市民更加爱家兴业、爱岗敬业、创新创业，更加呵护文明、共享文明、推进文明，从而为城市现代化提供强大的精神动力。

---

① 戚本超：《文明城市创建与和谐社会建设》，载《城市问题》2005 年第 5 期。

2. 城市社会文明教育有利于推动全国文明城市的创建

全国文明城市是一个城市管理能力、综合竞争实力和可持续发展潜力的综合体现，是我国目前综合评价城市整体文明水平的最高荣誉，还是最有价值的无形资产和最重要的城市品牌，是城市现代化的主要标志。[①] 创建全国文明城市，既是加快城市经济发展和社会进步的需要，也是促进科学发展的强大动力；既是提升市民素质的有效途径，也是推进社会管理的有力抓手。创建全国文明城市，既需要加强硬件设施的建设，又需要加强软件设施的建设，其中，城市社会文明教育是软件设施建设的重要一环，可以提升整个城市的文明程度，保持社会良好的秩序，改善城市环境的质量，而这些越来越成为一种无形的生产要素，将在更高层次、更高水平上推动城市发展。总之，城市社会文明教育，有利于推动全国文明城市的创建，城市可以树形象，企业可以增商机，百姓可以得实惠。[②]

---

① 林菲：《对创建文明城市的几点思考》，载《法制与社会》2010 年第 12 期。

② 刘轶梅：《创建全国文明城市关键在于提高市民文明素质》，载《学理论》2012 年第 22 期。

第二章

三峡流域城市社会文明教育的现实需要

城市自古就是人类文明的载体与积极、巨大的推动力量。近代以来，全球范围内一浪高过一浪的城市化大潮已经或正在将人类导入以现代城市为载体的工业与后工业文明。改革开放以来，三峡流域城市迅速崛起，涉及面广、数目众多，包括宜昌、恩施、黔江、涪陵、铜仁、张家界、怀化等。这些城市依据国际国内环境的新变化、科学发展观的新要求、城市文明建设的新动力，不断加强城市社会文明教育与实践。

第一节　国际国内环境的新变化

当下，国际国内环境不断发生着新的变化，这主要表现在全球化的影响不断加深、社会化的要求不断提高、城市化进程不断推进、市场化改革不断深化等各个方面，这些新变化对加强三峡流域城市社会文明教育提出了新要求和新挑战。

一　全球化的影响

所谓全球化，是指以经济全球化为中心、包含世界各国各民族在政治、军事、安全、意识形态、生活方式、价值观念等多领域、多层次的相互制约、相互联系的多元概念。全球化对人类社会各个方面都产生了重大影响，它既引起不同社会文明的对抗，也促进不同社会文明的交融。自20世纪80年代以来，随着改革开放的推进，全球化浪潮席卷中国大地，对三峡流域城市社会文明教育产生深刻的影响。

一是西方价值观念的渗透。全球化时代，国家与国家之间、民族与民族之间、个人与个人之间的联系更加紧密和频繁，尤其随着互联网时代的到来，“地球村”的概念更加形象和生动，“天涯若比邻”真正得到了实现。在这种情况下，人们对外面世界的感知变得更为丰富和具体，人们接触到的事务更为新鲜和多样，人们思维也会随之发生一定的改变。在全球化的浪潮中，居于主导作用的还是发达资本主义国家，因而不管我们是主动积极地加入到全球化的行列中还是被动地卷入全球化之中，我们都会在有意无意中受到发达资本主义国家的影响。这种影响明显地表现在发达资本主义国家的文化输出和价值观的渗透方面。西方价值观讲究个人自由、个人奋斗、个人才干。当这些价值观通过西方强大的媒体宣传后，铺天盖地向全世界进行传播时，不免“王婆卖瓜、自卖自夸”，标榜自我、诋毁他人的现象发生，并在一定程度上对公民特别是年轻一代产生较大的影响。因此，为了避免出现类似情况，在全球化的过程中，我们必须加强三峡流域城市社会文明教育，引领公民积极树立根植于本民族优秀文化之上的价值观念，自觉抵制西方文化、西方价值观念的渗透。

二是市民思维方式的转型。思维方式的适时转变，事关一个国家的软实力。在全球化浪潮的影响之下，我国一直在努力破除传统的思维习惯，如模糊型思维、混乱型思维、感性思维等，正在改变对“陌生人”的态度，树立“人人平等，相互尊重，开放包容”的理念，人们也逐步认识到，所有社会成员都有共同的责任和义务来维护三峡流域城市社会文明。

三是市民行为习惯的改变。全球化是一个大的染缸，它为各国人们的交流和沟通提供了较为便利的条件和渠道。一方面人们通过境外旅游等多种方式能够领略到不同国度、不同种族人们的生活方式和生活情趣，并不断更新自己的行为方式，使之变得契合时代的潮流和自我的要求；另一方面，人们也能通过间接的方式，特别是利用互联网技术，学习和感知到新的东西。当下，在西方文化的强大攻势之下，好莱坞、麦当劳、星巴克等在我国已经是普遍和常见的事物，人们的衣、食、住、行、用等各个方面也因此受到潜移默化的影响。

当下，需要把全球化的推力转化为三峡流域城市社会文明教育的动力，一方面继续保持中国特色的城市社会文明；另一方面，也要吸收、借鉴西方优秀的城市社会文明教育成果。

二　社会化的要求

人总是生活在既连接过去又奔向未来的融传统与现代、理想与现实为一体的现实世界中，因此，人就必须实现自身的社会化。社会化就是由自然人到社会人的转变过程，每个人必须经过社会化才能使外在于自己的社会行为规范内化为自己的行为标准。社会化涉及两个方面：一是社会对个体进行教化的过程；二是与其他社会成员互动，成为合格的社会成员的过程。仅凭生而具有的自然属性和生物本能，个人是不能在社会中生存的，必须通过社会化途径来习得和掌握社会文化知识及行为规范。而现实的世界是一个凝聚社会文明（文化）的社会，社会文明伴随着人类社会的产生而产生、发展而发展、繁荣而繁荣。其本身就是一个文明与文化不断更新换代的过程。在某种意义上来说，人的社会化其实就是人的文明化的过程。随着社会的发展进步，人的社会化周期正在不断被延长。在人的社会化过程中，社会文明教育扮演了非常重要的角色。①

一方面，人的社会化必须通过社会文明教育来实现，这是人实现社会化的途径。人相对于其他动物来说，虽然先天具备一定的优势——健全的神经系统，尤其是神经系统的高级中枢——大脑，但这只是个体社会化发展的必要的自然前提，这种先天因素如果不加以训练和强化，则其社会化过程就会显得缓慢和困难。在个体社会化过程中，只有不断地对其进行社会文明教育和培训，个体才能迅速地感知外界事物，主动地融入到社会之中。此外，人的社会化需要特定的社会生活条件，如家庭、学校、生产方式、生活方式、社会规范、价值体系、信仰体系等，在这些社会基础中，人的社会化过程不断得到实现，而社会文明在其中的作用更是非同一般。首先，家庭是人的社会化的起点，只有一个健康完整的家庭才能给予个体全面、到位的家庭教育。在这样的环境之中成长起

---

① 琚颖颖、王东宁：《思想政治教育社会化的功能》，载《安徽工业大学学报》（社会科学版）2010 年第 6 期。

来的个体，他的认知能力和交往能力也才会得到全面的提升。在我国，家风家训的历史由来已久，家庭文化的传承与延续不仅能够展现一家之风，更是家族成员彼此紧密联系的纽带，是一个家族精气神的体现。个体可在家庭之中接受社会化必需的知识和技能，完成其社会化的第一步。其次，学校是个体社会化的重要平台，也是个体在完全融入社会之前一般都会经历的社会组织形式。在学校，个体不仅拥有与他人进行沟通交流的机会，更能获得其人生所需要的各种知识。此外，学校教育只有涉足社会文明的相关内容，其培养出来的人才才会受社会所欢迎。最后，实践活动也是个体社会化发展的能动因素，决定了个体社会化的充分实现。个体与社会的相互作用、个人生理上的禀赋与社会环境的充分接触、个体参加社会实践活动的充分实现，这些都决定了个体与社会的融合程度。一个人如果从小就与社会生活隔离，脱离了社会生活的实践，那么即使他具有个体社会化的自然基础，具有健全的神经系统，也不能获得正常的社会化。狼孩的事例，正说明实践活动对个体社会化的重要作用。正常地参加社会实践，正常地进行社会交往，才能获得正常的社会化。而人参与社会实践活动，本身就是一种社会文明的体现。作为社会的最小单元，个体在社会化过程中不仅要对社会文明的成果进行充分地吸收，而且随着个体实践活动的进行，个体也会对社会文明的发展产生极大地促进作用。在个体社会化进程中，社会生活的各个方面都会对人施予影响，人的行为和思维都会因此而发生改变。其中，最能广泛而深刻影响人的就是社会文明。一个人总会携带他（她）所在地域的某些特征，人也总会在不经意间将他所受到的文明和教养表现于举手投足之间。社会文明作为一种存在形式，是个体社会化过程中必须面对的事物，因此，个体的社会化离不开社会文明教育。①

另一方面，人的社会化也会推动社会文明的发展，促进社会文明的进步。② 人的社会化从某种意义上说就是一种社会实践活动。在这一社会实践活动中，个体首先需要获得加入这种社会的资格。在社会实践的过

① 王淑凤：《人的社会化与教育伦理功能》，载《北京联合大学学报》（人文社会科学版）2006 年第 2 期。

② 张立年：《人的全面发展是和谐社会的本质要求》，载《管理学家》2010 年第 5 期。

程中，人通过接受社会文明，并将社会文化内化为指导自己行为的准则，将社会文明作为自己行为模式的依据来获得加入社会的资格，完成自己的社会化过程。但这一过程并不是个体社会化的完结和终止，也不是个体社会化的全部内容。个体在社会化过程中还具有一个重要的作用，那就是使已经内化的社会文明得到社会检验、认可或否定，通过这种方式不断地对社会、社会文明施加影响。

通过社会化，人将既定的社会文明、规范、技能以自己可以接受的方式进行内化，并构成个体认知结构的主要内容。但是这种社会化并没有完全实现，主要是因为个体主动接受或被动接触到的东西只是一种潜在的现实性存在于个体之中，并没有发挥出它的客观效能。这种潜在的现实性的东西如果不能发挥出来，那么人的社会化的过程就不是完整意义上的"社会化"，个体至多只能算是一个符合社会文明、规范、技能要求的生物人，具有了社会人的一般要求和特征，但是其核心的内容，即人的主体能动性并不能彰显出来。这样的社会化的结果对个体来说，它只是被动地适应着别人写的"代码"，机械式地进行输入，而不能将自己主观的真情实感表达出来；对社会而言，这种社会化无益于社会的进步和发展。因为这种社会化是静止的，不能使人与社会之间形成良好的互动、交流。

个体的社会化对社会文明的推动需要通过一定的途径和方式。个体社会化的完整实现是建立在对社会文明的内化和外现之上。但是由于每个人的认知水平和实践能力差异的存在，这种内化和外现就会表现出很大的不同。而且除了人自身的差异导致的区别外，社会制度上的各种限制和瓶颈也有可能成为个体社会化实现的阻力。因此，要想个体社会化能够对社会产生积极正面的作用，那么就需要建立健全相关的制度保障和组织形式。一是要对个体进行充分和必要的教育，通过提高个体的文化水平、实践能力等来实现个体的社会化，从而推动社会进步与发展。二是要加强政府的文化职能建设和社会公共服务设施建设，提高公民享有文化的水平和质量。三是要充分发挥个体的主观能动性，使个体能够在实践过程中实现"人尽其才"。人的社会实践活动的开展是人外现社会文明的唯一途径。人在社会实践的过程中，通过主观见之于客观的形式，将自己内化的社会文明与客观存在的实际进行交流和互动。在这种交流和互动的过程中，个体不仅能够与社会进行直接的接触，还能对现实社会施加一定的影响。若把每个个体弱小的影响汇集起来，就会变成一股强大的力量，从而改变整个社会的现存状况。总而言之，个体社会化的实现有助于推动社会文明的发展和进步，但是这种推动需在公民个体文明素质提升的前提下，并通过社会实践活动才能得到实现。

三　城市化的推进

社会总是向前发展的，每一次生产技术的进步必然导致社会整体的一次“震荡”，而这种变化也势必会导致社会文明的更新与换代。尤其是在现当代，城市化成为社会发展的必然趋势。

我国的城市化主要开始于20世纪70年代后期，即改革开放后，大致经历了以下三个阶段：

第一阶段。1978—1984年，以农村经济体制改革为主要动力推动城市化进程。这个阶段的城市化带有恢复性性质，“先进城后建城”的特征比较明显。第一，表现在大约有2000万上山下乡的知识青年和下放干部返城并就业，高考的全面恢复和迅速发展也使得一批农村学生进入城市；第二，城乡集市贸易的开放和迅速发展，使得大量农民进入城市和小城镇，出现大量城镇暂住人口；第三，这一时期开始崛起的乡镇企业也促进了小城镇的发展；第四，国家为了还过去城市建设的欠账，提高了城市维护和建设费，结束了城市建设多年徘徊的局面。这个阶段，就人口来看，城市化率由1978年的17.92%提高到1984年的23.01%，年均提高0.85个百分点。

第二阶段。1985—1991年，乡镇企业和城市改革双重推动城市化进程。这个阶段以发展新城镇为主，沿海地区出现了大量新兴的小城镇。改革开放以来，以乡镇企业为动力的小城镇，打破了“农村—农民、城市—市民”的格局，将农村经济和社会发展推向一个崭新的阶段，开创了有中国特色的城市化道路。

第三阶段。1992—2000年，城市化全面推进，以城市建设、小城镇发展和普遍建立经济开发区为主要动力。1992—1998年，城市化率由27.63%提高到30.42%，年均提高0.42个百分点。进入20世纪90年代以后，中国城市化已从沿海向内地全面展开。1995年与1990年相比，建制市已从467个增加到640个，建制镇则从12000个增加到16000多个；从人口来看，城市化水平也从1990年的26.41%提高到28.62%。[①]

作为生产力快速发展的直接产物，合理的城市化具有十分重要的积极作用。

第一，合理的城市化有利于改善人们的生活环境，为城市文明教育提供良好的平台和优质的服务。江泽民同志在党的十五大报告中指出："营造良好的文化环境，是提高社会文明程度、推进改革开放和现代化建设的重要条件。"人类活动总会对周围环境产生一定的影响。在农业文明时期，人类对环境的影响不是很大，主要的环境问题是生态的破坏。随着生产力的发展，特别是工业革命之后，随着小生产被建立在科学技术基础之上的大生产所代替，劳动生产率大幅度地提高，人类利用和改造环境的能力增强，环境的组成和结构大规模地改变了，人类的活动领域也随之扩大了，新的环境问题产生了。但随着工业化程度的进一步发展，人们逐渐开始认识到之前工业化进程中对环境的破坏和污染。现代人们已经开始改变传统的"先污染、后治理"的发展模式，不断追求生存环境质量的改善。[②] 而城市化过程中通过平整土地、道路硬化、场所修建、水利兴修、环境绿化等措施，使环境向着有利于提高人们物质生活质量、精神生活水平和促进社会发展的方向转变，降低人类活动对环境造成的压力。

第二，城市化也能促使聚落形态的改变以及人们生产方式、生活方式的变化，为城市社会文明教育提出了新的要求。首先是聚落形态的变化。原来松散和开阔的居住形式因为城市土地面积的巨大需求而变成高楼林立、街道纵横的格局。随着城市规模不断扩大，城市越来越成为一个庞大的机器，其零部件也越来越多。但是城市的承受能力毕竟是有限的，城市化过程中还会出现很多的问题。为了有效防止城市化过程中带来的各种负面影响，应加强城市社会文明教育。

其次，这种居住形式的变化也导致生活方式、生产方式的改变。以前人们居住在农村时，生活节奏缓慢，生存压力较小。现在人们居住大

---

① 武力：《1978—2000年中国城市化进程研究》，载《中国经济史研究》2002年第3期。

② 张世君：《可持续发展战略下的环境保护》，载《天津科技》2008年第2期。

都市里面，生活节奏紧张，特别是在一些重要部门工作的人们，其日常安排几乎精确到了分、秒。在这种环境之下，人们所面临的压力越来越大，生存的成本越来越高，需要不断地充实和提高自身素质才能在激烈的竞争中求得生存和发展。农业文明时期那种日出而作、日落而息的田园生活方式，在工业文明隆隆的机器声中已经越走越远。在城市，工厂里都有标准的生产线在运转，写字楼里都有计算机在运行，学校里都有多媒体在使用……可以说，随着生产力的进步、城市化的推进，人们逐渐从繁重的体力劳动中解放出来，而其城市化水平越高、体力劳动所占的比重就会越来越低，对文化素质的要求也会越来越高。过去，在乡村部落或者是小城镇里，邻里之间的那种“熟人”社会代之以高楼大厦里邻里之间相互的“冷漠”、“淡然”，人们不再是熟悉社会中的一员。而且随着城市化的不断推进，城市规模越来越大，城市的人员构成也越来越复杂，既有来自农村谋求生计的流动务工人员等社会民众，也有来自国外不同民族、种族的人员。这些人员杂居在城市中，带着他们本来的文化属性和文化特征，同时又接受和适应新的城市生活方式。在城市，人们的生活习惯、生活方式都容易受到他人的影响。城市生活的内容是丰富多样的，人们每天都在与不同的人和事进行接触。这种丰富多样和快速变化的生活方式都会对人们的价值观产生极大的冲击，从而出现多样化的价值选择。因此，需要加强城市社会文明教育，使人们在城市化过程中能够自觉克服各种不良习惯，有效抵制各种不良诱惑，不断提升自身文明素质。

第三，城市化的发展，必然对流动务工人员加强城市社会文明教育提出了新的要求。在城市化步伐不断加快的同时，城市文化向农村广泛地扩散和渗透，影响着农村的生产生活方式，并提高农村对外开放程度。一是随着城市化的推进，城市建设过程中需要大量的劳动力，于是农村剩余的劳动力不断涌进城市。现在，农村年轻的一代也不断加入到流动务工人员的行列，年轻一代的他们，尽管文化水平有了显著的提高，但仍需要接受城市社会文明教育，提升他们的文明素质。当他们返回农村时，就会在有意无意之间将城市文明行为和习惯表现出来，甚至还会影响给其他人。通过这种方式，城市社会文明完成了它在城乡之间的转移。二是城市化的辐射和带动作用能形成强大的向心力，将周围地域吸收进其文化磁场中。城市化不是一个封闭的过程，恰恰相反，它是一个开放的过程。在这个过程中，城市不断扩大其范围和界限，对周围地区施加影响。例如，城市周围的农村地区，最先受到城市化影响。为了适应城市化的需要，这些农村地区需要不断学习城市社会文明。此外，城市化进程中又出现的“逆城市化”现象更是直接影响了城市周围地区。由于城市的过大和膨胀，城市的承受能力将达到极限，加之城市出现的各种拥堵和其他问题，在城市化趋于饱和的地方，城市人口开始向乡村和小城镇回流，这种现象就是“逆城市化”。[①]“逆城市化”的出现不仅有效解决了“城市病”，同时它还有力地推动了城乡同发展、共繁荣。随着“逆城市化”的出现，交通、电信的基础设施在农村等地区得以畅流；同时，利用“逆城市化”的力量发展村镇，使这些地区在规划、建设、发展上注重保持与中心城市对接，能够使这些地区的社会文明水平不断提升。总之，城市化的不断推进，既为城市社会文明教育创造了有利条件，也为城市社会文明教育提出了新的要求。

四　市场化的改革

市场化是指用市场作为解决经济、社会问题的基础手段，意味着政府对经济的放松管制。随着全球化的不断推进、改革开放的不断深入，我国社会正处于重大的转型时期，其中最显著的特征就是从计划经济体制到社会主义市场经济体制的转变。市场化以建立市场型管理体制为重点，以市场经济的全面推进为标志，以社会经济生活全部转入市场轨道为基本特征。通过市场化，实现资源和要素优化配置，从而提高社会效率，推动社会进步。自 1978 年开始至今，我国经历了 30 多年市场化取向的经济体制改革，1992 年中央进一步明确提出了建立社会主义市场经济的目标，目前市场机制已经在多数经济领域起着主导作用或者重要作用。[②]

我国 30 多年的市场化改革可以分为起步、初步发展、全面推进和进

---

① 郭敬生：《我国农村“逆城市化”发展研究》，载《农业现代化研究》2009 年第 1 期。

② 冯慧玲：《略论党的十八大之“五位一体”总布局》，载《淮海工学院学报》（社会科学版）2013 年第 2 期。

一步深化四个时期。1978—1984 年是改革开放的初期，也是市场化改革的起步时期。这时期农村地区改革取得突破性进展。1978 年安徽凤阳小岗生产队的“包产到户”的创举，开创了农村家庭联产承包责任制的伟大实践。至 1983 年年底，家庭联产承包责任制已经占到了农村的 90% 以上，这极大地促进了农村经济的发展。同时，这一时期企业也在进行向国营企业“放权让利”的尝试，企业与国家之间权、责、利的关系有了较为明确的划分，企业的自主权逐渐开始扩大，企业的积极性被不断调动起来；农村集贸市场和城镇个体经济也逐渐得到恢复；经济特区设立和初步发展形成了新的市场体制。①

1984 年 10 月—1991 年年底，这是市场化改革的初步发展阶段，也称为“有计划的商品经济”时期。这一时期内，以乡镇企业的迅速突起和粮食购销体制改革为主要内容的农村改革不断深入。1979 年，党的十一届四中全会通过的《中共中央关于加快农业发展的若干问题决议》中对乡镇企业的发展作出了明确指示，乡镇企业开始大量出现；企业改革不断推进，承包制普遍实行；流通领域实现了从“双轨制”到“价格闯关”的转变。随着 14 个沿海城市的开放和海南的建省，我国对外开放的格局不断扩大。

1992—2001 年，这是我国社会主义市场经济体制初步建立的时期。党的十四大明确了建立社会主义市场经济体制是经济体制改革的目标，标志着我国市场化改革开始全面推进。这一时期，国有企业改革不断深化，股份制不断推行、“抓大放小”改革日渐深入，随着这些重大措施在实践中得到全面贯彻，涌现了一批竞争力较强的大公司、大企业，企业的运营机制实现了转变、效益得到了提高，政府的职能也得到了转变；民营企业从“补充地位”到“重要组成部分”，地位不断提升，迎来了发展的黄金期。党的十五大提出了“公有制为主体，多种所有制经济共同发展”，实现了所有制理论的历史性突破；涉外经济体制改革深入进行，对外开放全面铺开，其中最为明显的是外资政策逐渐与国际惯例特别是 WTO 原则接轨；农村剩余劳动力与城镇劳动力共同促进了劳动力市场的

---

① 贾琼、李丽莉：《农村消费品流通模式与金融支持政策研究——以甘肃省为例》，载《农村金融研究》2013 年第 3 期。

形成与发展，城乡劳动力市场体系建成，劳动保障制度初步建立；政府管理职能发生了重要的转变，宏观调控体系初步建立，中央政府宏观调控的方式不断优化，市场经济条件下宏观调控的框架基本形成；财税经历了“分灶吃饭”到“分税制”，又转向构建公共财政的过程；金融体制经历了恢复初创、全面拓展和深化健全的过程；外汇体制实行了由市场供求决定的、单一的、有管理的浮动汇率制度。

2001 年至今，随着中国正式加入 WTO，中国的市场化改革不断深入。所有制结构进一步完善；劳动力、资本、土地等生产要素进一步市场化；随着政府行政管理体制改革的施行，政府与市场的地位更加准确；收入分配制度和社会保障体系的完善促进了社会成员对于市场化改革成果共享的实现。

目前，我国已基本确立了社会主义市场经济体制。这一体制包括两个同生共存的基本层面，即市场经济和社会主义。如果离开社会主义，发展市场经济就会背离社会主义发展方向，偏向资本主义；而离开市场经济，社会主义则只能是贫穷落后、缺乏生机活力。市场经济就是要发挥市场在资源配置中的决定性作用。改革开放三十多年也是我国社会主义市场经济不断发展完善的三十多年，但是在现实社会生活中，市场经济“完全竞争”的特质无法充分发挥，在微观经济领域“市场失灵”的状况偶有发生，市场经济自有的“游戏规则”客观上也会导致宏观经济结构失衡、经济周期产生波动及社会分配不公等“市场缺陷”，这会诱发各种社会矛盾。因此，需要加强社会文明教育，而由市场经济所带来的经济发展只是社会文明教育的必要条件，经济发展并不能自觉引导社会文明，社会文明建设还需要一个主心骨，这个主心骨就是社会主义。

社会主义市场经济的最大优势和特点体现在“社会主义”这一内涵上，社会主义的本质是解放生产力，发展生产力，消灭剥削、消除两极分化，最终实现共同富裕。社会主义市场经济体制的建立健全，改革开放的深化拓展，为我国社会积累了大量物质财富，并为实现二次分配提供了可能性。同时，公民的生活离不开一个公平的生存发展环境，发展环境要求达到前提公平、过程公平、结果公平三者的有机统一。离开了这个基本前提，就会造成社会阶层两极分化，发展也会背离社会主义方向，引发各种社会矛盾，并危及社会主义市场经济。因此，社会主义市场经济建立健全和发展完善离不开社会公正，更离不开持续的社会文明建设。推进社会文明建设是我国社会主义市场经济发展的内在要求。

社会主义市场经济虽然有巨大的优势和鲜明的特点，但是它也存在一定的弊端，对社会生活以及人们的价值观等都会产生许多影响。

一是社会成员之间的利益诉求日趋多元化，利益冲突不断加深。随着传统计划经济体制的打破，各种经济实体和各类劳动者被允许独立自主地从事商品经济活动。在这一过程中，不可避免地会出现利益的分化和重组。由于巨大利益的驱使、新旧体制之间存在的漏洞，一部分人通过“特殊”的方式获得了巨大的利益，造成了利益格局上的不平等。这种现象的出现是市场经济所不能避免和克服的。只要存在市场经济，市场主体就会有违反市场原则的行为出现、社会成员之间利益的获得就会出现严重的差别。在这种情况之下，就需要加强城市社会文明教育，要用社会文明对市场主体进行规范化的引导，促使市场主体的市场行为符合市场规范，从而能够有效地遏制不当利益的发生，保证社会财富的公平和缩小贫富之间的差距。

二是市场经济中的秩序混乱现象大量存在。在任何制度背景下，唯利是图、损人利己、铤而走险或缺乏遵守共同行为准则意识的人总是存在的。当人们发现，破坏制度总是可以比遵守制度获得更大的收益，那么这个社会的经济秩序就会趋于紊乱，就会有越来越多的人自觉或不自觉地从遵守制度转向破坏制度。例如，制售假货可以骗钱且不受惩戒，或违规成本远低于违规收益时，制售假货的人就会越来越多。这种“有法不依”或者是打“擦边球”的现象出现的根本原因并不在于市场机制的本质——“利益驱动”，而是由于社会文明教育没有跟上来。虽然我们的市场经济已经进行了很多年，国家层面的政策也出台了很多，但是市场经济在人们的心目中仍旧只是一种资源配置的方式，人们对它的认识仅限于用经济利益来进行考量。而在发展市场经济时，其内在的规律性和规范性并没有被过多的提及。人们在市场经济中的活动，多半来自市场法规的制约和管理。在法律健全且法律执行到位的情况下，市场主体的行为能满足市场正常运转的需要，从而真正维护市场秩序的稳定和繁荣。但是如果市场赖以运行的法律法规不健全、不到位，或者是法律在执行过程中经常受到各种人为因素的干扰，那么这时市场主体的行为就会违背市场经济规范，在利益的驱使下，市场的秩序就会出现一种混乱失控的局面。法律是道德的底线，面对市场经济脆弱的法律保障，就必须加强对市场主体的文明教育，将文明的行为、文明的举止、文明的思想深入到市场主体的日常生活中。通过加强城市社会文明教育的力度，来规范市场主体的行为，从而营造出良好的市场经济秩序。

三是市场经济中需要更多的道德关怀。正如马克思在《共产党宣言》中所说的那样，“资产阶级撕下了罩在家庭关系上的温情脉脉的面纱，把这种关系变成了纯粹的金钱关系”，“它使人与人之间除了赤裸裸的利害关系，除了冷酷无情的现金交易，就没有别的联系了”，而且“货币能使各种冰炭难容的人亲密起来，迫使势不两立的人互相亲吻”。在建立社会主义市场经济的过程中，不可避免地会出现社会关系失衡的现象。在现实社会中，人与人之间关系冷漠、人情失落、道德沦丧的现象也较为普遍和常见。因此，需要加强社会文明教育，用社会文明的温度去温暖市场经济中金钱、利益的冰冷，要用文明的力量将人们重新安置于人性的时空领域内。

四是社会资源的分配失衡和稀缺性。我国社会正处于从传统到现代、从农业文明到工业文明以及后工业文明、从计划经济到市场经济、从“民本”到“民主”的深刻嬗变的重要历史时期，同时也是社会利益分化期和利益矛盾凸显期。究其根源，主要还是因社会资源稀缺所导致。这种社会资源主要是指荣誉、职位、职务、权力、社会关系、利益分配等。社会资源从本质而言还是一种公共资源，这种公共资源的产生也依赖于历史的积淀和现实的创造，公共资源的分配深深地依赖于历史文化传统和现实的公共权力分配机制。社会资源稀缺匮乏的必然结果之一就是社会用于分配的资源不足，不能完全满足全体社会成员的需要。

当前阶段，我国改革发展正处于攻坚时期，各种深层次社会矛盾逐渐凸显，不同社会利益群体的关系急剧变化，人民群众内部矛盾的内容形式产生新变化，并呈现出复杂化态势。这些矛盾包括下岗失业职工与企业经营者的矛盾、被拆迁居民户与建筑开发商的矛盾等。人民群众内部矛盾开始从隐形矛盾发展成为显性矛盾，矛盾的对抗性程度显著增加。[①] 由此可见，市场经济过程中出现的许多问题都表明，城市社会文明教育应引起足够的重视。

第二节　科学发展观的新要求

科学发展观，不仅是我国统领经济社会发展全局的重要指导思想，而且也是建设社会主义现代化国家必须长期坚持的重要指导思想。为实现全面建成小康社会的奋斗目标，进而在21世纪中叶把我国建设成富强民主文明和谐的社会主义现代化国家，不仅要解决近30年来快速发展所积累的大量矛盾和问题，还要解决好今后十几年、几十年发展中产生的一系列新矛盾、新问题。解决这些发展中的矛盾和问题，需要科学发展观的指导；同样，加强城市社会文明教育，也是科学发展观的新要求。

一　“以人为本”理念的具体落实

以人为本是科学发展观的核心，是中国共产党人坚持全心全意为人民服务根本宗旨的体现。胡锦涛指出：“坚持以人为本，就是要以实现人的全面发展为目标，从人民群众的根本利益出发谋发展、促发展，不断满足人民群众日益增长的物质文化需要，切实保障人民群众的经济、政治和文化权益，让发展的成果惠及全体人民。”从某种意义上讲，中国共产党的历史，是一部以人文本的历史。以毛泽东为代表的第一代共产党人领导全国人民进行了不屈不挠的革命斗争，推翻了“三座大山”的压迫，建立了新中国，并将“全心全意为人民服务”的根本宗旨鲜明地写在中国共产党的旗帜上。党的十一届三中全会以后，邓小平开辟了一条中国特色社会主义道路，提出了社会主义精神文明建设的根本目标，即培养“有理想、有文化、有道德、有纪律”的“四有”公民，极大地促进了社会的发展与进步。江泽民在庆祝中国共产党成立80周年大会上，对人的全面发展问题进行了深刻的论述：“我们进行的一切工作，既要着眼于人民现实的物质文化生活需要，同时又要着眼于促进人民素质的提高，也就是要努力促进人的全面发展。”党的十六大又将促进人的全面发

---

① 宋德孝：《关于和谐社会辩证性规定的哲学思考》，载《江淮论坛》2008年第2期。

展列入到全面建设小康社会的奋斗目标之中。以上这些都充分说明了，共产党人的历史使命，莫不以人民的解放和幸福为根本目标。

以人为本的思想在我国古已有之。春秋时期齐国名相管仲有这样一段话："夫霸王之所始也，以人为本。本理则国固，本乱则国危。"《诗经·大雅·抑》也有同样名句："质尔人民，谨尔侯度，用戒不虞"，意为劝诫大臣们要自警自律，要善于治理你的人民，谨慎你的法度，防止发生意外事故。《孟子·尽心》亦云："诸侯之宝三，土地、人民、政事"，孟子所说的"民为贵"也就是以人为本之意。除了明确提出"以人为本"的思想之外，中国古代还有许多"民为邦本""民为贵""民者，君之本也""民可以载舟，亦可以覆舟"等思想，这些思想都是当今我们大力提倡和追求的"以人为本"思想的直接来源和理论基础。[①]

以人为本的内涵十分丰富。首先，从"人"这个概念来看。其一，在哲学上，人常常与"神"和"物"相对，要么就是相对以神为本来说，要么就是相对以物为本来说。按照辩证唯物主义观点，人是自然界发展到一定阶段的产物，人由于劳动摆脱了动物状态的存在。在劳动中，人的能动性、现实性使人既是认识世界和改造世界的主体，又同客观的自然物一样，是被认识和被改造的对象。以人为本的思想就是根据人具有自觉意识的观点，突出人的主观能动性，即能够在把握社会历史客观规律的基础上，推动社会的发展并实现自己的目标。同时，它也肯定了自然界不依赖于任何意志而存在。其二，人也是全部社会成员集合体中的"每一个"个人。以人为本就是要追求每一个人的自由而全面的发展，就是要求作为个体的社会中的每一个人，不能只将自己当作是具体、现实的人，而把别人当作是抽象或者是虚幻的人。[②] 在实际生活中，要避免出现个人至尊至上的"个人英雄主义"或者是"极端个人主义"。而在国家层面，党中央提出，要更多地关注困难群体，将广大人民群众的切身利益摆在更为突出的位置，使经济成果更多地体现在改善民生上，使人民

---

① 李春华：《文化生产力：人类走向新文明的一种现实力量》，载《贵州社会科学》2014年第8期。

② 李慎明：《以人为本、科学发展与中国特色社会主义》，载《科学社会主义》2007年第6期。

共享改革开放、经济发展的果实；更加注意实施扩大就业政策、继续深化收入分配制度改革，建立健全社会保障体系，充分考虑到困难群体的基本利益诉求。其三，以人为本的“人”，不仅指“当代”的人，更包括“未来”的人和“过去”的人。一方面，人类社会的发展一脉相承，其中每一代都立足于前一代的基础之上。人们的精神财富也是前后相继而存在的，我们现在的历史文化和历史瑰宝都是前人创造的劳动成果。另一方面，当代人也不能将自己的子孙后代当作抽象和虚幻的人。当代人更加注意代际之间的公平性，不能有“今朝有酒今朝醉”的思想。在发展经济、创造价值、实现个人追求的过程中，要重视对环境和资源的保护与节约，转变经济的发展方式，关注人与自然的协调发展，谋求子孙后代的长远发展。

其次，从“本”的概念来说。“本”在哲学上可以有两种理解：一种是世界的“本原”，另一种是事物的“根本”。以人为本的“本”，不是“本原”的本，而是“根本”的本，它与“末”相对。以人为本，是哲学价值论概念，不是哲学本体论概念。提出以人为本，不是要回答什么是世界的本原，人、神、物之间，谁产生谁，谁是第一性、谁是第二性的问题，而是要回答在我们生活的这个世界上，什么最重要、什么最根本、什么最值得我们关注。以人为本，就是说，与神或物相比，人更重要，不能本末倒置，不能舍本求末。

坚持以人为本，同我们党全心全意为人民服务的根本宗旨和代表中国最广大人民的根本利益的要求，是一脉相承的。科学发展观明确把以人为本作为发展的最高价值取向，就是要尊重人、理解人、关心人，把不断满足人的全面需求、促进人的全面发展，作为发展的根本出发点。因此，以人为本的理念有着重要的现实意义。①

第一，从人与自然的关系来看，以人为本理念的提出，有利于促进人与自然的和谐发展。人类认识和改造自然的目的，就是为人类自身创造良好的生存条件和发展环境。而发展又是为了人在更好的环境里生活。发展要依靠人。但这个简单的道理，曾一度变得模糊了。在过去相当长

---

① 蔡中宏：《党的思想路线：马克思主义学习型政党的根本——马克思主义学习型政党与学习型社会建设研究》，载《兰州交通大学学报》2010 年第 2 期。

的时期内，以征服自然为目的，以科学技术为手段，以物质财富的增长为动力的传统发展模式，在一定程度上破坏了人类赖以生存的基础，使人类改造自然的力量转化为损毁人类自身的力量。人们在试图征服自然的同时，往往不知不觉地变成了被自然征服的对象。例如，环境污染、水土流失、资源浪费、城市缺水，这一系列问题都向人们发出警示：人类的行为如果违背自然规律，必将遭到自然的惩罚。对此，恩格斯早就指出："不要过分陶醉于我们对自然界的胜利。对于每一次这样的胜利，自然界都报复了我们。"而今天，我们依然在"交学费"。这一切告诉我们：决不能再走发达国家先污染后治理的老路，必须树立以人为本的新发展观，找到一条人与自然和谐发展的道路、一条生态与经济"双赢"的道路。只有人与自然的关系和谐了，人的全面发展才有永续的可能与空间。

第二，从人与社会的关系来看，以人为本理念的提出，有利于提高人们的生活质量，也有利于和谐社会的构建。改革开放以来，我国城乡居民收入呈现快速增长的态势，但我们也要清醒地看到，在经济发展和社会进步方面，依然面临着一系列新的问题和挑战。一是城乡差别、区域差别、贫富差别进一步扩大的趋势亟待扭转。城市困难群体的出现，与我国经济迅速发展的现实极不协调。二是在很多人眼中，发展似乎就是增长，从而造成了经济高增长、社会低发展的失衡局面。我国经济发展了，经济结构调整了，但社会结构却没有相应调整，社会事业还没有得到相应发展。三是在经济日趋活跃、社会利益日益多元化的情况下，社会经济秩序的规范问题变得日益突出。四是效率与公平的矛盾也越来越突出。经济发展要讲究"效率"，社会发展要讲究"公平"。现实的情况是，一些地方往往只重视效率，不重视公平。经济社会发展归根结底是为了人的全面发展。只有经济发展而没有社会发展并不是全面发展，同样，只有经济和社会发展而没有人的发展也不是全面发展。科学发展观强调以人为本，正是抓住了发展的核心和实质。为此，要加大对社会管理和公共卫生、公共服务方面的投入，对那些能够帮助贫困群体、失业群体和弱势群体重新融入社会并重新获得发展机会的项目，更应给予优先考虑，形成人与社会协调发展的新格局。

第三，从人与人的关系来看，以人为本理念的提出，有利于个人的全面而自由的发展。实现人与自然、人与社会的和谐统一，最根本的是要处理好人与人之间的关系，建立公正合理的社会制度。我们无法设想，在一个工业文明高度发达但人们利益存在严重对立和冲突的社会里，人与自然的关系会处于“田园牧歌”式的和谐状态。实现人与人的和谐发展，一是建立相互尊重、理解、信任和关心的良好人际关系。二要树立人力资源是第一资源的观念，尊重劳动、尊重知识、尊重人才、尊重创造。三是关注和推进人的全面发展，最根本的是提高人的综合素质，即教育水平、文化品位、精神追求和道德修养。

“以人为本”内涵丰富、意义重要。但是“以人为本”需要通过一定的平台、途径进行宣传、落实。而社会文明所追求的人与自然的和谐关系、人与社会的良性互动、人与人的平等互惠则是对“以人为本”的有效落实和表达。尤其是在当下——城市化进程大力推进的历史时期，城市社会文明教育与“以人为本”理念应该更加紧密地契合起来，这样才能克服城市化进程中所面临的各种困难和挑战，将人与自然的和谐、人与社会的和谐、人与人的和谐当做一种使命追求，并且落实在具体的实际行动中。同时城市社会文明教育的实施，不仅为“以人为本”的落实找到了行之有效的途径，也是加强公民对政府行为监督的一种有效的形式。由于城市社会文明教育具有很强的针对性，直接作用于市民个体，随着社会文明教育程度的不断深入，市民的素质会随之而不断提高，市民对“以人为本”的认识也会不断加深。在这种情况下，市民将有效监督政府行为，促使政府将“以人为本”的理念落在实处。①

二　“五位一体”建设的题中之义

党的十八大报告指出，建设中国特色社会主义，总布局是经济建设、政治建设、文化建设、社会建设、生态文明建设五位一体。这五项建设环环相扣、息息相关。经济建设是根本，奠定坚实的物质生活基础；政治建设是保障，建设一种安定和谐的政治局面；文化建设是灵魂，营造一种丰富多彩的新生活；社会建设是条件，不断创新社会管理新模式；

---

①　郭颖、房灵雨：《我国服务型政府建设视域下的公民参与研究》，载《东方企业文化》2011 年第 24 期。

生态文明建设是基础，为其他领域提供幸福健康的生活环境。“五位一体”总布局不是凭空的理论创造，而是中国共产党在领导人民建设中国特色社会主义的实践中认识不断深化的结果。从物质文明、精神文明“两个文明”建设，到经济建设、政治建设、文化建设“三位一体”协调发展，再到经济建设、政治建设、文化建设、社会建设“四位一体”总体布局，又到经济建设、政治建设、文化建设、社会建设、生态文明建设“五位一体”应运而生，这一认识的深化打破了过去只注重经济发展而忽略生态环境的扭曲式发展，营造了经济发展强劲有力、政治环境民主畅通、文化发展繁荣多样、社会发展和谐美好、生态发展健康持久的中国特色社会主义发展道路。“五位一体”总布局标志着我国社会主义现代化建设进入新的历史阶段，体现了我们党对于中国特色社会主义的认识达到了新境界。“五位一体”总布局与社会主义初级阶段总依据、实现社会主义现代化和中华民族伟大复兴总任务有机统一，对进一步明确中国特色社会主义发展方向，夺取中国特色社会主义新胜利意义重大。

“五位一体”总布局代表了人民群众的根本利益和共同愿望。改革开放三十多年来，我国经济社会发展取得了举世瞩目的辉煌成就，综合国力与国际地位显著提升，人民生活水平不断提高，全面建设小康社会取得重大进展。亿万人民在物质生活得到基本保障后，不仅对生活水平和质量提出了新的更高的要求，而且在充分行使当家作主的民主权利、享有丰富的精神文化生活、维护社会公平正义、拥有健康美好的生活环境等方面都有了新的期待。党的十八大提出“五位一体”建设总布局，纳入生态文明建设，提出要从源头扭转生态环境恶化趋势，为人民创造良好生产生活环境，努力建设美丽中国，实现中华民族永续发展，是我国社会主义现代化发展到一定阶段的必然选择，体现了科学发展观的基本要求。

把握“五位一体”总布局，必须全面贯彻落实十八大精神。在经济建设方面，要加快完善社会主义市场经济体制，加快转变经济发展方式，不断增强发展后劲，促进工业化、信息化、城镇化和农业现代化同步发展。在政治建设方面，要坚持走中国特色社会主义政治发展道路，坚持党的领导、人民当家作主、依法治国有机统一，加快建设社会主义法治国家，建立健全权力运行、约束和监督体系，让权力在阳光下运行。在文化建设方面，要加强社会主义核心价值体系建设，全面提高公民道德素质，丰富人民精神文化生活，增强文化整体实力和竞争力，建设社会主义文化强国。在社会建设方面，要以保障和改善民生为重点，多谋民生之利，多解民生之忧，加快健全基本公共服务体系，加强和创新社会管理，推动和谐社会建设。在生态文明建设方面，加大自然生态系统和环境保护力度，加强生态文明制度建设，努力实现绿色发展，努力建设美丽中国。

把握“五位一体”总布局，必须自觉运用科学发展观指导实践。“五位一体”总布局体现了科学发展观的深刻内涵，是当代中国促进人的全面发展的必然要求。要坚持以人为本的核心理念、全面协调可持续的基本要求和统筹兼顾的根本方法，始终把实现好、维护好、发展好最广大人民根本利益作为工作的出发点和落脚点，从现代化建设全局的高度积极应对新矛盾新问题，处理好当前与长远、局部与全局的关系，统筹城乡发展、区域发展、经济社会发展、人与自然和谐发展、国内发展和对外开放，努力促进生产关系与生产力、上层建筑与经济基础相协调，不断开拓生产发展、生活富裕、生态良好的文明发展道路。[①]

“五位一体”总布局体现着城市社会文明教育的内容，二者在本质上具有高度的契合性。[②] 在经济建设上，坚持以人为本、全面、协调、可持续的发展观为指导，以加快转变经济发展方式为主线，推动工业化、信息化、城镇化、农业现代化同步发展，为城市社会文明教育奠定坚实的基础。具体而言，一是要转变发展观念，不能将“发展是硬道理”简单地理解为“增长是硬道理”，不能将“以经济建设为中心”粗暴地视为“以速度为中心”，杜绝“政绩工程”、“形象工程”、形式主义，摒弃一切歪曲和背离科学发展观的行为。二是转变经济增长方式，大力推进经济增长方式向集约型转变，走新型工业化道路。以提高质量效益、节约资源、保护环境为目标，加大实施可持续发展战略的力度，大力发展循环经济，提倡社会成员的绿色生产方式和文明消费，形成良好

---

① http：//baike. sogou. com/v7833634. htm.

② 赵松淼：《科学发展观与“五位一体”中国特色社会主义总布局关系初探》，载《经济师》2013年第10期。

的政策环境和发展机制，全面建设节约型社会。三是消除体制性障碍，有序推进农民向非农产业转移，引导生产要素合理配置，加快城镇化进程。

在政治建设上，民主建设体现了城市社会文明教育的重要内容。民主是一个社会文明进步的象征，也是公民表达意愿的保障，体现了公民的政治权益。加强民主建设，就是以民主集中制为根本，继续巩固、发展和完善多党合作和政治协商制度，并将党内民主和党外民主有机的结合起来；同时加强基层民主建设，扩大民主的根基和群众基础；最后还需加强立法建设，对民主给予法律上的保护。

在文化建设上，先进文化是城市社会文明教育的灵魂。在科学技术迅猛发展的当今世界，国家实力强弱的衡量不仅要看物质财富的多寡和社会发展速度的快慢，更要看文化事业和精神文明建设的发展水平，要看人才资源和智力资源开发的程度。在社会主义文化建设上，要坚持文艺为人民服务、为社会主义服务的“二为”方向、“百花齐放、百家争鸣”的“双百”方针和贴近实际、贴近生活、贴近群众的“三贴近”原则，在全社会树立高度的文化自觉和文化自信，推动社会主义精神文明和物质文明全面发展。

在社会建设上，良好的社会生态是城市社会文明教育的强力保障。一是发展社会事业。社会事业关系着人民群众的生活质量和共同利益，具有公众性、公用性、公益性和非营利性的特征。我国社会事业过去发展欠账较多，社会事业总体功能效率低，供求结构不合理。因此，政府要发挥主导作用，立足当前，着眼长远，以解决人民群众最关心、最直接、最现实的利益问题为重点，使经济发展成果更多体现到改善民生上，坚持多谋民生之利，多解民生之忧，使改革发展成果更多更公平惠及全体人民。二是优化社会结构。通过深化改革，调整政策，改变城乡二元结构；通过区域协调发展，形成分工合理、特色明显、优势互补的区域产业结构；通过逐步扩大中等收入者比重，培育形成合理的社会阶层结构，建立同我国经济结构相适应的社会结构。三是完善社会服务功能。政府职能要“归位”，而不能“缺位”、“越位”和“错位”。四是促进社会组织发展，要正确处理好政府、市场和社会三者之间的关系，促进社会组织发展，加强政府与社会组织之间的分工、协作以及不同社会组织之间的相互配合。

在生态文明建设上，人与自然的和谐是城市社会文明教育的价值追求。人与自然和谐相处不仅是实现经济社会发展的必要条件，而且是人类社会可持续发展的基础保障，因此，在社会发展中要积极树立尊重自然、顺应自然、保护自然的生态文明理念，把生态文明理念融入经济建设、政治建设、文化建设、社会建设等各方面和全过程，优化国土空间开发格局，加强生态文明制度建设，着力推进绿色发展、循环发展、低碳发展，更加积极地保护生态，为人民创造良好生产生活环境，努力建设美丽中国。

第三节　现代城市发展的新举措

一　文明城市创建的迫切需要

2004 年 9 月，中央文明委首次颁发的《全国文明城市测评体系（试行）》指出："文明城市（城区）是指，在全面建设小康社会，推进社会主义现代化建设新的发展阶段，坚持科学发展观，经济和社会各项事业全面进步，物质文明、政治文明和精神文明建设协调发展，精神文明建设取得显著成就，市民整体素质和文明程度较高的城市（城区），文明城市（城区）称号是反映城市（城区）整体文明水平的综合性荣誉称号。"和谐社会构建的目标提出之后，文明城市的定义又被进一步完善。《全国文明城市测评体系（2008 年版）》指出："全国文明城市（城区）是指在全面建设小康社会，推进社会主义现代化建设新的发展阶段，坚持以邓小平理论和'三个代表'重要思想为指导，深入贯彻落实科学发展观，经济建设、政治建设、文化建设和社会建设全面发展，精神文明建设取得显著成就，市民整体素质和文明程度较高的城市。全国文明城市称号是反映我国城市整体文明水平的综合性荣誉称号。"[①] 文明城市的核心就是经济建设、政治建设、文化建设和社会建设全面发展。全国文明城市是含金量很高的城市品牌，是十分重要的无形资产和战略资源。创建全国文明城市实质上是在更高层次、更高水平上推动城市发展，是贯彻落

---

① http://baike.sogou.com/v676481.htm.

实科学发展观的具体实践；创建全国文明城市既是构建和谐社会的重要载体，也是构建和谐社会的重要抓手，因此，它被誉为是一项顺民意、得民心的利民工程、实事工程。

文明城市作为文明社会、和谐社会在城市的缩影与集中表现，它更典型、更集中地反映了该时代社会文明的特征和状态。在我国，把创建文明城市作为构建和谐社会的理性选择，是随着精神文明建设实践的深入而逐渐明晰、逐渐完善的。精神文明建设的主要内容包括思想道德建设和教育科学文化建设两个方面，渗透在整个物质文明建设之中，体现在经济、政治、文化、社会生活的各个方面。

创建文明城市是构建和谐社会的重要组成部分。党的十六届四中全会提出了构建和谐社会的战略任务，把我国社会主义现代化建设的战略部署，从原来的经济、政治、文化建设“三位一体”，发展为物质文明建设、政治文明建设、精神文明建设与和谐社会建设“四位一体”，不但反映了以科学发展观统领经济社会发展的要求，也为我国城市文明建设提出了更加明确的目标，和谐社会建设将成为文明城市创建的一个重要主题。①

文明城市的创建离不开“城市精神”的培育与弘扬。城市精神是支配市民的价值取向、行为方式、心理导向的精神力量，是一座城市的灵魂。城市的品位与魅力不仅仅表现在摩天大厦和繁华的街面，更在于它的文化、历史与亲和力。弘扬城市精神要有营造城市空间的人文氛围，树立以人为本的现代城市建设理念，用人文精神塑造城市社区，使之成为体现人文关怀的精神家园。在这个精神家园里，既保护个人利益的合法性，又维护社会公共秩序的至上性；既尊重个人的自由空间，又培育人际关系的亲和氛围，积极营造“城市，让生活更美好”的人文环境、生活环境、生态环境。弘扬城市精神就是要培养市民顽强拼搏的奉献精神、知难而进的敬业精神、扶贫帮困的关爱精神、崇尚节俭的奋斗精神、敢于创新的科学精神。②

文明城市的创建离不开城市社会文明教育。为此，一是要把城市社会文明教育纳入城市建设总体规划，制定详尽合理的实施步骤；二是构

---

① 戚本超：《文明城市创建与和谐社会建设》，载《城市问题》2005 年第 5 期。

② 鲍宗豪：《培育世界城市的城市精神》，载《毛泽东邓小平理论研究》2003 年第 3 期。

建一个既有政府部门引导，又有民间组织、社会组织参与的城市社会文明教育有机系统；三是根据不同行业、不同阶层、不同群体的特点，以不同的载体，开展各种形式的城市社会文明教育活动；四是开展城市社会文明教育活动要与为市民办实事、办好事相结合，增强对群众的吸引力；五是报纸、广播、电视、网络等大众传播媒体要开设城市社会文明教育专题、专栏，刊播有关城市社会文明教育的文章和评论，做好对相关活动的动态报道。通过大力宣传，充分发挥活动中的先进典型的示范和引导作用，推动城市社会文明教育活动广泛深入开展。

开展城市社会文明教育，有利于提高市民素养，为文明城市创建提供高素质的建设主体。文明城市的创建离不开人的劳动，离不开人的主观创造。在文明城市评选的八大标准中，人的因素体现得淋漓尽致。其中创建全国文明城市对市民的要求主要体现在三个方面：一是市民要知道创建活动。对于“全国文明城市”的评选标准和有关要求的基本内容要清楚明白。二是市民的言行举止要文明。每一个市民都要讲文明、讲卫生、讲科学、守法纪、尚美德，说话办事、言行举止文明礼貌，人际关系友善和谐。三是市民要积极参与活动。每个市民都有责任和义务参与到创建文明城市的活动中，都要用实际活动来支持文明城市的创建，为文明城市的创建尽力量、添光彩。这些要求对城市文明的建设来说是最基础和最实际的，而城市社会文明教育正好能够在这方面发挥作用。

开展城市社会文明教育，有利于促进城市文化基础设施的改善，为文明城市的创建提供良好的物质平台。城市社会文明教育涉及城市社会主体文明、城市社会关系文明、城市社会观念文明、城市社会制度文明、城市社会行为文明等方面。这些文明教育的实现，必须借助一定的场所进行，如学校、广场、培训机构等。因此，城市文化基础设施建设的水平直接关系到城市社会文明教育的水平，也影响着文明城市的创建。

为了加强城市文化基础设施的建设，一方面政府要加大财政投入，给城市文化基础设施的建设提供物质保障。由于各地的经济发展水平和地方领导的认识水平不同，在财政支持方面各地存在着很大的差异。有的地方财政支持力度较大，该地的文化基础设施建设则成效显著；而有的地方财政支持力度较小，文化基础设施建设相当滞后。因此，地方政府在进行财政预算之时，应对城市文化基础设施建设进行相对的倾斜，为城市社会文明教育搭建良好的平台。

另一方面，也要充分发挥社会组织的作用。政府的职能毕竟是有限的。在市场经济条件下，应充分发挥各种社会组织参与社会事务的积极性，要将整个社会的积极性都调动起来，只有这样，城市社会文明教育的实施才不是一支独奏曲。社会组织加入到文化基础设施建设中来，既可以解决城市文化基础社会建设过程中的资金问题，通过利用民间资本的方式，可以筹集到相当数量的资金，从而解决文化基础建设最大的障碍——资金问题；此外，对于文化基础设施建设中的人才问题、管理问题等，社会组织的介入也是一个非常有效的解决方式。社会组织虽然是一种相对松散的团体组织，但是它却汇集了众多的社会人才资源。这些人才资源不仅可以为文化基础设施建设提供智力支持，同时他们本身也是社会中的一员，在进行文化基础设施建设时，能够获得较为强大的群众基础，得到广大的人民群众的支持。这对于城市社会文明教育的宣传和推广都具有十分重要的积极作用。①

城市社会文明教育有利于增强城市的独特性和吸引力，为文明城市的创建增添独特的魅力。城市社会文明教育必然要与城市的历史文化和风土民情相结合，因此，也就必然打上明显地域特征的烙印。在现代社会里，城市的发展越来越趋于同质化，城市的独特性逐渐被抹杀，城市以前所特有的风土民情也逐渐被钢筋水泥所覆盖，成为了一种记忆。另外，还有至关重要的一点就是一个民族、国家的文化传承问题。在城市化已成为不可逆转的趋势这一时代背景下，民族的文化怎样保存和传承，怎样进行有效的展示和传播，这些都是需要思考的问题。在立足城市文化传统与文化根基的基础上，城市社会文明教育通过运用现代化的方式和手段，寻求传统与现代的完美结合之道，使人们能在日常生活中逐渐感受到城市传统文化的气息，使人们能够在一举手、一投足之间将这种文明不断地延续下去。这样，不仅能够使城市居民的行为举止得到有效的修正，而且能够彰显城市的独特性和吸引力。因此，城市社会文明教育在实施过程中，一方面要将城市的历史文化与风土人情纳入到教育的内容中，不中断文明的传承与发展；另一方面，城市社会文明教育也要

① 方立明、薛恒新：《略论城市文明与市民道德素质》，载《道德与文明》2009年第1期。

积极地推陈出新，要在结合城市特点和历史的基础上，创新文明教育的内容、方式、顺应时代的变迁和人们需求的变化，只有这样才能永葆文明之树常青。

二 三峡城市群建设的内在要求

三峡城市群主要包括湖北的宜昌、荆州、荆门、恩施和神农架，湖南的张家界、岳阳和常德，重庆的万州、巫山、巫溪、奉节、云阳和开县等地，国土面积大约 14 万平方公里。[①] 近年来，建设三峡城市群已成为学界、政界讨论的热门话题。2015 年 9 月 15 日，“三峡城市群 · 长江经济带”国际研讨会在湖北省宜昌市举行。研讨会由中国社会科学院、湖北省人民政府、经济合作与发展组织（OECD）、中国城镇化促进会联合主办。来自国内外相关领域的知名专家学者，站在国家大棋局、大战略层面，纵论大势，建言献策，共同倡导建设三峡城市群，让长江经济带战略在长江中上游落地生根，开花结果。

1. 建设三峡城市群的重要意义

翻开中国地图，长江、黄河横贯东西，被誉为中华民族的母亲河。在数千年的历史长河中，长江与黄河一道共同孕育了中华文明，炎黄二帝于黄河流域建国立政，自此始有“华夏文明”；秦始皇一统中华，建立起东至大河，西迄河西，北越河套，南濒海南的强大帝国。自秦始皇统一中国 2000 多年以来，黄河早已完成她孕育“华夏文明”的历史使命，黄河有限的流量不能肩负起横贯东西，依靠水运打造经济动脉历史重任。

长江，她横贯中国的东中西部，连接东部沿海和广袤的内陆，涉及人口和经济总量均超全国 1/3。在世界范围内可以与之比肩的，只有美洲的密西西比河、欧洲的莱茵河。这些堪称伟大的河流，无不流淌着国家和人民对她深层次的企盼。

2014 年 4 月 28 日，中共中央政治局常委、国务院总理李克强在山城重庆主持召开座谈会，研究依托黄金水道建设长江经济带，为中国经济持续发展提供重要支撑。“呼汉引渝”、承东启西，在打造长江经济带的

---

① 李泽新：《论三峡地区区域交通一体化建设的互动关系》，载《重庆建筑》2004 年第 2 期。

大背景下，以宜昌市为中心的“三峡城市群”建设的呼声越来越高。

三峡城市群山同脉，水同源，民同俗，经济同质，文化同根，经济社会文化上有着千丝万缕的天然联系。从近几年来看，三峡城市群城市之间在交通基础设施、社会事业、旅游产业发展等方面开展了富有成效的合作，抱团发展的愿望也十分强烈，为三峡城市群建设奠定了良好的合作基础和美好的发展前景。

建设三峡城市群具有重要意义。一是有利于优化长江经济带生产力布局，三峡城市群地处“中三角”、“成渝”城市群中之间，将发挥“呼汉引渝”、承东启西的战略支点作用，辐射带动三峡区域经济社会发展，解决三峡区域经济发展“塌陷”问题；二是有利于促进区域内各地协调发展，“三峡城市群”地跨湖北省、湖南省、重庆市“两省一市”，构建跨行政区划的利益共同体，将有助于统筹解决三峡区域生态环境压力增大、产业创新能力不足、承接产业转移恶性竞争、服务业发展滞后、三峡船闸通过能力不足等问题；三是有利于生态环境保护和移民安稳致富，三峡区域既是三峡工程建设的影响区，也是全国集中连片的贫困山区和生态环境脆弱区，建设“三峡城市群”，通过一体化规划，有利于促进区域内各地的合理分工，宜居则居，宜旅则旅，宜业则业，妥善解决好保护与开发的矛盾问题，让三峡移民在发展中得到更多实惠。①

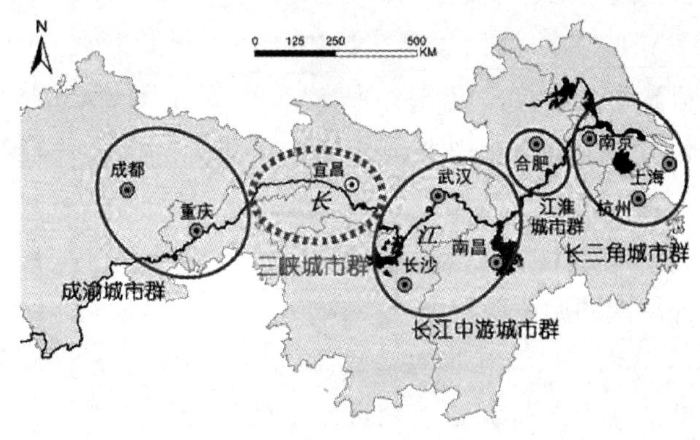

图 2—1　三峡城市群在长江经济带中位置示意图

① 阚如良：《论大三峡旅游圈的构建与发展》，载《地理与地理信息科学》2004 年第 6 期。

2. 建设三峡城市群的基本条件

三峡地区地跨湖北、重庆，山水相连，人文相亲，经济社会文化上有着千丝万缕的天然联系。长期以来，在交通基础设施、社会事业、旅游产业发展等方面开展了卓有成效的合作，为三峡城市群建设奠定了良好的合作基础和美好的发展前景。①

第一，宜昌在三峡地区中心城市的地位逐步显现。2004 年以来，宜昌市委、市政府坚持“沿江突破”战略，着力打造“沿江万亿经济走廊”，取得明显成效，地区生产总值增幅连续 11 年高于全国、湖北平均水平，2014 年达到 3132 亿元，继续位居沿江 19 座同等城市第 4 位。建成区面积约 160 平方公里，常住人口约 150 万人。宜昌是长江流域重庆至武汉之间唯一地区生产总值过 3000 亿元的城市，是长江中上游承东启西通江达海的区域性综合交通枢纽。从 2012 年起地区生产总值就超过山西省会太原市，在中部六省中居第 6 位，仅次于另外五个省会城市和河南洛阳市，区域性中心城市的地位逐步显现。目前面临长江经济带开放开发的大好机遇，堪当建设三峡城市群“领头羊”的历史重任。

第二，三峡地区其他城市发展势头良好。万州、恩施、神农架等地近年来也得到了较快发展，城市规模不断扩大，城市人口持续增长，城镇化、工业化均发展到一定阶段，为建设三峡城市群提供了基础。

第三，区域性基础设施网络逐步形成。长期以来，三峡地区交通不便，城镇化水平不高，随着三峡大坝等一系列基础设施建设完成，交通、能源、通信等网络逐步形成。三峡城市群立体交通网络已经形成，拥有长江黄金水道，并且干支连通，为经济社会发展提供了大动脉支撑。沪渝高速公路和宜万铁路在江南从宜昌经恩施、利川连通万州，沪蓉高速公路在江北从宜昌直通万州，形成一个完整的闭合圈。三峡城市群中每个市（州、区）都建有机场，包括宜昌三峡国际机场、万州五桥机场、恩施许家坪机场、神农架机场，区域性航空客货运输网络基本形成。

第四，三峡文化交融、源远流长。三峡人的群体认同感强。在几千年的历史过程中，三峡地区的人口与社会发生了很大变化，但文化内涵

---

① 秦尊文等：《三峡城市群的战略定位与建设重点》，载《三峡大学学报》（人文社会科学版）2014 年第 4 期。

却一直传承。三峡人要在高山峻岭、峡急谷深的环境中生产生活，必须要以群体的力量与自然界作斗争，久而久之形成一种团结互助、顾全大局的文化基因，纯朴粗犷、铿锵有力的“船工号子”，充分体现三峡文化精髓。历史上的三峡人，不论是土著居民或者外来移民，基本上都继承了这种精神。

三峡区域长期以来政治、经济和文化等方面相互交融，以此为基础建设三峡城市群，能够有效增强三峡地区各城市的归属感和凝聚力。宜昌已经发展成为这一区域的“领头羊”。不少恩施、神农架的居民和一些渝东的人士来宜昌购房置业，就是对城市群及中心城市认同的体现，这十分有利于建设三峡城市群，因为城市群的生命力在于文化认同。

3. 三峡城市群的战略定位

（1）具有国际影响的跨区域城市群。长江三峡是世界大峡谷之一，以壮丽河山的天然胜景闻名中外，而且举世瞩目的三峡工程是迄今世界上最大的水利水电枢纽工程。三峡城市群以举世闻名的峡谷而命名，极具地域特色。彰显这一特色，找准城市群的发展定位，决定着三峡城市群的发展走向，也事关长江经济带的和谐发展。要统筹整合三峡生态、文化、旅游、能源等丰富资源，充分发挥三峡在长江流域发展中的比较优势，积极承接长江中下游地区产业转移，加快该地区优势资源的适度开发与利用，立足三峡品牌，壮大特色产业，将资源优势转化为经济优势，努力实现经济、社会和环境效益共赢，提升在全国和国际上的影响力，打造彰显三峡特色的跨区域城市群。

（2）长江流域协调发展试验区。三峡区域内平原、山区、库区、林区、民族地区交融，富强县市与国家级贫困县市共存，而且区域跨省、行政分属。三峡城市群在产业不断聚集调整优化、城乡一体化建设的进程中，必须走协调发展道路。要依托三峡自然条件、资源禀赋和发展基础，着眼于夯实产业支撑，推进绿色繁荣，最大限度地吸引、集聚、融通区域市场要素，提高要素配置效率，激发内生发展活力，推动区域的工业化、城镇化、农业现代化的联动与协调发展，使三峡城市群成为国家开发长江中上游腹地的先行示范区、推动长江流域协调发展的试验区。

（3）国际知名生态文化旅游区。三峡文化旅游资源广博深厚，包括了以峡江、大坝为依托的水电旅游资源，以峡谷溪流、喀斯特地貌为特色的山水景观，以巴楚文化为底蕴的民俗文化，以佛教、道教和巫文化为主的宗教文化，以山野味和麻辣火锅为特色的饮食文化，以古代文豪、武将、美女为代表的历史名人文化，还有红色文化、军事文化、移民文化等，都是重要的旅游文化资源，充分利用区域丰富的文化旅游资源，推进区际生态文化旅游协作与联动，加快旅游产业转型升级和发展方式转变，实现资源共享、品牌同建、客源互通、市场共管，提升区域旅游综合竞争力，打造长江经济带黄金旅游区和有重大国际影响力的生态文化旅游区。①

（4）内陆开放合作先行区。根据国务院《关于依托黄金水道推动长江经济带发展的指导意见》的部署，三峡城市群用好水陆双向开放的区位资源，统筹航运、铁路、公路、民航和管道运输发展，进一步提升宜昌、万州等港口功能，推进郑万、十宜等铁路和宜荆荆城际铁路的建设，进一步完善区域内宜昌、恩施、万州、神农架等机场设施，加快宜昌、万州等综合保税区建设，能够有效提升区域对内对外开放水平，将三峡城市群整体打造成为内陆开放合作先行区。

（5）国家生态文明先行示范区。三峡地区是我国重要的生态功能保护区、水源保护区和长江中下游重要的生态安全屏障。宜昌、神农架林区是国家首批生态文明先行示范区；渝东北三峡库区也是国家首批生态文明先行示范区，三峡城市群的渝东部分尽在其中，恩施州通过实施“生态立州”战略，生态经济稳步发展。要依托良好的生态资源，做好水土保持、物种保育、水源涵养等工作，保护生物多样性，培育中国生态“绿肺”，努力将三峡地区的绿水青山变成金山银山，把三峡城市群整体打造成为全国闻名的国家生态文明先行示范区。

4. 三峡城市群的战略重点

建设三峡城市群，应围绕着城市群综合竞争力的提高，建立一体化发展机制，加快基础设施一体化、产业发展一体化、市场建设一体化、城镇体系一体化、生态文明一体化进程，尽快形成资源共享、产业共荣、

① 王作新：《民俗研究的“三个充分”》，载《三峡大学学报》（人文社会科学版）2001年第5期。

优势互补、发展互动的新型城市群。

(1) 基础设施一体化。强化城市群交通资源统筹配置，加快建设跨区域水陆空铁联运网络连接工程，形成高速、快捷、便利的交通运输环境。在三峡区域，要按照“长江经济带综合立体交通走廊规划”，重点把宜昌建设为全国重要的区域性综合交通枢纽，加快宜昌港集约化港区建设，提高现代化水平，扩大三峡枢纽通过能力，加快完善公路水路无缝衔接的翻坝转运系统，推动三峡及葛洲坝既有船闸扩能和三峡大坝至葛洲坝两坝间航道整治；抓紧建设重庆到武汉沿江货运铁路以及郑万高铁，推进铁路水路有效连接的联运系统建设；积极建设宜昌轨道公铁两用过江通道，万州绕城高速、奉节公路过江通道；合理整合交通资源要素，加强沿江港口合作，推进长江航运发展，联合促进沿江物流产业发展。

推进能源基础设施一体化。统筹规划和建设沿江油气管网，提高原油和成品油管道运输比例，增强天然气供应能力；完善原油、成品油输送管道以及区域天然气管网，加快油气管道互联互通；建设长岭至重庆原油管道、宜昌至巴东成品油管道及配套设施；推进雅安、武汉特高压交流输变电工程。

加快水利和环保基础设施建设，统筹推进三峡城市群防洪、水利资源配置工程体系建设，提高水利保障和防灾减灾能力，加快污水处理、垃圾处理等环保基础设施建设。

(2) 产业发展一体化。通过融合培育旅游新业态和消费新热点，实现旅游及相关产业相互促进、共同发展。科学选择主导产业，推进错位发展和协同发展，要发挥各地比较优势强化产业协调；联合培育产业集群，积极培育和壮大优势产业链；推进产业平台建设，建立联合开发机制，加快构建区域产业联盟，破解产业同质化困局，减少和避免相邻地区产业恶性竞争，为加快经济合作与产业结构调整创造有利条件。

(3) 市场建设一体化。资源要素自由快速流动，是市场经济发展的根本要求，也是构筑现代化城市群的本质要义。一是推动三峡城市群区域内各类要素市场对接与配套，建设统一开放的市场体系，完善金融市场体系，改善金融生态环境，制定设立金融机构的优惠政策，吸引境内外各类金融机构设立分支机构、后台服务基地，促进金融机构集聚发展。在三峡城市群内统筹合理配置土地资源，加快建立区域统一、城乡统筹的土地市场体系和土地价格体系，推进农村土地向种田能手适度规模经营集中，农民向城镇和中心村集中，工业向开发区和园区集中。二是推动市场监管互认、执法互助，形成权责一致、运转高效的三峡城市群市场综合监管体系。运用大数据理念和技术，启动建设协同监管信息共享平台，促进政府行业管理和监管执法信息的归集、交换和共享，推动全程动态监管。

（4）城镇体系一体化。一是进一步优化城市定位，立足错位竞争、特色发展，合理构建三峡城市群优势互补、联动发展的城镇体系。二是完善三峡城市群发展协调机制，明确城市功能定位和分工，加快城市群一体化进程。强化宜昌集聚功能，加强与周边城镇基础设施连接和公共服务共享，不断提升宜昌中心城市功能，培育形成通勤高效、一体发展的都市区。进一步增强中心城市的凝聚力和影响力，发挥其带动区域发展的主导作用。加快万州、恩施等城市发展，带动三峡腹地振兴。发挥县城在县域经济中的龙头作用，突出小城镇连接城市和农村的纽带作用，促进城乡协调发展。三是推进三峡城市群各类城镇发展，优化城乡空间布局形态，着力完善沿江城镇化布局，明确大中小城市和各类城镇的功能定位和发展重点，促进城镇化和新农村建设统筹推进，形成体系更加完善、分工更加有序、发展更加协调的城乡布局形态。

（5）生态文明一体化。一是顺应自然，保育生态，切实保护和利用好三峡城市群优良的生态资源。加大三峡水库、长江水资源以及神农架林区、武陵山区等重点生态功能区保护力度，共同加强三峡库区及库区生态系统修复和环境综合治理，推进三峡生态文明一体化建设。二是建立健全生态环境协同保护治理机制，共同设立三峡生态环境保护治理基金，加大联合治理环境突出问题的力度；完善三峡地区环境污染联防联控机制和预警应急体系，推进水权、排污权、碳排放权交易，推行环境污染第三方治理；推广神农架成功经验，依托重点生态功能区，开展生态补偿示范区建设。三是建设沿江、环库区水资源保护带、生态隔离带，增强水源涵养和水土保持能力；加强三峡地区水资源统一调度，保障生活、生产和生态用水安全；加强饮用水水源地保护，建设水源地环境风险防控工程，优化水资源配置格局，加快推进三峡地区大中型骨干水源工程及配套工程建设；加强三峡库区等水体的水质监测和综合治理，确保流域水质稳步改善。

5. 城市社会文明教育在三峡城市群建设中的作用

第一，通过城市社会文明教育，积极宣传，营造舆论，形成广泛共识，激发市民和政府积极探索创新发展的道路。在三峡城市群建设中，必须把创新摆在顶层设计的核心位置，把发展基点放在创新上，让创新在全社会蔚然成风，形成促进创新的体制架构，推动大众创业、万众创新，释放新需求，创造新供给。

三峡城市群建设不能重走先污染后治理的工业化老路，必须把后工业化作为其发展的战略方向。当前国际上新业态、新模式、新技术风起云涌，三峡城市群的发展必须面向未来，瞄准国际前沿，重新布局产业发展战略，在稳定发展传统产业的同时，推动新技术、新产业、新业态蓬勃发展，解决传统产业产能严重过剩的问题，充分发挥教育、科研、金融和资本的作用。同时，积极引导企业家担当建设三峡城市群的主角，推进三峡城市群产业融合，用市场的办法推进三峡城市群建设。

三峡城市群建设是一项系统工程，需要通过城市社会文明教育，创新群众工作体制机制和方式方法，最大限度凝聚全社会推进改革发展、维护社会和谐稳定的共识和力量。加强和创新社会治理，推进社会治理精细化，构建全民共建共享的社会治理格局。

第二，通过城市社会文明教育，激发市民和政府牢固树立协调发展的思维。三峡城市群覆盖湖北、湖南、重庆三个省市，区域内大平原、大山区、大库区、大林区、民族自治地区交融共存，富强县市与国家级贫困县市比肩而立，因此，需要加强区域内工业化、城镇化、农业现代化相互联动、协调发展。

按国家功能区划分，三峡城市群所属区域既有重点开发区域，又有限制开发区域和禁止开发区域。从这一实际出发，三峡城市群功能需要科学规划和合理布局，避免相互间的恶性竞争，走出一条协调发展、互利共赢的新路子。具体而言，可以设定为“一带两区”的主体空间格局。一是沿江产业经济带。以荆州为起点，集合荆门、宜昌、万州以及沿江县区，实施产业集群战略，构筑峡江产业经济带，打造万亿经济走廊，无缝对接成渝城市群与长江中游城市群。二是现代农业示范区。以荆州、荆门商品粮基地为依托，积极发展现代农业、特色农业，在力争、养、加工等方面在全国形成独特和领先的优势。三是生态文化旅游区。以恩施、神农架丰富的生态文化旅游为载体，充分整合各种旅游资源，打造旅游观光、休闲度假、科考探索、民俗体验等综合性的生态文化旅游胜地。

第三，通过城市社会文明教育，激发市民和政府严格恪守绿色发展的理念。三峡城市群，顾名思义是以三峡水库、三峡大坝为中心的城市群，这里不仅水资源丰富，而且以山为主，山和水是其优势资源。因此，在三峡城市群合作发展中，要坚持绿色开发、绿色发展，重视对生态、水源的保护，决不能再走先破坏后修补的老路子，而要坚持节约资源和保护环境的基本国策，坚持可持续发展，坚定走生产发展、生活富裕、生态良好的文明发展道路，加快建设资源节约型、环境友好型社会，形成人与自然和谐发展现代化建设新格局。

第四，通过城市社会文明教育，激发市民和政府切实增强开放发展的意识。建设三峡城市群，需要运用开放思维，进行顶层设计和整体谋划。一是要从战略高度，深刻认识到，建设三峡城市群是破解长江经济带发展瓶颈的迫切需要，是对实现新型城镇化有效途径的重要探索。当前，国家新型城镇化建设、长江中游城市群建设、内陆开放通道建设、陆上丝绸之路建设等，为三峡城市群发展提供了重大的历史机遇。二是要从全局的高度，深刻认识到，三峡区域是全国重要的文化旅游资源富集地、国家重要的农产品生产基地和矿产能源基地。区域内资源禀赋各具特色，连接区域内外的交通网络便捷，形成了有机经济体系。推动三峡城市群建设，将有助于优化区域资源配置，有效放大区域整体优势。因此，在建设三峡城市群的过程中，要有开放发展的意识，打破地域和行政界线，优势互补，形成合力，逐步开展深层次、多领域、全方位的合作，形成紧密的城市群体系。

第五，通过城市社会文明教育，激发市民和政府始终坚持共享发展的宗旨。建设三峡城市群，一是坚持市场机制，打破行政区划，共享区域内资源，包括区域内现有的公共基础设施、岸防体系、信息网络、电信网络、电力网络等资源，并充分利用宜昌、恩施、神农架地区的水利、旅游、矿产和农业资源等优势，荆门的人力资源和市场优势，以及重庆、湖南相邻地区各方面的优势，实现优势互补，优化区域内资源配置，放大区域整体优势。此外，对新建项目统筹规划，共建共享共用，避免重复建设。二是坚持发展为了人民、发展依靠人民、发展成果由人民共享。通过更有效的制度安排，使区域内人民在共建共享发展中有更多获得感，增强发展动力，增进人民团结，朝着共同富裕方向稳步前进。

第三章

三峡流域城市社会文明教育的结构体系

城市社会文明具有丰富的内容和复杂的系统，主要包括社会主体文明、社会关系文明、社会意识文明、社会管理文明和社会行为文明等。这些内容既相对独立又相互联系、相互依存、相互制约和相互作用，构成了狭义社会文明的有机整体，推动着狭义社会文明不断地从低级向高级发展。[①] 三峡流域城市社会文明的结构体系也不例外，大体由以下五方面构成：

第一，以社会主体文明为基础。一方面，社会文明各个组成部分离不开作为其主体的人。包括经济文明、政治文明、精神文明、狭义社会文明、生态文明等在内的一切文明成果都是通过人的实践活动创造的，人的素质如何，直接关系到社会文明建设的成效。另一方面，人是推动社会整体文明协调运行的主体。这是因为，人是社会文明建设的结合点，只有通过人的实践活动，才能把社会文明的各个组成部分、各种要素和环节有机地结合起来、协调起来。

第二，以社会关系文明为条件。人们的一切生活都表现为社会关系和社会交往的总和，人的本质也体现为社会关系的总和，没有社会实践中的社会交往和社会关系，整个社会就不能运行。但是，并非任何交往方式都是文明的社会交往方式，只有合乎社会发展规律和发展进步要求的交往方式，才是文明的交往方式。

第三，以社会意识文明为动力。意识文明是人类在文化领域创造的

① 罗浩波：《社会文明学导论》，浙江大学出版社2008年版，第169页。

精神成果，是人的本质力量在文化上的集中体现，表现为社会精神生产、精神生活、精神关系、精神需求的极大发展。精神文明是人类文明的重要组成部分，其作用主要体现为促进社会发展提供精神动力、思想保证和智力支持。

第四，以社会管理文明为保障。社会管理文明伴随着文明的脚步，也在不断地发展和进步。主要表现为管理符合客观规律，且更加科学和富有效率。社会生活、社会关系、社会意识、社会环境等都存在着各种矛盾和冲突，只有通过文明的社会管理，才能更好地发展和进步。

第五，以社会行为文明为目标。社会行为文明是人类进步、开化的行为，是人类发展进化的程度。规范社会主体文明、社会关系文明、社会意识文明和社会管理文明都是为了达到社会行为文明的目标。只有社会主体践行了社会规范，整个社会才能有序运行和不断发展。

与上述相对应的是，三峡流域城市社会文明教育的结构体系也就包括社会主体文明教育、社会关系文明教育、社会意识文明教育、社会管理文明教育和社会行为文明教育等。

第一节　社会主体文明教育

人既是社会文明成果的创造者，也是社会文明成果的享有者，所以，人是社会文明的主体，也是城市社会文明的践行者和维护者。因此，加强社会主体文明教育，显得尤为重要。

一　社会主体文明教育的内涵

界定社会主体文明的内涵，可以从两个角度入手。第一个角度是以框定主体文明的定义为前提。传统观点将文明划分为物质文明、精神文明和制度文明，这种观点仅从改造世界的客体的角度来界定文明，强调的是改造世界的物质的、精神的、制度的“成果”或“财富”，而没有把主体的文明即“人的文明”作为文明结构系统中一个相对独立的基本要素或类型来研究。这种见“物”不见“人”的现象，正是目前学界对社会文明研究存在的一个不容忽视的问题。因此，不能只从客体的角度来理解文明，而应在主客体的关系中来定义和分类文明。据此，可以将文明分为客体文明和主体文明两大类。客体文明是改造客体的人化成果，主要包括物质文明、精神文明和制度文明三种；主体文明，是对人自身改造的成果和进步状态的反映。这种将主体文明引入文明分类的做法，为界定社会主体文明的内涵缩小了范围。①

第二个角度是以厘清社会主体的定义为基础。社会主体是指处在一定社会关系中从事实践活动的人及其群体，如阶级、阶层、集团、民族、国家等，是一个社会存在和发展的支柱。这里所说的从事社会实践活动的人既指社会全体成员，又指存在于社会中的单个个体。其中，社会个体的文明是社会主体文明中最基本的单位，社会个体的言行举止、思想观念、生活方式以及精神状态等各个方面均是衡量社会文明程度的重要指标。

综合以上两个视角，可将社会主体文明定义为：个人或群体组织在处理人与自然界、人与社会、人与人之间关系上的修养程度，表现为知识、能力、涵养等温文尔雅的风格。相应地，社会主体文明教育，则是对个人或群体组织的文明教育。

二　社会主体文明教育的对象

社会主体文明是社会生活主体的发展和进步状态，具体形态包括社会文明人和社会文明组织。社会文明人是具有社会文明意识、社会文明需要和能力，遵循社会文明规律，自觉地、能动地开展社会文明活动，创造社会文明成果的人；社会文明组织是社会文明人的集合形态，是那些具有社会文明需要、社会文明意识、社会文明能力、遵循社会文明规律、开展社会文明活动、创造社会文明成果的组织。② 确立社会文明人和社会文明组织的主体地位，是因为它们都有自身的能动性和创造性，具有自身的社会文明理念，能够追求社会文明价值，遵循社会文明规范，推动社会文明过程和创造社会文明结果。

① 韩琳：《文明结构新探》，载《延安大学学报》（哲学社会科学版）2000 年第 2 期。

② 于建荣：《简论社会文明》，载《科学社会主义》2008 年第 3 期。

第一，社会个体——“人”的文明教育。人可分为自然人和社会人，不言而喻，社会文明人是指社会人，社会文明人处于基础地位。作为社会文明人，与自然人不同，对社会文明人的教育更强调其社会文明的自觉性、能动性和创造性，强调其社会文明的意识、需要和能力，强调其对社会文明规律的尊重，以及在此基础上的社会文明活动和对社会文明成果的创造。社会文明意识是社会文明人的精神世界，是相对独立的观念体系，是对社会文明的主观反映，是社会文明人在自我意识的基础上产生的对社会文明的意识，是感性认识和理性认识的统一，是民主法治、公平正义、诚信友爱、安定有序等意识，是共同富裕、艰苦奋斗、社会和谐等观念和精神，是社会文明人把自己与其他人区别开来、确立其社会文明主体地位的基本依据，是开展社会文明活动、创造社会文明结果的前导。社会文明需要是社会文明人对社会生活、社会关系等社会文明的愿望和渴求，是社会文明人开展社会文明活动的内在动力。社会文明能力是社会文明人智力、体力、意志力、思维能力、实践能力等能力的综合反映，是社会文明人开展社会文明活动、创造社会文明成果的重要基础。①

第二，社会组织文明教育。社会组织有广义和狭义之分。广义的社会组织是指人们从事共同活动的所有群体形式，包括家族、家庭、团体、政府、军队和学校等。狭义的社会组织是为了实现特定目标而有意识地组合起来的社会群体，如企业、政府、学校、医院、社会团体。社会学研究的社会组织主要是指狭义的社会组织。

在人类社会早期阶段，整个社会发展水平极为低下，人们共同活动的群体形式最初是以血缘关系为纽带的原始群、血缘家庭和家族，以及出现的以地缘关系为纽带的村社等。它们都是人类发展的初级社会群体形式。社会分工的发展，阶级的出现，人们之间的社会关系以及人们的社会活动日趋复杂，社会组织适应社会及社会成员的需要逐渐形成并发挥作用。但这时人们的社会关系和共同活动的形式还是以初级社会群体为主。人类社会进入到21世纪，社会生产力飞速发展，社会分工越来越细，社会生活和社会关系越来越复杂，初级社会群体在很多方面已无法

---

① 于建荣：《简论社会文明》，载《科学社会主义》2008年第3期。

适应社会发展和社会活动的需要。因此，完成特定目标和承担特定功能的社会组织的大发展就成为现代社会发展的必然趋势。①

综上所述，并非所有组织都是社会文明组织，只有那些具有社会文明需要、社会文明意识、社会文明能力、遵循社会文明规律、开展社会文明活动、创造社会文明成果的组织，才是真正的社会文明组织。现代城市社会文明教育对社会文明组织提出了更高的要求：一是必须开展社会文明活动。开展社会文明活动，是组织成为社会文明主体的关键，是组织成为社会文明主体的确证。二是提高组织的社会文明意识，这是开展社会文明活动的前导。三是合理引导组织的社会文明需要。组织因需要而产生，需要是组织开展社会文明活动的重要动力。四是创造社会文明成果。社会文明成果是组织成为社会文明主体的标志。社会组织的多样性，使得社会文明成果也丰富多彩。在目前的社会形势下，社区、政府等都以不同的方式、不同程度地参与了社会文明建设，从而成为社会文明组织。

在整个社会文明主体系统中，首先强调的是人，其次才是组织。因而，社会文明人处于基础的地位。无论是社会文明家庭，还是社会文明社区，都是由社会文明人组成的，社会文明人是社会文明主体的根本。②

第二节　社会关系文明教育

文明是同野蛮、愚昧相对立的一个范畴。长期以来，学界对社会文明的划分莫衷一是。持有“两分法”的学者认为社会文明可分为物质文明和精神文明。持有“三分法”的学者一部分认为社会文明可分为物质文明、精神文明、政治文明；另一部分认为社会文明可分为物质文明、精神文明、制度文明；还有一部分认为社会文明可分为物质文明、精神文明、生态文明。持有“四分法”的学者一部分认为社会文明可分为物

① 任晓丽：《论公共关系管理在和谐社会市场经济建设中的作用》，载《经济师》2007年第7期。

② 于建荣：《简论社会文明》，载《科学社会主义》2008年第3期。

质文明、精神文明、制度文明、生态文明；另一部分学者认为社会文明可分为物质文明、精神文明、制度文明、人的文明。[①] 实际上，这仍不全面，“社会关系文明”也是社会文明的有机组成部分，并和其他文明等相互作用。由于物质文明和精神文明是社会文明最核心部分，所以，在考察社会关系文明与其他文明关系时，则主要探讨其与社会物质文明和社会精神文明的关系。[②]

一　社会关系文明的内涵

1. 社会关系文明的产生

在社会文明中，除了物质文明和精神文明之外，为什么还应再加上社会关系文明？因为，人类社会进步的程度和开化的状态，不仅会表现在社会物质成果方面和精神成果方面，而且还会表现在社会关系状况方面。

首先，人类社会之形成，不仅是由于人们开始具有劳动能力和理性意识，而且还是缘于人们之间相互联结、相互交往，结成了纵横交错复杂密切的社会关系，产生了各种大大小小的社会群体和组织机构。假若只看到人们的劳动能力和物质生产、物质生活，以及人们的理性意识和精神生产、精神生活，却漏掉了人们的社会交往和社会关系，显然是不全面的。

其次，人类的基本活动及其所推动的人类社会的进步开化，既表现在通过越来越有力地改造自然界而创造出越来越丰富高级的物质成果，又表现在通过不断深入地改造客观世界和主观世界而创造出越来越丰富高级的精神成果，同时还会表现在通过不断地改造人际之间、群体之间的关系而越来越趋于和达到更高程度的平等、和睦、民主、协调。假若只看到前两方面，却漏掉了第三个方面，显然也是不全面的。

最后，人类社会的进步同人类自身的发展是互相依赖互相促进的。

---

① 罗浩波：《社会文明结构问题研究综述》，载《社会科学研究》2002 年第 3 期。

② 何植民：《近年来国内学术界关于政治文明若干问题研究综述》，载《求实》2006 年第 1 期。

“人的本质不是单个人所固有的抽象物，在其现实性上，它是一切社会关系的总和”①，并且人的本质是随着社会关系的发展而发展的，所以在人的作用下所推动的人类社会进步，也必然会包括社会关系状况方面的进步，而这种进步又会反过来促进人的本质的进步。如果不关注和研究社会关系状况的历史进步，那就无法解释人类本质的历史进步，而且也无法阐明社会历史进步的全部内容。

既然人类社会的形成是以人们结成错综复杂的社会关系为前提的，人类的基本活动是不断进行物质生产、精神生产和社会交往，人类社会的历史进步同人的本质的历史进步是互相依赖互相促进的，所以，人类社会的进步程度和开化状态，必然就会包括并表现为物质生产和物质生活、精神生产和精神生活、社会交往和社会关系三个方面。这样，社会文明就应当包括并划分为社会物质文明、社会精神文明和社会关系文明这三大文明。也就是说，社会文明的基本结构是一分为三，合三而一。

2. 社会关系文明的界定

社会关系文明是指人类在社会交往方面的积极成果的总和，表现为每个历史时代的人们通过良好的社会交往行为，而达到或实现的在各种社会关系上平等、和睦、民主、协调的状况和发展程度。

人类的相互联结和社会关系是十分复杂的。从社会关系的立体来看，有人际关系、群体关系（包括国际关系、民族关系、阶级关系、党派关系、行业关系、企业关系、地区关系、军民关系等）以及个人与群体的关系；从社会关系的领域来看，有经济关系、政治关系、伦理关系等。人们在社会生活中，时刻离不开一定的社会关系，总是要进行社会交往，包括人际交往、群体交往、社会管理、国际来往等，来处理各种具体的社会关系。

人们在社会生活中究竟如何处理各种社会关系？不同人、不同群体会互有区别，尤其不同历史时代更是互有相当大的差别。由此，就会形成不同历史时代的不同社会关系状况，即不同历史时代的不同社会关系文明。在人类社会发展史上，社会关系状况是从人们之间、群体之间不

① 《马克思恩格斯选集》第1卷，人民出版社2012年版，第135页。

相平等、强烈对立、野蛮争斗，而逐渐趋向于比较平等、和睦、民主、协调的，这就是社会关系文明的逐渐进步的具体表现。

在原始社会，人们还有着相当多的动物性，社会交往水平极其简单低下。那时的社会关系的基本状况，在氏族内部虽有人们在生存地位上的平等，以血缘关系维系的带有动物性的某种和睦，但却没有更高意义上的平等、和睦，更没有不同氏族的平等、和睦，而且还时常发生食人及氏族间相互恶斗等现象。可见，原始社会的社会关系文明，乃是一种极其低下的文明。

人类社会依次发展到奴隶社会、封建社会和资本主义社会，社会关系愈来愈呈复杂化和多样化，社会关系文明也逐渐发展到更高的程度和水平。虽然这些社会中都有着阶级对立和斗争，但是，剥削阶级对被剥削阶级的剥削方式和剥削程度，统治阶级对被统治阶级的统治方式和统治程度，毕竟是逐渐有所减轻和缓和的。奴隶社会的奴隶没有一点人身自由，但封建社会的佃农就有一点人身自由了，也有了一些经济利益。奴隶社会和封建社会的统治者实行专制独裁，但资本主义社会的统治者却开始实行资产阶级民主，让工人也享有股权乃至选举权了。特别是在每一阶级内部，人际交往越来越趋向于讲平等、求和睦。在民族之间和国家之间，则由频繁争斗逐渐趋向于和平共处。这些事实表明，社会关系状况是在逐渐向着平等、和睦、民主、协调演进的。

到了20世纪，崭新的社会主义制度在一些国家开始建立起来，人类社会的社会关系文明上升到一个新的高度和水平。在社会主义社会中，剥削阶级已经消灭，广大劳动人民开始成为国家和社会的主人，人们在根本利益上达到了相互一致，社会管理更加追求民主和科学，人与人之间更加讲究礼貌相待，于是，社会关系状况便呈现出一种前所未有的平等、和睦、民主、协调状况。这表明，社会主义社会的社会关系文明是迄今为止最高程度的一种社会关系文明。可以预见，随着社会主义社会的发展完善和未来共产主义社会的实现，人类社会的社会关系文明必会再上升到更高的程度和水平。①

---

① 易小平：《论社会关系文明》，载《企业文明》2003年第3期。

3. 社会关系文明与其他社会文明之间的关系

在社会文明中，社会关系文明同社会物质文明、社会精神文明之间的关系在存在形态上互有区别。社会物质文明的存在形态是一定的物质成果，社会精神文明的存在形态是一定的精神成果，社会关系文明的存在形态则是一定的社会关系状况。它们分别标志一定社会在物质生产和物质生活、精神生产和精神生活、社会交往和社会关系这三个方面的进步程度和开化状态。但是，它们三者又互相依赖、互相作用。主要表现在：

首先，社会关系文明同社会物质文明互相依赖、互相作用。一方面，社会物质文明是社会关系文明的物质基础。社会物质成果（包括生活用品及生产工具、交通工具、通信工具等）的多寡及性能的好坏，决定了社会关系状况的简单或复杂。在人类创造的社会物质成果较贫乏、低级的状况下，人们只能结成较简单、松散的分工协作劳动关系，残酷压迫剥削的阶级关系，封闭狭隘的社区群体关系，野蛮专制的政治统治关系。而在人们创造的社会物质成果较丰富、高级的状况下，人们在生产劳动中的分工协作关系才会较为复杂化、紧密化、和谐化，社会群体之间的相互关系才会更加密切和协调，社会政治统治和行政管理才会增加人道主义和平等、民主的色彩。另一方面，社会关系文明也会反作用于社会物质文明。一定的社会关系状况，作为人们面对的外在社会环境条件、社会群体之间的联结形式以及群体内部的结构形式，必然会反过来影响劳动者的劳动积极性，从而必然会影响到社会生产力发展的水平和速度，影响社会物质生产状况和人们的物质生活状况。

其次，社会关系文明同社会精神文明也是互相依赖、互相作用的。一方面，社会精神文明会渗透到社会关系文明之中，成为其必要补充和发展条件，指导和促进其发展。这是因为，人们的相互交往、群体之间的相互交往，乃至国际交往，都是有目的的，其目的都是基于一定的法律观念、道德观念、价值观念、文化知识、风尚习俗等而产生形成的。现实的社会关系状况，就是人们基于这些思想观念所进行的相互交往活动的综合结果，即人们自觉活动的合力在影响社会关系方面所取得的成果。另一方面，社会关系文明也会影响社会精神文明。一定社会中的社会关系状况，作为一种客观现实，必会成为社会意识的反映对象，被观念化而进入到社会意识的内容之中，成为社会精神文明的构成成分。任何社会中的社会意识，都是既包含着对社会物质生产、社会物质生活状况的反映，又包含着对社会交往、社会关系状况的反映。正是如此，人们才能对一定社会中的各种社会关系作出是否合理、是否良好的判断，然后才能再产生出要维护之或改变之的要求。正是基于对我国原有经济关系状况、政治关系状况等等的反映和判断，我国才产生了决心改革经济体制、政治体制的要求，才进一步深化了对社会主义本质的认识，才推进了社会主义的实践。

二　社会关系文明教育的途径

社会关系文明既然是社会文明的重要组成部分，就应当重视社会关系文明教育，促进社会关系状况趋向于更加平等、和谐、民主、协调。其现实意义在于，一是可以协调社会关系，优化社会秩序，为人们的生活和工作提供良好的社会环境条件；二是有利于促进社会主义物质文明和精神文明建设。

社会关系文明教育可以从以下两个方面作出努力。一是在人民内部的人际关系方面，我们倡导互相尊重、互相帮助，力求实现平等、友好、和睦的人际关系。在社会主义社会，人民大众在经济地位、政治地位的根本平等和根本利益的彼此一致，使得实现这种社会关系状况成为可能。社会主义的道德规范，也要求每个人都应尊重别人、关心别人、团结友爱、互相帮助。通过社会关系文明教育，指导、约束人们的交往行为，努力形成平等、友好的人际关系，使社会主义大家庭充满和谐温馨。二是在社会组织的公众关系方面，我们倡导每个社会组织竭诚为公众服务，并注意妥善协调各种社会组织关系，力求实现互惠互利、和谐相处的局面。每个社会组织都是当今社会中的重要社会关系主体。每一个主体积极沟通、协调各方公众关系，既有利于保障自身的生存和发展，也有利于促进宏观社会关系日益和谐。

就各个社会组织内部的管理关系及宏观社会管理关系而言，应该以人为本，民主管理。在社会主义社会中，一切公民没有高低贵贱之分，在政治上、人格上彼此是平等的。各个社会组织内部管理及宏观社会管理，应当是高度民主的。尽管在当下社会主义初级阶段，我国尚没有完全实现人人平等和高度民主，但这是今后的努力方向。[①]

第三节　社会意识文明教育

社会意识是社会存在的反映，符合社会发展规律的社会意识对社会发展具有强大的推动作用。社会意识文明与否直接关系到整个社会风气的向上或者萎靡，对社会主体进行社会意识文明教育是构建文明社会的重要动力。

一　社会意识文明的内涵

社会意识文明是指人们思想观念随着社会生活与社会关系的发展而进步。社会意识文明的内容大致分为两部分：一是社会观念；二是社会精神。社会观念是社会精神的思想基础，社会精神是社会观念的实质和灵魂，二者相互联系又不断进步，共同构成社会文明的观念系统。

从文明的角度看，社会观念表现为社会观念文明。社会观念文明有两层最基本的含义：一是科学的社会观念，即正确反映社会生活、社会关系、社会生活环境等社会生存的社会观念；二是从作用来看，这种社会观念是促进社会发展进步的思想观念。前者是其发挥积极作用、成为社会观念文明的前提，后者是其成为社会观念文明的关键。

社会观念是社会意识的一种形式。社会意识有广义和狭义之分。广义的社会意识是人们对整个社会的经济、政治、文化和社会以及整个世界的反映，其形式主要是政治思想、法律思想、道德、宗教、科学、艺术等形式。狭义的社会意识是人们对小社会或者狭义社会的反映。常常以个别观点和观念和形式存在于个体的头脑中。广义的社会意识与狭义的社会意识，既相互区别也相互联系。从反映的客体来看，大社会包含小社会，被反映的客体具有共同性；从反映主体来看，群体主要包含着个体主体，反映主体具有共性；再加上社会意识的相对独立性和社会意识存在形态的共同性，广义的社会意识与狭义的社会意识又是相互联系、转化的。狭义的社会意识是个体对小社会领域的客观反映。狭义的

① 王孝哲：《试论社会关系文明》，载《新华文摘》1999 年第 9 期。

社会观念是社会生活主体对小社会的客观反映，是个体在社会生活过程中形成的感情、情绪、思维等心理活动的观念、观点和总和。从内容上来看，社会观念丰富多彩，有个人的社会观念，也有家庭、社区、社会组织等社会观念。社会观念对个人生活的作用是复杂的、多变的。但是，我们还是能够透过观念的复杂性，看到社会观念的一般作用：第一，社会观念引导社会文明主体的活动。社会观念作为内化于人们头脑中的思想观念，可以明确人们从事社会文明活动的目的和方向，调整和控制人们的行为，保证社会文明取得尽可能大的效果。第二，社会观念提供社会文明发展的动力。社会观念尤其是作为其实质和核心的社会精神是一种动力。这种动力之源大致有三个：一是精神需求是人区别与动物的本质性需求；二是社会精神具有感情因素，精神动力也是源自于感情因素的感情动力；三是社会观念包含着社会生活的信仰或目标。信仰的神圣性和高于现实的理想性，形成了理想目标与客观现实之间的反差，并可转化为社会文明主体发展的动力。第三，协调社会文明主体的行为。这种作用是社会观念所包含的生活理想和价值观共同作用的结果。社会生活理想指明了整个社会活动的共同方向和目标，使得整个社会活动沿着共同的方向前进，这是方向调节；共同价值观能使不同的社会活动主体把自身的行为和活动纳入共同的价值目标和价值标准中进行评价，从而强化或者校正社会活动主体的行为，使其活动协调，这是行为调节。这些方向调节或行为调节，可以使得社会文明主体的活动达到协调。

社会意识和社会意识文明的核心是社会精神。[①] 社会精神有广义和狭义之分。广义的社会精神是大社会的客观反映，是一个国家精神的总概括。广义的社会精神与狭义的社会精神既相互区别，又相互联系、相互转化。广义的社会精神包含着狭义的社会精神，狭义的社会精神是广义的社会精神的组成部分，并受到广义社会精神发展状况的制约。社会精神的内容是丰富的。不同的国家有不同的精神，不同的民族有不同的精神。社会精神既受到历史文化传统的影响，也受到社会制度的制约。在

---

① 刘红：《论胡锦涛社会主义社会文明思想》，载《淮海工学院学报》（社会科学版）2011年第13期。

不同的社会制度和历史文化传统条件下，社会精神具有不同的具体内容和特点。

从文明的视角来看，社会精神即表现社会精神文明。与通常的精神文明不同，这是小社会领域的精神在合乎规律基础上发展进步的过程和状态。也就是说，这是一种符合精神规律和社会发展客观规律的精神，是一种促进社会发展进步的精神。①

二　社会意识文明教育的基本内容

社会意识文明教育是城市社会文明教育的重要内容，主要包括社会心理文明教育、社会风尚文明教育和社会道德文明教育等方面。

第一，社会心理文明教育。社会心理文明作为社会意识文明的深层次结构，主要从心理取向、社会理想、社会动机、社会思潮等社会心理因素表现出来。社会心理文明教育就是培养积极、健康的心理取向、社会理想、社会动机和社会思潮。

心理取向是人们对任何事物及其与主体关系的一定态度，即意向性。是主体向往和争取的趋向状态，是人们对外部事物的理想追求。心理取向是社会发展不可或缺的心理动力，当人们的心理取向与社会发展规律相一致时，它就能作为心理文明的一个有机组成部分，成为推动社会发展的巨大能量；反之，当它与社会发展规律不一致时，它就是一种精神腐蚀剂，阻碍社会文明的健康发展。

社会理想是人们对现实和未来发展目标的一种追求、想象和向往，它带有明确的指向性和目的性，并因社会历史发展阶段、人们的实践和认识能力等因素的差别而相异。由于社会理想体现了人们对社会发展客观规律的不可动摇的信念和矢志不渝的信仰，它必然成为人们奋发向上、积极进取的精神支柱，成为人们心理取向的核心内容，也成为人们行为的积极动因。如果一个民族缺乏社会理想，这个民族的社会文明建设必然会遇到挫折。

社会动机是激起人们的行动或抑制某种活动的意愿和心理冲动，是人们行动起来的直接内驱力。人们的动机是多种多样的，它以动机所表

---

① 罗浩波：《社会文明学导论》，浙江大学出版社 2008 年版，第 133—134 页。

现的需要种类而异，人们越是提出高层次的需要，其动机也就越具有积极的社会意义和长远意义。该动机的内驱力也就越大，坚持性越恒久，其实现对社会也就越有益。可见，动机反映了人们的愿望和要求，更反映了人们的价值追求和精神面貌，积极的社会动机成了社会意识文明的重要内容，也是社会得以健康发展的重要前提之一。

社会思潮是在特定的历史背景下，反映人们的某种利益与大众心理相结合并得以广泛流行的观念和思想倾向。社会主义精神文明建设是以马克思主义理论为指导思想的，但马克思主义理论的系统性、抽象性和深刻性不是社会所有人都能掌握的，这就必须通过社会思潮这一中介将马克思主义理论融化到社会动机、社会态度、社会理想、社会性格等社会心理之中，从而形成健康的心理特征和心理取向，并转化为人们自觉的信念和科学合理的行为准则，以形成健康、文明、向上的社会风气。这种融合和转化正是通过“正确的舆论”和“优秀的作品”等传播渠道，使“科学的理论”和“高尚的精神”转化为人们所普遍接受的社会思潮来实现的。[①]

第二，社会风尚文明教育。社会风尚俗称社会风气，它是在一定时空内，某一跃居突出地位的社会气候所产生的一种文化效应场。它是人们在主观上能感受到的东西。当社会风尚清正、健康、文明、向上时，人们在精神上会感到愉快、舒畅；反之，颓丧的社会风尚令人在精神上感到沮丧、压抑。社会风尚是社会大多数人在某种价值观的引导下所表现出的一种趋于普遍流行的行为，是对人们行为取向的一种集中反映，具有明显的趋向性。所以，它的形成和蔓延总是和某一社会所主张的价值体系、道德规范和行为准则相关联。社会风尚的核心内容是人们互动中的道德行为，主要是一种道德风尚，即社会上大多数人所认同、遵守、推崇的道德规范行为。社会风尚是道德建设的基础，而社会风气又是道德的支持力量和重要资源。

在社会转型时期，社会风尚文明赖以生存的环境与条件十分复杂，导致健康社会风尚与不健康社会风尚同时并存，因此，社会风尚文明教育要从实际出发，认识到它的长期性和艰巨性。首先，建立一套完善有

---

① 卢桂平：《社会心理、社会意识与精神文明》，载《扬州教育学院学报》1999 年第 1 期。

效的社会机制，这一机制的主体就是政府的思想宣传部门、教育部门和文化机构等。这些部门的功能是对优秀的文化习俗进行汲取、提炼、总结、提升，及时将新生、健康社会风尚中的精神内核提炼出来，形成道德规范，并使之稳定下来，以满足时代的要求和人民群众的期待。其次，建立一套有效的矫正机制，对文化糟粕进行剔除，对不正常、不健康的社会风尚进行抵制。矫正机制由传播机构承担，主要是通过社会舆论发生作用。由于社会舆论对人们的行为具有鲜明的赞赏、褒扬和批评、贬抑功能，所以，一个社会如果组织各种大众媒介，传播某种价值观念和道德理想，就能产生巨大的社会舆论力量，控制与影响人们的思想与行为，从而直接调控社会风尚。①

第三，社会道德文明教育。中国是一个有着深厚道德基础的国家，道德文化是中国传统文化中最重要且最成熟的部分。然而，近代以来，在西方文化的冲击下，随着传统社会的解体和整个封建文化的衰落，以儒家思想为主导的传统道德文化在中国发生了整体性危机。传统的道德哲学受到了人们的怀疑与否定，不再能为人们提供普遍有效的价值意义和道德信念；传统的道德秩序也日益受到新的生活方式和人际关系准则的挑战。在几千年漫长岁月中形成的道德禁忌，日益受到破除和亵渎；传统道德律令不仅难以成为人们行为"合法性"的根据，而且它自身存在的合理性似乎也成了问题。现代中国人正生活在新旧道德的历史嬗变期，承受着新旧道德的冲突，陷入无法回避的道德困境。这种困境主要表现在道德价值上的困境、道德选择上的困境、各式各样的非道德主义泛滥、社会道德控制机制低效、道德评价和舆论监督弱化等方面。其中，道德教育扭曲变形问题尤为严重。

道德教育是根据社会的道德价值对社会成员进行道德观念、道德规范、道德理想等方面的教育，以培养和形成人们高尚的道德品质，影响人们的道德活动。由于道德品质作为后天培养的结果具有很强的可塑性，因而道德教育应该发挥其应有的作用。要使人类养成高尚优美的人格，离不开有效的道德教育。在道德价值整合度极高的传统社会中，家庭教育、社会教育、学校教育以及个人自我教育在道德目标上是高度一致的，

---

① 朱力：《社会风尚的理论蕴含》，载《学术交流》1998 年第 4 期。

这保证了传统道德教育的成功。现在我们面临的问题是，由于双重价值标准并存，道德教育的内容往往缺乏一致性和稳定性，有时出现把相互对立的东西一起向受教育者灌输的现象。道德教育的理想性与现实生活中的非道德性之间的巨大反差以及社会不良气的影响，往往使道德教育流于形式，甚至助长受教育者的逆反心理，对道德教育产生排拒和抵触。

因此，弘扬中国道德文化的伦理精神，必须牢固把握现代价值目标，服务于现代化发展的需要。建设中国的现代道德文化，必须对传统道德文化中的积极因素加以认真的清理和批判继承。取传统精华而用之，弃传统糟粕而废之。在重建现代伦理精神的今天，我们应该把反省传统的着眼点放在继承与弘扬这一方面。在现代价值理想的导引下，让传统美德为现代生活服务，这同样是传统文化走向现代化做出的选择之一。建设现代中国的道德文化与伦理精神，还需要建设良好的社会生活环境。人与环境是相互作用的，人改造和适应着环境，环境也影响和改造着人。人在与环境的相互作用中，改变着自己的生活方式、文化心理、道德风尚和理想选择。因此，我们重建现代中国的道德文化，离不开对社会环境的优化，使社会经济环境、政治环境和教育环境尽可能成为中国养成良好道德风尚的外因。只要市场经济日益繁荣有序，民主法制日益严整完备，社会教育日益发达合理，我们就一定能建立起具有中国特色的现代伦理精神，与此同时，我们将逐步摆脱困惑和迷失，走出道德困境。①

第四节　社会管理文明教育

城市作为社会重要的组成单元，是社会发展水平的一面镜子。随着我国城市化进程的加速，城市人口问题、住房问题、就业问题、贫困问题、环境问题等社会问题在城市集中凸显，因而要特别重视城市社会管理工作，通过城市社会管理文明教育，把社会管理与城市建设紧密结合起来，形成社会管理文明，促进城市健康发展。

---

①　段吉福、王刚：《现代人的道德困境与道德文明建设》，载《西南民族学院学报》（哲学社会科学版）2002 年第 5 期。

一　社会管理文明的内涵

社会管理文明伴随着文明的脚步，也在不断地发展和进步。主要表现为管理符合客观规律，更加科学和富有效率。社会生活、社会关系、社会意识、社会生活环境等都存在着这样或那样的矛盾，只有通过文明的社会管理，才能实现和谐发展。①

社会管理有广义和狭义之分，广义的社会管理是政府社会管理和社会自我管理的统一，狭义的社会管理仅仅指政府社会管理，即政府对小社会的管理、规范和引导，是政府与小社会互动的过程和结果。从社会文明的角度来看，社会管理基本内容是管理社会生活，协调社会关系，培育社会精神，营造社会环境。管理社会生活，主要是按照社会文明要求，管理衣食住行、生老病死等生活资料，保证人们的基本生活。其重点是就业、社会事业和收入调节，做到不同群体社会生活的公平正义；协调社会关系，主要是依据社会文明内在要求，采取经济、行政、法律等手段，解决人民群众面临的突出矛盾和问题，理顺人与人、组织内部以及人与组织的相互关系，实现社会和谐；培育社会精神，主要是对代表社会文明发展进步要求的行为进行鼓励，对背离社会文明发展进步要求的行为进行惩处，以促进社会精神文明；营造社会环境，主要是完善各种法律法规，建立应急管理体制机制，加强社会治安综合治理，创造良好的自然环境和社会环境。

从文明的视角来看，社会管理表现为社会管理文明。社会管理文明是在遵循客观规律基础上社会管理发展进步的过程和结果。这意味着：第一，遵循客观规律。一是遵循社会生活、社会关系、社会意识、社会生活环境等发展变化的规律。二是遵循管理自身的规律。按照这些规律的要求，开展社会管理活动。第二，社会管理是不断发展进步的。主要表现为管理手段不断进步，管理方式不断变化，管理体制不断完善，管理效率不断提高，管理重心日益转向以人为中心。第三，社会管理进步的结果是社会管理水平提高，管理能力增强，管理效益增加。

---

① 于建荣：《简论社会文明》，载《科学社会主义》2008 年第 3 期。

社会管理文明，主要表现为社会管理体制的完善与文明。社会管理体制是社会管理制度的具体形式。建立什么样的社会管理体制，主要取决于两大因素：一是社会制度。社会制度是社会管理体制的根本决定力量，有什么样的社会制度，往往就有什么样的社会管理体制。二是社会管理制度。社会管理体制是社会管理制度的直接体现，社会管理制度的要素直接构成了社会管理体制的基本骨架。①

从文明的视角来看，社会管理体制文明是社会管理体制在规律基础上发展进步的过程和状态。这种规律，主要是指社会管理自身的运作规律。发展进步主要是指社会管理体制自身的不断完善。进步状态主要是指管理体制科学，运转富有成效。社会管理体制文明是当今世界的普遍追求，具有共同的特征和规律，如继承人类社会管理文明的优秀成果，符合社会文明的内在要求，发扬民主，监督制衡等。同时，在不同的社会制度下，又有各自的特色和特定的内容等。②

二　社会管理文明教育的原则理念

城市社会管理文明教育是一项常抓常新的系统工程。在这项工程建设中，应把科学发展、以人为本、柔性管理、继承创新的理念贯彻始终。

一是树立科学发展的理念，正确处理好经济发展与社会管理的关系。各种社会矛盾、社会管理问题其本质都是发展中的问题，因此，要通过社会管理文明教育，用科学发展的理念去解决各种社会矛盾和问题。牢固树立科学发展意识，始终坚持社会管理必须以经济发展、民生和谐为支撑，让人民群众共享改革发展成果。

二是树立以人为本的理念，正确处理好人的需求与社会管理的关系。加强和创新社会管理，必须坚持以人为本、执政为民的理念。社会管理的本质，说到底是对人的管理和服务，涉及广大人民群众的切身利益。以人为本、执政为民集中体现了党全心全意为人民服务的根本宗旨，即坚持把人民利益放在第一位，把切实实现好、维护好、发展好最广大人民根本利益作为一切工作的出发点和落脚点，以获得最广泛、最可靠、

---

① 张明军、陈朋：《社会管理研究在中国：进路与焦点》，载《学术界》2012 年第 1 期。

② 罗浩波：《社会文明学导论》，浙江大学出版社 2008 年版，第 136—137 页。

最牢固的群众基础和力量源泉。社会管理与人民的幸福息息相关，其宗旨是以人为本。人是城市文明创建中最核心的要素，在城市社会管理中，人文精神和人文关怀则是其灵魂，离开了对人的关怀，一切管理工作都将失去意义。因此，要把维护人民利益作为社会管理的出发点和归宿，从解决关系人民群众切身利益的问题入手，通过加强社会管理，使发展成果惠及全体人民。

三是树立柔性管理的理念，正确处理好政策机制与社会管理的关系。柔性管理以疏导、协商等手段，理顺群众思想情绪，提高市民文明行为的自觉性，是加强和创新社会管理的有效途径。柔性管理就是要尽可能使社会成员的价值观与行为方式保持一定程度上的一致性，以达成社会共识，增强社会凝聚力，进而为构建和谐社会、促进社会良性运行和发展创造既有秩序又有活力的基础条件。柔性管理是与刚性管理相对的，刚性管理往往采用强制性手段，如政权、法律、纪律、规章以及各种具体制度达到管理的目的。如果说刚性管理是一种外在的管理形式，那么柔性管理则是一种内在的管理形式，更侧重于调动和激发社会成员的自觉意识和内在潜力，社会成员只有内化了某种价值观念，才能在行动中表现出最大的自觉性。内在管理即使处于外在管理的真空地带，也会使人们主动地进行自我约束，同时内在管理可以有效地预见矛盾和化解矛盾。如果说刚性管理是一种强制式的管理，那么柔性管理则是一种引导式的管理；如果说刚性管理往往取得被动的结果，那么柔性管理则往往取得主动的结果。①

四是树立继承创新的理念，正确处理好继承与创新的关系。任何创新都是建立在继承和吸收古今中外优秀文明成果的基础之上，否则事物的发展就会变成无源之水、无本之木，加强和创新社会管理也是如此。中华几千年的文明留下了丰富的值得我们很好继承和吸收的社会管理文明成果，比如，中国传统社会十分重视道德教化在社会管理中的作用，我们经常说的“半部《论语》治天下”如此。此外，还有“仁义礼智信”等价值观念，以及“修身、齐家、治国、平天下”等行为准则都在引导人们行为，规范社会秩序中发挥着重要作用。这些优秀的文明成果

① 龚长宇：《柔性管理：社会管理的重要机制》，载《学习与探索》2011 年第 6 期。

值得我们批判地继承和创新。①

第五节　社会行为文明教育

社会行为文明是社会文明的外在表现，它是人的生存发展的实现方式与存在形式，是人的一切活动、一切成就的起点和归宿。

一　社会行为文明的内涵

行为文明是人类进步、开化的行为，是人类发展进化的程度。尽管东西方有着不同的文化形态，但却有着相同或相近的文明标准，污言秽语、恃强凌弱、随地吐痰、乱扔果皮、践踏草木、坑蒙拐骗、欺上瞒下等，都是不文明行为，端正这些行为的必经之路就是进行社会文明教育。为了更好地进行社会行为文明教育，需要全面地理解社会行为文明的内涵。②

首先，从社会文明的整体性范畴来理解。社会文明是文明行为、文明过程和文明结果的有机统一。其中，文明行为是社会文明主体即人、家庭、社区、组织的行为，是文明过程发展的动力，是创造文明结果的前提；文明过程是社会文明行为的持续发展，是产生社会文明结果的前提；社会文明结果是社会文明主体的创造，是社会文明行为和社会文明过程的结果，是建立在社会文明行为和过程基础上的一系列阶段性成果的总和。一般来说，社会文明行为、文明过程和文明结果是统一的。但是，三者之间也会发生矛盾。诸如社会行为是文明的，但由于主客观多方面因素的制约，并没有获得社会文明成果，这就是它们之间矛盾的一种表现。社会文明反映的是社会文明行为、社会文明过程和社会文明结果相统一的情况。在这个过程中，社会文明行为具有重要的意义。

---

① 崔桂田：《对吸收和借鉴资本主义政治文明成果的几点思考》，载《山东社会科学》2002 年第 6 期。

② 贾廷秀：《论中国特色社会主义政治文明建设》，载《齐齐哈尔大学学报》（哲学社会科学版）2003 年第 3 期。

其次，从行为文明在整个文明结构中的地位和与其他文明的关系来理解。其一，人的行为文明是人的本性、人的本质的文化表现，但是，这种表现不是孤立的，它是各层次文明发展的体现。物质文明形成它的实际内容，制度文明为其框定合法范围，精神文明为其赋定形式。其二，人的行为世界总是处在形形色色的矛盾之中。人作为高等动物，至今未能完全摆脱人的动物性的一面。人有理性，但是又有非理性的一面。人的理性与非理性的矛盾、人的温和与残暴的矛盾以及动物性与人性的矛盾都会直接反映在人的行为世界之中。人的生存境遇的有限性与人对生活的无限期盼、人的行为的任意性倾向与社会约束性要求之间也从来都是有矛盾的。这种有限与无限、任意与约束之间的矛盾，也直接反映在人的行为之中。文明的发展就体现在这些矛盾中的人性和理性的同时上升。人性的自适自主性和自由创造性，理性的科学规范性和原则统一性是文明发展的重要动力。但是，历史表明，任何一方面都不能绝对化，一旦绝对化便会对文明造成侵害。所以，世界历史在把理性推上统治一切的宝座之后，其绝对性、统一性、中心主义、本质主义对人性的多样化、世界的丰富性的压抑所造成的弊端渐渐凸显。于是，非理性后现代运动开始兴起，这不能不是现代文明的进步。它表明，人、人性、人本性、人类性等都是现代文明的活的灵魂。其三，人的行为文明作为精神文明的具体体现，也体现在对自身不良行为与不利于人们共同生存的克服方面，体现在通过精神文明而自觉实现的对人的宽容、善意、礼让、关怀、合作、互利、共存等方面，以及人对真理与正义的追求，对民主、自由与平等的向往等方面。①

最后，从社会行为文明的具体表现来理解。第一，社会成员的社会行为具有合法性，不做危害国家、社会、单位和个人的事；第二，社会成员的社会行为具有合理性，不对公共环境、公共秩序、公共安全、公共自由造成负面影响；第三，社会成员的社会行为具有至善性，温和、善良、恭敬、节俭、忍让，体现社会成员之间友善的基本

---

① 苗启明、刘天才：《双质五层结构：社会文明的完整形态》，载《学术月刊》2006 年第 1 期。

精神。①

二　社会行为文明教育的内容与方法

1. 社会行为文明教育的内容

中央文明委为了进一步提升城市文明程度，并提高市民的整体素质与生活质量，于2004年9月颁布试行了《全国文明城市测评体系》，这一测评体系成为对全国文明城市进行评价的重要指标，也成为城市社会行为文明教育的重要内容。《全国文明城市测评体系》对市民文明行为指标做了四大类共12项的具体阐述，这四大类指标是：第一，公共场所道德。包括在公共场所杜绝乱扔杂物、损坏花草树木、随地吐痰、斗殴等不文明行为；在图书馆、影剧院等场所安静、文明，不大声喧哗、相互嬉闹现象；在禁烟场所不吸烟等。第二，市民交通行为。包括行人、车辆各行其道；行人、车辆不乱穿马路、闯红灯；行人排队候车，依次上下车；交通畅通，没有人为导致的严重阻塞现象。第三，公共设施维护。包括公用电话、报栏、邮箱、座椅等公共设施得到精心保护，无人为损坏现象；功能完好，能正常使用。第四，人际互助。包括孤老残弱等得到志愿服务；公交车上能够主动为老、弱、病、残、孕及怀抱婴儿者让座；为外地人热情指路，友善对待外来人员，耐心热情回答陌生人的问询等。

以这一测评体系为标准，2005年开始进行第一届全国文明城市评选活动。全国文明城市，简称文明城市，是指在全面建设小康社会，推进社会主义现代化建设新的发展阶段，坚持科学发展观，经济和社会各项事业全面进步，物质文明、政治文明、行为文明与精神文明建设协调发展，精神文明建设取得显著成就，市民整体素质和城市文明程度较高的城市。全国文明城市每3年评选一次，截至目前已经评选了4次，第五届全国文明城市评选周期为2015—2017年，前两年进行年度测评，第三年进行综合测评，3年成绩按一定比例相加得出总成绩，依据总成绩确定第五届全国文明城市名单。2015年9月，中央文明委正式颁发了修订后的

---

① 陈朝宗：《社会主义行为文明研究——兼论社会主义核心价值观之践行》，载《中共福建省委党校学报》2015年第5期。

《全国文明城市测评体系》，对测评内容、测评形式、测评方法、测评要求及动态管理措施进行了新的界定，并以此为依据开展第五届全国文明城市测评。最新的《全国文明城市测评体系》与之前不同的是，更加突出思想道德内涵，着力强化公民道德建设；更加注重打造良好的经济社会发展环境，着力强化为民、利民、办实事；更加注重建立常态长效的创建工作机制，着力强化创建工作基础；首次提出了创建文明城市负面清单。其一大亮点是设立《全国文明城市创建动态管理措施》，设置了涉及党风廉政建设、公民合法权益维护、打击假冒伪劣、生产生活安全及搞“一阵风”、“运动式”创建，突击迎检、扰民劳民等10个领域、30个项目的负面清单。对出现负面清单所列问题的城市，采取扣罚测评分数、限期整改、停止提名城市资格、停止全国文明城市资格1年、取消全国文明城市荣誉称号5种惩戒方法，切实增强创建实效，提升创建水平，真正把文明城市创建做成惠及群众、造福百姓的基础工程、民生工程。

《全国文明城市测评体系》是进行市民文明行为教育的重要内容，为市民文明行为的评价提供了可供参考的具体指标。

2. 社会行为文明教育的方法

人的行为虽然受人的精神指导和规章制度的制约，但人的行为也还有相对独立性的一面，这也是行为作为相对独立的文化形态的意义。人类行为既然是一种相对独立的文化形态，那么，行为文明自然也应成为文明体系或文明结构中重要的组成部分。从这一点出发，我们也可以逻辑地得出：仅有科学的理论指导和正确的行为规范，并不一定能带来全社会的行为文明，一个社会要最终走向行为文明，实现“知行合一”，这个社会的全体成员还必须有秉承行为文明热情、毅力和勇气，这涉及理想人格的培养、国民素质的提升、民族气质性格的锤炼等，可见，这不是一朝一夕就能达到的，必须通过长期的社会行为文明教育，将社会行为规范内化到人格的“超我”之中，只有这样，“本我”发出的粗野行为冲动，才能得到“超我”的有效管控。当然，外在行为规范内化为人格中的“超我”，是一个漫长而艰难的过程，在内化过程中需要采用各种方法和手段。

第一，宣传教育。一种社会行为规范要内化到人格的“超我”之中，首先必须进行宣传教育，让接受内化的个体知道、熟悉、理解社会行为规范的内容，这一点非常重要。党的十八大以来，中央大力倡导社会主义核心价值观，提出了12个核心价值范畴，这12个范畴可以说全面概括了社会主义的核心价值体系，它们都可以转化为社会主义行为规范，成为行为文明的指南。

第二，灌输教化。社会行为规范要内化到人格的“超我”之中，还必须经过强行教化的环节。所谓“教化”就是在道德教育中软硬兼施。儒家礼教之所以能深入人心两千多年，是因为在道德教育中软硬兼施，既循循善诱，又有严格的家法族规配合。对于个体而言，这一环节可在家庭教育、幼儿教育和小学教育中进行，特别是家庭教育和幼儿教育尤为重要，而且这种教育应该具有强制色彩，重视从娃娃抓起。根据儿童心理成长规律，我们发现，1—7岁是个体人格形成期，我们过去常说的“三岁看小，七岁看老”，就是指儿童7岁时人格就基本形成。因此，要抓紧在1—7岁期间塑造孩子理想的人格，即“本我”、“自我”、“超我”平衡发展的人格，同时把社会倡导的行为规范内化到儿童的“超我”之中，这样，7岁以后，少儿的行为就会慢慢朝着文明的方向发展。所以，我们要高度重视家庭教育、幼儿教育和小学教育在人格培养、人格教化方面的作用。

第三，榜样感化。宣传教育是晓之以理，灌输教化是坚之以力，榜样感化则是动之以情，这个环节不可缺少。儒家礼教之所以能深入人心两千多年，另一个重要原因就在于，非常重视榜样力量的感化作用。儒家认为，通过一些经典的善行故事或为守礼教而演绎出来的震撼人心的人间悲情深深感动受教育者，会在社会行为规范内化中起重要的作用。从这个意义上说，现代教育者应该重视正能量的感化作用，特别是在少年儿童教育中运用榜样感化，在幼小心灵中打上深深的烙印。

第四，文化熏陶。文化熏陶是社会行为规范内化的基础。一个社会如果到处都是文明的行为，那么少数不文明的行为就会受到公众的鞭挞，这些异类的行为慢慢地也就会被公众行为同化了。这在社会学中叫做人际约束，它以行为文化的形式无形地同化着社会成员的行为。儒家礼教中的一个最经典的理论是“近朱者赤，近墨者黑”，所以，儒家十分重视“齐家”，建设家族文化，其中家族祠堂就是凝固的家族文化。儒家的教育方法给我们重要的启示：在社会行为文明教育过程中，也要同时重视家庭文化、政府文化、企业文化、校园文化，只有这样，社会行为文明教育才能形成更强大的合力。

第五，奖惩严明。奖惩严明是社会行为规范内化的最后环节，它在内化社会行为规范中起着固化的作用，让每个行为个体体验到，善行受到奖励，恶行受到惩罚，丑行受到鞭挞，从而形成一种善行意志，最终做到“慎独”，这是社会行为规范内化的最高境界。[①]

① 陈朝宗：《社会主义行为文明研究》，载《中共福建省委党校学报》2015 年第 5 期。

第四章

三峡流域城市社会文明教育的实践审视

三峡流域城市社会文明教育取得了显著的成就，市民素质不断提升，城市形象大为改善，经济社会和谐发展。通过考察，三峡流域城市社会文明教育体现了几方面特点，即凸显全面性、力求实效性、富于创造性和注重持久性等。当然，仍有许多值得改进的地方，需要把城市社会文明教育深入、持久地开展下去。

第一节　三峡流域城市社会文明教育的显著成就

三峡流域城市社会文明教育创新最直接的体现就是文明城市创建工作。建设文明城市的最高价值取向是改善民生、惠及百姓，通过城市社会文明建设来改善城市面貌，提升城市管理水平，提高市民综合素质。

一　市民素质不断提升

社会文明和人文素养之间有密切的联系，两者互为因果，互相影响和作用，是你中有我、我中有你的关系。一方面，社会文明程度取决于人的素质的高低。两者呈正相关，即人的素质越高，社会文明的程度也就越高。当然，也可以这样认为，一个城市人文素质的高低，是衡量社会文明发展质量的重要标尺。另一方面，人类社会的发展进步，又促进着人素质的提高，也只有不断提高人的素质，才能加快社会主义现代化建设的进程，才能促进社会文明向更高层次发展。人的整体素质，更能折射和反映出城市的文明程度和精神风貌。三峡流域内众多城市在推进社会文明教育创新时始终把提高市民综合素质作为重要抓手，不断增强市民的归属感、认同感和主人翁意识。

城市的文明程度归根结底取决于市民的文明素质。利川市在城市社会文明教育创新活动中，牢牢把握市民道德素养这个根本，深入实施市民素质提高工程，广泛开展文明村镇、文明行业、文明单位等创建活动，坚持不懈地抓好市民文明素质教育，加强青少年思想道德教育。积极开展“文明新村”、“农家书屋”等建设活动，开展“无假货信用商店（门店）”活动，以交通、旅游、供水、供电等行业为重点，扎实开展窗口行业文明优质服务。充分发挥先进人物和模范典型的示范带动作用，在全社会营造争当“爱国、守法、明礼、诚信”现代公民的浓厚舆论氛围，使广大市民在实践中不断提升素质。“共创文明城市，构建和谐社会”，这一新的绩效观正在利川形成。站在文明创建的新起点，勤劳、淳朴的利川人正以昂扬的斗志、饱满的热情、创新的精神，奋力争创省级文明城市。

市民素质，即市民的价值信仰、道德心理、知识能力等因素复合而成的一种整体人格状态，即一个城市的居民，在其人格构成、社团构成和文化构成的相互作用关系中形成的整体人格倾向。①市民素质具有丰富的内涵，思想道德修养、科学教育水平、民主法制观念和价值取向是其主要内容。②一座城市市民思想道德修养的优劣，影响城市的精神风貌；科学教育水平的高低，决定城市的综合实力；民主法制观念的强弱，关系社会的长治久安；核心价值的取向，制约着人们的行为规范。

市民素质本身就是城市社会文明的一部分，也是城市社会文明的基础。市民是城市的主体，因此市民的文化素养、精神风貌、工作作风等素质构成城市社会文明的基础，城市社会文明教育的发展迫切需要较高的市民素质与之相适应。

通过市民素质教育，三峡流域城市市民的公德意识明显增强。在公共场所乱吐、乱丢、乱画、乱贴的现象比过去少了。通过考察，我们明

---

① 范荟、陈文君：《社区旅游为提升市民素质服务刍议——兼谈广州社区旅游线路设计》，载《佳木斯大学社会科学学报》2013 年第 3 期。

② 吴慧明：《浅谈市民素质的提升》，载《文艺生活：中旬刊》2011 年第 9 期。

显感觉到这些城市的面貌焕然一新，人行道两旁的垃圾桶外观清洁，摆设的鲜花无一攀摘，街道上很难发现一个食品袋、一张废纸屑，邻近城市的河流清澈见底，成了市区内一道亮丽的风景线。当我们走访恩施市的某个社区时发现，通过市民素质教育后，说脏话、粗话、打架斗殴的现象少了，讲文明话、讲和蔼话的人越来越多。一位居委会的工作员是这样说的："通过市民素质教育后，邻里之间吵架现象少了，小孩打架斗殴现象少了，派出所要我们统计违法、违纪、违章青年，我们这儿小孩打架斗殴现象都找不到，哪里去找'三违'青年。"由此可见，市民教育的确使市民的素质、文明程度大幅提高。

市民的素质状况不仅影响到现代城市社会文明的创建过程，也影响到现代城市的经济社会发展。目前制约三峡流域城市经济社会发展的关键因素就是市民素质亟待提高。在新的社会发展背景下，素质高则业兴，素质低则业衰。市民素质高低越来越关系到城市的发展面貌。只有拥有高素质的人才，城市各项事业的发展才能有持久的动力。① 市民是城市的主体力量，三峡流域城市在各自的文明创新活动中，把提高市民素质作为工作的核心，取得了显著成效。

二　城市形象大为改善

任何城市都是在特定的自然环境和地域文化背景中发展而来的，可以说城市中的许多标志性元素都深深印记着这座城市历史上的自然环境变迁和地域文化变迁的遗迹。不同自然环境和文化背景发展而来的城市，它们体现出来的特点是不同的。我们可以这样理解，正是不同城市具有不同的特点，造就了不同城市各有其自身的价值。然而深度挖掘出城市的价值和底蕴，并塑造成城市品牌和城市名片，也就有了城市形象一说。有学者认为"城市形象是一座城市内在历史底蕴和外在特征的综合表现，是城市总体的特征和风格"。还有学者从美学的角度，认为"城市形象是真、善、美高度统一的艺术综合体，是城市本质的自然流露，是城市历史的长期沉淀"。"城市形象是城市给予人们的综合印象和观感，是城市

① 刘艳华：《提升市民素质构建和谐赤峰》，载《赤峰学院学报》（哲学社会科学版）2010年第1期。

性质、功能和人们对其外在的表现的领悟。”还有学者认为城市形象不等同于城市外部的美学评价，城市形象表现为城市外部的知名度和口碑。综合国内学者观点，我们认为，城市形象是由城市内部和外部的总体特征和整体风格所决定的，是公众心目中关于城市各个方面的看法和城市的外在行为与表现的总体印象与评价。城市形象由硬形象和软形象两大因素构成。硬形象指的是客观存在的物体和可以通过精确测量得到结果的各种因素，主要是自然环境、地域文化、城市风貌、城市职能、城市建筑、城市绿化、城市公共设施、经济发展水平、消费水平和科技教育水平等。这些因素可以形成较为一致的价值观取向和评价标准。软形象是指那些难以精确测量，以意识形态的方式存在，通过心理感受的影响因素，主要是社会文化环境、城市精神、价值取向、市民行为、公益活动和城市政府形象、企业形象及市场竞争力等。一个城市的形象建设，必须要从软、硬形象上双管齐下，共同建设。

例如，张家界今天的成功不是因简单地改个名字，而主要归功于改名后对张家界城市品牌的塑造上。为打造品牌知名度，1999 年张家界策划了举世震惊的被誉为“人类挑战大自然征服大自然”的“世界特技飞行大赛”，共有来自美国、法国、俄罗斯、德国、捷克、立陶宛、哈萨克斯坦等国家的 15 位特技飞行员参加比赛。全球有数百家权威媒体对此进行了报道，中国中央电视台进行了全程直播。据统计，收看电视直播的观众就达 8 亿多人次。2006 年为了进一步塑造和推介张家界城市新形象，在旅游经济、时尚文化和提升品位方面打造张家界城市品牌，张家界市委宣传部又策划举办“2006 首届张家界城市形象大使选拔赛”暨“2006 新丝路中国模特大赛张家界选拔赛”等活动。使诗意的人文美和张家界大自然的崇高美进行完美结合，从而进一步提升张家界的知名度和美誉度。2009 年 5 月 14—18 日，张家界市举办“2009 国际乡村音乐周”，市长赵小明亲自出任卡通形象大使，代言此次活动。在国际乡村音乐周的形象宣传片中，市长赵小明以卡通形象出现，手拿吉他载歌载舞，旁边还有一行文字标明：“张家界市市长赵小明”。市长以夸张的卡通形象出现在荧屏，立即引起了国内各大媒体的关注；视频上传到网络后，迅速传开，成为海内外网友热议的焦点。一时间，张家界又吸引了亿万受众的眼球。

城市形象就好比商品的品牌，品牌价值高的商品在售价、档次、质量方面都要更高一些，卖家就是通过打造高端品牌在商品已有基础价值上实现增值，从而吸引更多买家。城市形象同样如此，没有城市形象的具体包装推广，犹如商品没有自己的品牌，无法在激烈的竞争中被识别、认知。城市形象作为城市的重要“软实力”，在促进城市经济发展、提升城市环境质量、招商引资、吸引人才、旅游发展、文化教育等方面起着关键性作用。城市形象作为城市建设的重要领域，在现代城市社会文明体系中也占有重要地位。通过城市形象的塑造，将使城市的魅力更加彰显、名声更加响亮。在经济全球化浪潮的推动下，良好的城市形象能吸引更多的外部资源，为城市本身的建设和发展输送更多的血液，长此以往，城市的发展必将走上一条良性循环的路子。不同的城市形象反映了不同城市为自己在市场上所作的定位。从另一个角度来说，城市形象对于一座城市来讲，既是一种巨大的无形资产，也是一种重要的竞争资本，并直接作用于城市综合实力的提升。因此，保护和建设城市形象是现代城市社会文明体系的重要一环，必须发挥好城市形象的巨大潜力。

三峡流域城市依托长江三峡和长江黄金水道这两大金字招牌，大力塑造具有各自特色的城市形象。例如，宜昌“水电之都”的形象深入人心。第一，“水电之都”的城市形象有利于提高城市的知名度，扩大城市的影响力。第二，“水电之都”的城市形象有利于改善投资环境，吸引更多的投资，引进优秀的人才，进一步推动城市经济的发展。第三，“水电之都”的城市形象有利于树立新的城市风貌和城市精神，从精神文明上影响市民，是一种城市文明的投资。第四，“水电之都”的城市形象，可以给市民带来自豪感，有利于形成奋发向上、敢为人先的精神面貌，成为城市发展的又一种动力。第五，“水电之都”的城市形象有利于城市的现代化建设。城市形象的塑造也是发展生产力，能够加快城市基础设施建设的进一步完善，推动城市现代化进程。良好的城市形象有利于转变发展方式，调整产业结构，促进旅游业及第三产业的快速发展。良好的城市形象是旅游业发展的重要因素，旅游业的发展又可带动相关旅游产品的开发，并促进服务业的发展。从长远观点看，旅游项目已不完全局限于传统的山水园林和自然景观，城市特征形象及一些文化经济活动，也将成为重要的旅游资源。对于拥有自然景观资源，具有深厚历史文化积淀的城市，就更应重视城市形象的塑造，以具有特色的城市形象推动城市社会文明的发展。第六，“水电之都”的城市形象有利于打响城市在世界范围的名气，提升对外开放的水平，增强对外交往与交流。

三　经济取得快速发展

加快城市社会文明教育，不是拖累城市经济发展，而是能够为经济发展提供良好的社会氛围、优质的投资环境、强大的精神动力和丰富的智力资源。通过考察，三峡流域各城市通过经济发展，为城市社会文明教育提供了坚实的物质基础。同时，城市社会文明教育又有力地促进了城市社会经济发展。以下是我们实地考察过的城市近几年的经济发展状况。

宜昌市：

2013 年宜昌市生产总值（GDP）2818.07 亿元，按可比价格计算，比上年增长 11.5%。分产业看，第一产业增加值 335.95 亿元，增长 4.8%；第二产业增加值 1693.77 亿元，增长 12.6%；第三产业增加值 788.35 亿元，增长 11.6%。按常住人口计算，人均地区生产总值 68846 元，较上年增加 7329 元，增长 11.1%。

2013 年宜昌全社会固定资产投资 2106.96 亿元，比上年增长 30.0%。其中，城镇 500 万元以上项目投资 1362.91 亿元，增长 25.1%；农村 500 万元以上项目投资 457.83 亿元，增长 53.4%。分产业看，第一产业完成投资 130.04 亿元，同比增长 15.5%；第二产业完成投资 1019.36 亿元，同比增长 28.2%；第三产业完成投资 957.56 亿元，同比增长 34.3%。①

恩施自治州：

经核算，2013 年全州生产总值（GDP）482.19 亿元，比上年增长 11.9%。其中，第一产业增加值 124.91 亿元，增长 5.0%；第二产业增加值 164.42 亿元，增长 18.1%，其中工业增加值 133.32 亿元，增长 15.8%；第三产业增加值 192.86 亿元，增长 11.9%。

2013 年全社会固定资产投资 406.19 亿元，比上年增长 29.2%。其

① 湖北省统计局，http://www.stats-hb.gov.cn/wzlm/tjgb/ndtjgb/ycs/ycs/108972.htm，2014 年 8 月 22 日。

中，500 万元以上城镇和非农户建设项目投资 335.83 亿元，增长 32.0%；房地产开发投资 40.28 亿元，增长 13.4%；农村私人投资 30.08 亿元，增长 23.7%。[①]

重庆市涪陵区：

2014 年，国民经济平稳较快增长。2014 年全区实现地区生产总值（GDP）757.48 亿元，比上年可比增长 12.0%。其中，第一产业增加值 47.97 亿元，可比增长 4.8%；第二产业增加值 466.10 亿元，可比增长 14.1%；第三产业增加值 243.41 亿元，可比增长 8.9%。按常住人口计算，人均 GDP 达到 67215 元，按年末人民币兑美元汇率中间价（6.1190 元/美元）换算，达到 10985 美元。三大产业结构从 2013 年的 6.6∶62.5∶30.9 调整为 6.3∶61.5∶32.2。

2014 全年全社会固定资产投资 578.60 亿元，比上年增长 15.4%。分产业看，第一产业投资 6.11 亿元，比上年下降 15.5%；第二产业投资 307.59 亿元，增长 57.7%；第三产业投资 264.89 亿元，下降 11.5%。按类别分，建设与改造投资 506.57 亿元，增长 16.8%；房地产开发投资 72.02 亿元，增长 6.4%。区内项目投资 575.31 亿元，增长 27.2%；跨区投资 3.29 亿元，下降 93.3%。

全年城镇常住居民人均可支配收入 26149 元，比上年增长 10.4%。可支配收入中，人均工资性收入 16019 元，增长 10.2%；人均经营净收入 3017 元，增长 8.4%；人均财产净收入 1817 元，增长 9.3%；人均转移净收入 5295 元，增长 12.7%。城镇居民人均消费支出 20298 元，比上年增长 11.4%。城镇居民恩格尔系数为 35.3%，比上年下降了 1.5 个百分点。[②]

重庆市黔江区：

初步核算，2012 年黔江区实现地区生产总值（GDP）147.95 亿元，比上年增长 13.9%，其中第一产业实现增加值 15.52 亿元，增长 5.4%；第二产业增加值 83.09 亿元，增长 16.3%；第三产业增加值 49.34 亿元，增长 12.1%。

---

① 湖北省统计局，http://www.stats-hb.gov.cn/wzlm/tjgb/ndtjgb/esz/esz/110295.htm，2014 年 8 月 22 日。

② 《2014—2015 年重庆市统计年鉴》，第 4 页。

2012年，黔江区完成固定资产投资175.77亿元，比上年增长36.2%，投资对经济增长的贡献率为62%，拉动经济增长8.6个百分点，其中国有投资实现129.63亿元，占投资总量的73.7%，是投资增长的主导力量。全年建设与改造投资完成159.87亿元，增长39.7%，占投资总量的90.9%；房地产开发投资完成15.90亿元，增长17.9%。国民经济各行业中，农林牧渔业完成投资5.83亿元，下降26.9%；工业完成投资69.73亿元，增长31.2%；教育卫生文化事业完成投资19.26亿元，增长62.2%。①

铜仁市：

2013年铜仁经济实现快速增长。全年实现生产总值（GDP）535.22亿元，首次突破500亿元大关，按可比价格计算，比上年增长15.4%，其中：第一产业实现增加值136.13亿元，增长7.5%；第二产业实现增加值155亿元，增长19.6%；第三产业实现增加值244.09亿元，增长17.4%。

固定资产投资强劲增长。铜仁市完成全社会固定资产投资1002.10亿元，首次突破1000亿元大关，比上年增长42.6%，其中，完成固定资产投资932.15亿元，增长37.0%；完成限额以下固定资产投资69.95亿元，增长211.6%。②

湘西自治州：

初步核算，2013年湘西自治州生产总值（GDP）418.9亿元，比上年增长4%。其中，第一产业增加值62.5亿元，增长2.6%；第二产业增加值153.8亿元，下降1.9%；第三产业增加值202.6亿元，增长9.5%。按常住人口计算，人均地区生产总值16171元，增长4.6%。

全州固定资产投资271.5亿元，比上年增长30%。其中，城镇固定资产投资211.7亿元，增长34.4%；房地产项目投资35.6亿元，增长38.5%；非农户项目累计完成投资1亿元，下降86.4%；省管跨地区项目投资23.2亿元，下降44%。

---

① 《2014—2015年重庆市统计年鉴》，第6页。

② 铜仁市人民政府，http：//www.trs.gov.cn/news/2015212/n34762.html，2014年8月22日。

荆州市：

据初步核算，2014 年全市实现地区生产总值（GDP）1480.49 亿元，按可比价格计算，比上年增长 9.8%。第一、第二、第三产业协调发展，三次产业内部结构不断优化，第二、第三产业成为全市经济增长的主要力量。其中，第一产业完成增加值 347.00 亿元，增长 5.2%；第二产业完成增加值 659.58 亿元，增长 10.9%；第三产业完成增加值 473.91 亿元，增长 11.4%。三次产业结构为 23.4∶44.6∶32.0；第一产业比重下降 0.5 个百分点，第二产业比重下降 0.1 个百分点，第三产业比重上升 0.6 个百分点；三次产业对 GDP 增长的贡献率分别为 19.2%、43.5% 和 37.3%。

居民消费价格指数为 102.1%，价格水平上涨 2.1%。分类别看，食品类价格上涨 2.2%，烟酒及用品类上涨 1.5%，衣着类上涨 1.2%，家庭设备及维修服务类上涨 5.8%，医疗保健和个人用品类上涨 0.9%，交通和通信工具类上涨 2.2%，娱乐教育文化用品及服务类上涨 4.8%，居住类持平。工业生产者出厂价格下降 1.5%，工业生产者购进价格下降 1.0%。

固定资产投资保持较快增长，全年全社会固定资产投资 1651.63 亿元，比上年增长 21.8%。其中，500 万元以上项目完成投资（含房地产）1571.09 亿元，比上年增长 22.0%。按经济类型划分，国有及国有控股投资 346.83 亿元，增长 16.2%；民间投资 1205.68 亿元，增长 24.6%。按产业划分，第一产业投资 44.33 亿元，增长 23.1%；第二产业投资 703.71 亿元，增长 2.6%；第三产业投资 823.04 亿元，比上年增长 45.5%。全市在建项目 2399 个，增长 4.8%，其中，新开工项目 1827 个，增长 0.3%。

基础设施建设加快。全市基础设施投资完成 389.93 亿元，比上年增长 34.0%。其中，水利行业投资完成 52.4 亿元，增长 243.7%；交通运输、仓储邮政业投资完成 143.85 亿元，增长 16.6%；城市基础设施投资完成 135.39 亿元，增长 57.9%。

重大项目建设全面推进。全市在建亿元以上重大项目 581 项，比上年增加 129 项，完成投资 991.81 亿元，增长 29.1%，占投资总量的 63.1%，比上年提高 3.4 个百分点。

怀化市：

初步核算，2014 年全市实现地区生产总值（GDP）1181.01 亿元，同比增长 5.1%。第一产业实现增加值 171.47 亿元，增长 4.4%；第二产业实现增加值 516.52 亿元，增长 6.8%；第三产业实现增加值 493.03 亿元，增长 3.6%。三次产业对 GDP 增长的贡献率分别为 9.9%、60.0% 和 30.1%，三次产业结构调整为 14.5：43.7：41.7，第一产业较上年提高 0.8 个百分点，第二、第三产业分别回落 0.4 个百分点和 0.5 个百分点。按常住人口计算，人均 GDP 达 24363 元，增长 4.1%。全市非公有制经济实现增加值 676.06 亿元，增长 4.5%，占 GDP 的 57.2%。

财政收入：全市实现公共财政收入 100.13 亿元，同比下降 9.4%。其中，地方财政收入 66.19 亿元，下降 13.8%，税收收入 73.72 亿元，下降 9.0%。公共财政支出 280.64 亿元，增长 9.1%。其中，一般公共服务支出 39.60 亿元，下降 27.1%，科学技术、文化体育与传媒、医疗卫生、节能环保、住房保障、社会保障和就业支出分别增长 2.0%、17.2%、31.2%、45.3%、61.5% 和 21.7%，民生支出 213.37 亿元，增长 19.5%。

全社会投资：全年施工项目 1960 个，其中新开工 1300 个。完成全社会固定资产投资 851.35 亿元，同比增长 6.2%。投资亿元以上项目 179 个，2014 年新开工项目 50 个，亿元以上项目完成投资 188.7 亿元，占固定资产投资总额的 22.2%。按产业分，第一、第二、第三产业分别完成投资 52.9 亿元、260.2 亿元和 538.3 亿元，分别增长 51.7%、6.1% 和 3.3%。按投资方向分，基础设施建设完成投资 314.3 亿元，增长 13.3%；民生投资 49.7 亿元，增长 12.3%；技改投资 256.8 亿元，增长 3.7%；战略性新兴产业投资 141.9 亿元，增长 2.9%。按企业注册类型分，内资企业完成投资 846.3 亿元，增长 6.4%；国有企业完成投资 437.3 亿元，增长 15.1%；私营企业完成投资 232.4 亿元，增长 5.9%。从资金来源看，国家预算资金 69.9 亿元，增长 3.7%，自筹资金 618.7 亿元，增长 5.8%，国内贷款 56.41 亿元，下降 19.0%，其中，房地产投资国内贷款 10.73 亿元，下降 12.0%。

投资成效：通过加大投资，有效地改善了人们生活生产条件。全年建成城镇保障性安居工程住房 9475 套，完成农村危旧房改造 7000 户，完成贫困户建房1023户。新增农村通畅工程141个村、612公里，通畅率提高到97%。38所乡镇卫生院和112个贫困村标准化卫生室建成使用。[①]

张家界市：

初步核算，2014年全市地区生产总值（GDP）410.02亿元，比上年增长10.7%。其中，第一产业增加值49.33亿元，增长4.8%；第二产业增加值99.80亿元，增长8.6%；第三产业增加值260.99亿元，增长12.8%。按常住人口计算，全市人均地区生产总值27051元，增长10%。

全市三次产业结构为12∶24.3∶63.7。工业增加值占地区生产总值的比重为19.9%。第一、第二、第三产业对经济增长的贡献率分别为5.7%、21.1%、73.2%。其中，工业对经济增长的贡献率为17.1%。

全市固定资产投资总量253.04亿元，比上年增长19%。其中，项目投资192.15亿元，比上年增长34.5%，占固定资产投资总量75.9%，比上年提高8.2个百分点。项目投资按经济类型分，国有投资106.98亿元，增长41.6%；非国有投资85.17亿元，增长26.5%。民间投资76.88亿元，增长26.5%。按投资方向分，工业投资54.83亿元，增长25.0%；民生投资12.91亿元，增长25.4%；生态投资12.18亿元，增长57.7%；基础设施投资61.28亿元，增长34.9%；高新技术产业投资2.7亿元，增长13.5%；技改投资54.87亿元，增长9.3%；战略性新兴产业投资25.56亿元，增长2.6%；十二大振兴产业投资21.51亿元，下降2.6%。按地区分，永定区投资75.43亿元，增长63.2%；武陵源区投资19.85亿元，增长20.2%；慈利县投资56.4亿元，增长20.3%；桑植县投资40.47亿元，增长21.9%。

全市国家等级旅游区（点）14个。其中，5A级2个，4A级6个，3A级6个。旅馆919家，其中星级宾馆38家。旅馆床位7.11万张，其中星级宾馆床位1.22万张。旅行社67家，持证导游3839人。成功举办了第三届世界翼装飞行锦标赛、中韩高尔夫名人挑战赛和全国网络大咖户外挑战赛等一系列营销活动，智慧旅游官网上线运行，张家界版“小苹果”视频和“心花路放”电影等事件营销引起广泛关注。开通了张家

---

① 湖南省统计局，http://www.hntj.gov.cn/tjfx/tjgb_3399/hnsgsztjgb/201507/t20150717_466650.html，2014年8月22日。

界至釜山国际定期航班，新增了张家界至长沙奥凯空中快线，开通了张家界至济南、深圳、太原旅游列车。“安导通”项目正式运行。

全年景点接待旅游人数 3884. 58 万人次，比上年增长 12. 9%。接待过夜游客 1698. 31 万人次，增长 19. 2%；其中境外游客 260. 17 万人次，增长 25. 9%。实现旅游总收入 248. 7 亿元，增长 17. 2%。其中，门票收入 20. 89 亿元，增长 18. 9%；外汇收入 38769 万美元，增长 18. 6%。[①]

四　社会更加稳定和谐

实现社会和谐，建设美好社会，始终是人类孜孜以求的社会理想。党的十八大报告在阐述全面建成小康社会的宏伟蓝图时，明确提出在“人民生活水平全面提高”基础上的社会和谐稳定的重要目标，这是巩固党执政的社会基础、实现党执政的历史任务的必然要求。

社会和谐是中国特色社会主义的本质属性。和谐社会是民主法治、公平正义、诚信友爱、充满活力、安定有序、人与自然和谐相处的社会。民主法治，就是社会主义民主得到充分发扬，依法治国基本方略得到切实落实，各方面积极因素得到广泛调动；公平正义，就是社会各方面的利益关系得到妥善协调，人民内部矛盾和其他社会矛盾得到正确处理，社会公平和正义得到切实维护和实现；诚信友爱，就是全社会互帮互助、诚实守信，全体人民平等友爱、融洽相处；充满活力，就是能够使一切有利于社会进步的创造愿望得到尊重，创造活动得到支持，创造才能得到发挥，创造成果得到肯定；安定有序，就是社会组织机制健全，社会管理完善，社会秩序良好，人民群众安居乐业，社会保持安定团结；人与自然和谐相处，就是生产发展，生活富裕，生态良好。这些基本特征是相互联系、相互作用的。

同时我们必须看到，社会主义和谐社会并不是没有矛盾的社会，促进社会和谐稳定的过程就是一个不断化解社会矛盾的持续过程。党的十八大报告在清醒认识我国经济社会发展现阶段突出特征的基础上，明确提出要在改善民生和创新管理中加强社会建设，促进社会和谐稳定。即

---

① 张家界市统计局，http：//www. zjj. gov. cn/articles/70/2015 - 8/33. html，2014 年 8 月 22 日。

以保障和改善民生为重点促进社会和谐稳定，在加强社会管理创新中促进社会和谐，基本公共服务均等化总体实现，收入分配差距缩小，社会保障全民覆盖，人人享有基本医疗卫生服务，住房保障体系基本形成。三峡流域城市在促进社会和谐方面做出了巨大努力。

首先，坚持以经济建设为中心，为社会文明建设奠定雄厚的物质基础。古人云："让生于有余，争起于不足。仓廪实而知礼节，衣食足而知荣辱。"礼义之行在谷足。社会文明建设必须以生产的充分发展作为物质基础。社会的发展，首先必须是生产力的发展。生产力的发展是实现社会发展多种目标的根本条件，是社会发展的集中体现和客观标志，也是社会主义制度优越性的首要表现。因此，生产力的发展状况对社会文明建设至关重要，只有坚持以经济建设为中心，通过大力发展生产力，才能为社会文明建设奠定牢固的物质基础。

其次，发扬社会主义民主，畅通公民有效政治参与的渠道，为社会文明建设创造良好的政治环境。历史经验表明，民主政治的价值正是在于通过人民对于政府和国家的广泛认同以及对于政治权力的直接间接的控制和意志的表达，而形成有效解决社会矛盾和冲突的机制并由此营造一种和谐的政治环境。我国是人民当家做主的社会主义国家，民主与社会主义有着必然的联系。因此，应充分发扬社会主义民主，畅通公民有效政治参与的渠道，从而为社会文明建设创造良好的政治环境。

最后，坚持以人为本，营造充满活力的社会环境，为社会文明建设创设良好的社会基础。社会文明的建设，必须要最广泛、最充分地调动一切积极因素，聚集起全体社会成员热爱祖国，建立中国特色的社会主义，全面建设小康社会的意志、智慧和力量，不断增强全社会的创造活力，创造更多的物质和精神财富，不断满足人们的物质和文化需要。要努力在全社会形成尊重劳动、尊重知识、尊重人才、尊重创造的良好社会氛围，激发人们的创造活力，鼓励人们增强创业、创造意识，建立有利于吸引各类人才，有利于调动各类人才积极性的用人机制。努力营造鼓励人们敢闯、敢干、干好事业的社会氛围，从而为社会文明建设创造良好的社会环境。

笔者调研发现，重庆渝北区通过城市社会文明教育，极大促进了社会稳定和谐。

2014 年 4 月 16 日，在渝北区两路街道义学路社区活动室，社区开展了一场“微笑满渝北”公共礼仪知识讲座。

“多微笑，讲礼仪，不但自己高兴，也给他人带来快乐。”讲座中，居委会结合发生在居民身边的事例，从一件件生活中的小事讲起，阐释了公共礼仪的概念和内涵，告诉市民在生活中如何遵守交通礼仪、购物礼仪、文化场所礼仪以及旅游观光礼仪。

“我也是，听了讲座后，我发现原来我有这么多文明陋习。”“朋友，我们是一个小区的，以后你看到我有这样的不文明行为，你要记得提醒我注意哟！”“好，我们互相监督！”……讲座结束后，社区居民们纷纷交流着自己的心得体会，现场从讲课时的安静瞬间热闹了起来，居民们都表示，从这堂讲座上学到很多日常生活中的文明礼仪，希望能多参加类似的讲座，既可以提高自身文明素质，也可以认识更多新朋友。

经常开展这样类似的活动，一方面，是为了推动社区和谐建设，丰富社区群众业余文化生活，提高居民文明素质；另一方面，也是提供一个平台，增加居民与居民间的熟悉程度，从而进一步增进居民间的感情。

2014 年 6 月 5 日，龙塔街道紫福路社区利用周六休息时间，举办了“快乐童年风筝节”亲子活动，社区里许多家长都带着小孩参加到活动中。

活动中，孩子们与大人一起设计模型，共同捧线、贴纸作画，其乐无穷，不仅提高了孩子们的动手能力、作画技巧，也让家长体验了亲子制作及与其他家庭互动交流的乐趣。

来自金玉满堂小区的章女士讲，现在即使在一个街道，彼此也不认识，自己的女儿今年才 3 岁，没什么小伙伴，平时也没啥能玩的，来参加社区举办的活动，就是希望能多认识一些小区内的朋友，增进左邻右舍的感情，同时，也能让女儿多认识一些小伙伴，让她快快乐乐的成长。

都说远亲不如近邻，可现在人与人之间情感的距离越来越大，邻居彼此之间相互不了解，大伙都是“一家人”共同生活在这个社区，多开展一些集体活动，以此来增进邻里关系，共创和谐社区。

同住一个家园，居民们既是朝夕相处的邻居，又是社区和谐的志愿者。在渝北，有“百帮服务社”，由居民组成的志愿者队伍打造涵盖家政、维修在内的“十分钟便民圈”；有协调志愿者解决日常问题，实现

"小事不出门，方便在社区"；有居民议事协商机制，从物管、社区文化等方面，促进社区居民亲如一家……邻里文化的建设，展现出了渝北邻里相亲、文明互助、渝北人融洽和谐相处的风貌。

五　城市文化更加繁荣

文化是一个城市的标志和灵魂，在经济社会快速发展，城市竞争日趋激烈的今天，文化在城市发展中的地位日益提高，提升文化品位，充分发挥文化对城市发展的带动作用，已经成为一个城市快速发展的主要因素。对于塑造著名城市文化能够发挥重要的作用，经济是现代城市的力量，景色是现代城市的形象，文化则是现代城市的灵魂，只有文化内涵丰富、发展潜力强大的城市才是魅力无穷、活力无限的城市，才能不断发展、不断创新、不断开拓，永远兴盛，笑傲于世界城市之林。同时，也只有这样的城市才能保持和发展积淀深厚的文化内涵，生产和开拓丰富多彩的文化产品，形成和壮大适应市场的巨轮。如今城市已经成为国家的符号，哪一个国家提起一个城市，就会想到这个国家，这已是很突出的一点。从这个意义上说，文化建设最终决定城市的历史地位。

城市文化是城市全面发展的推动力。现代城市是物质文明和精神文明相辅相成、协调发展的城市。城市文化为城市现代化建设提供了强大的精神动力和广泛的智力支撑。经济社会的发展，关键取决于人的主观能动性的发挥，有凝聚力的城市文化在激发人的本质力量、发挥人的主体精神和创造精神上具有独特作用。一方面，城市文化建设使市民获得自身发展和为城市发展去贡献的动力，有利于市民自身素质的提高，获得实现理想目标的行为能力、技术能力等。另一方面，城市文化包含着强大的精神力量，如道德观、价值观、理想信念、创新精神、奉献精神等，这种力量引导、激发和感召着人们转变思想观念，树立正确的人生观价值观，凝心聚力，干事创业。

城市文化是城市的综合竞争力。文化是综合国力，也是城市的综合实力和竞争力。城市之间的竞争，既是经济的竞争，又是文化的竞争。城市文化资源、科技力量、人才队伍更是竞争的重要内容。先进的文化起到凝聚城市现代化建设各方面力量的作用，能够最佳组合各种城市资源，最大限度地调动人才队伍的积极性、创造性，快捷有效地将科学技术转化为生产力，形成强大的竞争优势和文化力。看一个城市是否有竞争力，最重要的是看它的文化力，也就是文化资源、文化氛围和文化发展水平。

城市文化是城市形象的基础。城市形象是人类对于城市中以城市的居民素质、民俗习惯、文化气息、服务态度等的感受所形成的城市总体印象。良好的城市形象能产生巨大的吸引力和投资力，形象可以带来资源，而展示形象更重要的是靠文化的魅力。同时，随着时代的发展，标志城市发展水平的城市文化内涵也发生了根本的变化，除了经济发展水平，创新的快速化、社会信息化、管理科学化、政治上民主化和法制化等已成为衡量描述现代城市文化程度与发展水平的重要指标。这些城市文化的表现形式，是提升城市文明程度、优化城市发展环境的重要力量。

城市文化是城市中最重要的无形资产，一个城市的底蕴全部蕴藏在城市文化之中。当今社会，城市实力之间的竞争已经不单单只局限于经济实力上的比拼，而是在经济、文化、政治多方面的比拼。文化实力在城市综合实力中正变得越来越重要。人们认识城市、评判城市更多地从文化、历史、生态、景观等多角度、多方位考虑。一座城市要在文化实力方面提高其竞争力，关键在于形成自己的文化底蕴、文化特征与文化个性，唯有发挥文化领域的独特影响力，才能树立鲜明的城市形象，提高城市的知名度。在全面建设小康社会过程中，城市文化发挥着政治经济不可替代的功能和作用。三峡流域城市历来重视文化建设，城市文化在城市社会文明教育创新中发挥着十分重要的作用。

案例 1：

湘西州全面推进土家族苗族文化生态保护，特别是非遗保护与传承。该州结合土家族、苗族文化的存续现状，根据非遗整体性保护需要，在全州 8 个县市分别选择了一个非遗资源比较丰富、文化空间相对完好、文化特色非常鲜明的村寨作为试点村，并根据每个试点村的实际情况制定具有各县市特色的实施方案，以点带面，全面推进文化生态保护区建设。在凤凰县的黄毛坪村，苗民们生产生活所依存的自然生态环境和文化空间被列入了重点保护范围。凤凰县非物质文化遗产保护中心主任侯力文告诉记者，凤凰县借助四月八、赶苗集等传统节会活动整合非遗资源，实现了非遗的整体性保护和传承发展，既振兴了当地的旅游经济，又带动了当地特色文化的发展。

案例2：

黔江一是出台了《黔江区公共文化服务单位免费开放考评办法（试行）》、《黔江区免费开放资金管理办法》和《黔江区村文化室资金管理办法》，推动免费开放的规范化。二是建立了对口帮扶机制，出台了《关于做好基层文化帮扶工作的通知》，明确各级政府和区级部门对农家书屋建设帮扶的责任，较好地解决了农家书屋内部设施设备的投入问题。三是建立督查机制。每季度，区文广新局抽调专人组成工作巡查组，分赴30个乡镇、街道进行了现场指导和督促，重点针对各公共文化中心的资产是否得到妥善保管，设施设备是否得到有效利用，队伍建设情况、免费开放空间、服务项目等进行督察，确保了底细清、情况明。四是建立信息工作平台，区文广新局编发《基层公共文化信息》简报，实现了信息互通，资源共享。五是形成了专题宣传机制。两馆一站常年开展免费开放工作宣传，设置免费开放公示栏，制作传单，乡镇召开村组干部会、党员会、居民小组会进行口头宣传，走进校园进行专题宣传等形式，提高了群众知晓度和满意度。六是抓好示范平台。将图书馆、文化馆作为全区“免费开放”示范工程进行建设。图书馆的“黔图培训”、“黔图讲座”已经打造成为服务品牌，深受市民欢迎。图书馆除常年开设有文学、书法、音乐、摄影等文艺类培训班外，还组建了讲师团，开展“送讲座下基层、进机关”活动。2013年，举办各类培训、讲座活动90多场次，听众上万人次。图书馆还肩负着全区乡镇图书馆和218个农家书屋的培训辅导任务，经常深入农村，指导图书管理工作，编写出版了基层图书管理的培训教材，免费配送全区各乡镇和农家书屋，并成为黔江区第三部全面配送全市农家书屋的图书。文化馆开设有文化艺术作品展览厅、民族服饰展示厅等共10个服务项目。常年开展少儿、成人民族舞、形体芭蕾、广场舞、书法、美术、音乐等基础培训班，2013年各类培训人数达3847人次。馆内常有老年合唱团、老年戏剧和舞蹈团等多种文化团队组织各种群众文化活动。馆内业务骨干不定期下基层，到社区、街道、企业、军营、校园进行业务辅导培训，辅导群众文艺时间达每人每年30天。

除此之外，黔江还成功申报了4处市级文物保护单位，新公布了18

处区级文物保护单位，全区区级文保单位达55处。馆藏文物达到3000余件，其中三级以上文物46件，9种馆藏古籍被列入《重庆市珍贵古籍名录》，馆藏的西双版纳傣文南传佛教古籍《尖达塔度》被列入国家级珍贵古籍名录序列，馆藏文物的数量和质量均居渝东南首位。投入122万元对“万涛故居”进行维修并重新布展，实现对外开放。出版《黔江文物志》和大型画册《黔江文物》，文物基础工作得到加强。目前，全区有国家级非物质文化遗产项目1项、市级14项、区级54项。有市级民族文化艺术之乡3个，有区级特色文化之乡14个，民间艺术大师37名，建有非物质文化传承基地11个。探索创新的非物质文化遗产保护“321”模式得到有关部门高度肯定，《黔江区创新推进民族文化遗产保护和传承》在《重庆宣传》2013年第5期发表，此文还被市委宣传部评为2013年度“部刊优秀稿件”。①

第二节　三峡流域城市社会文明教育创新的基本特点

一　立足群众性

在三峡流域城市社会文明教育的过程中，一切为了群众，一切依靠群众，一切惠及群众。城市社会文明教育的过程让群众参与，成果让群众共享，实效让群众检验。群众是城市社会文明教育创新的主体，立足群众性是三峡流域城市社会文明教育创新的基本特点。

为了更有效地开展城市社会文明教育创新，三峡流域城市贯彻落实“从群众中来，到群众中去”的工作方针，切实保持和增强参与创新组织的群众性，更加注重发挥群众的主体作用，激发群众热情，让群众唱主角，做到谋划思路向群众问计，查找问题听群众意见，改进措施向群众请教，落实任务靠群众参与，衡量成效由群众评判。在实践中，注重发挥群众的主体作用。一是充分尊重群众的首创精神，认真总结群众的新实践、新创造，积极推广群众的好经验、好做法。二是广泛调动群众的积极性主动性，决不自以为是，对群众指手画脚。切实把工作力量和重心下移到普通群众，将力量配备向基层倾斜，将资金资源向一线输送；

① 本文所有案例均是笔者2014年8月实地调研时由所在地的相关部门提供。

努力改进工作作风，善于用群众工作的方法开展群众工作；明确工作导向，真正密切与最广大群众的血肉联系；深化“草根”组织联系，更多地把普通群众中的优秀人物纳入组织，真心诚意与他们交朋友、共谋事。三是坚持把群众满意、群众赞成、群众高兴作为衡量创建工作的标准，在评定先进单位和先进个人时广泛听取群众意见，真正尊重群众的选择。例如，开展的“做文明有礼的好市民”、“公共文明引导行动”、“文明市民大家谈”、“道德评议会”和各区县开展的“邻里节”、“推荐、评议身边好人”、“社区文明小使者”、“互助家园”等活动，都坚持以群众为主体，充分调动了群众的参与热情，取得了良好的社会效果。

案例：

怀化市各级文明单位广泛发动群众，围绕“五城”同创活动，开展了植绿护绿、环境大清扫、文明交通劝导、环保知识宣传等各种志愿服务活动。组织开展了“我当一天环卫工人”、“我当一天城管队员”、“我当一天交警协管员”、“我当一天园林工人”、“我当一天义务监督员”等活动，吸引广大干部职工参与到“五城”同创活动中。依托道德讲堂，市民学校组织干部职工进行职业道德教育，提高了干部职工的文明素质。至 2013 年年底，怀化市有届期内全国文明单位 7 个，省文明标兵单位 5 个，省文明单位 58 个，市红旗单位 33 个，市文明单位 120 个。2014 年新申报省文明标兵单位 6 个，省文明单位 31 个，市文明红旗单位 12 个，市文明单位 35 个。在城区 56 个社区深入开展“社区大变身”活动中，组织文艺演出 5 场次，发放城市管理“市民十不守则”10 万余份，设立宣传栏 80 多个，清除卫生死角 100 多处，组织志愿者和后盾单位铲除“牛皮癣”200 多次，将 6 个无人管理小区变成有人管理小区。组织开展了“三下乡”集中活动 4 次，全市共开展活动 170 余场次，发放宣传资料 35 万份，赠送科技图书、生产生活资料、医药器材等各类物资及慰问金总价值 150 余万元。开展了“月月乐”广场演艺、文化志愿服务、“乡村流动大舞台”、“欢乐乡村 · 才艺展示和技能比拼”电视竞赛、“感动在身边”人物评选等系列文化活动，为基层、社区送戏下乡 500 余场次。组织了怀化市首届“五城同创 · 舞比幸福”广场舞电视大赛，吸引了全市 100 余支群众舞蹈队参赛，参加和观看比赛的观众达 400 万人次，受到群众普遍好评。

二　力求实效性

三峡流域城市社会文明建设与解决实际问题相结合。十多年来，通过升级基础设施、改善环境卫生、维持公共秩序、改进文化服务，以真抓实干的举措为人民群众解决实际困难，真正做到想人民之所想，急人民之所急，让广大群众得到实惠，成为一项顺民心、打基础、利长远的民生工程。在城市社会文明建设过程中，力戒以下形式主义表现：

第一就是“假”，即在建设过程中做面子工程，日常工作松松垮垮，接受检查前临时抱佛脚，搞会战式创建，搞突击式迎检。有的活动号称上百万人参加，数字掺水，质量掺假；有的只热衷于搞仪式、做展示，当时热热闹闹，过后无声无息，许多问题在检查结束后依旧没有得到妥善处理。

第二就是“繁”，即任务压得重、上报材料多、工作程序繁。每年检查测评多，上面千条线、下面一根针，工作载体多、载体经常变，工作不落地。一些测评项目要求提供台账资料，卷帙浩繁，耗时费力。一些地方为了迎检，沿街关门锁店，驱赶商贩，弄得鸡飞狗跳，百姓怨声载道。

第三就是“急”，即短期行为、急躁冒进、急功近利。有的地方提出两三年就要实现城市文明大跨越、大发展。缺乏梯度、缺乏过程、缺乏质量；有的地方只重视拿牌子、讲面子，忽视创建过程和质量；有的地方只重视领导满意，忽视群众满意，存在着片面政绩观，搞形象工程。

三峡流域城市社会文明建设克服形式主义怪胎，力避创建活动上头热下头冷、领导热群众冷、机关热基层冷、突击时候热平常日常冷等现象，强调注重实效。

一是建设过程踏实。三峡流域城市社会文明建设立足各地自身实际，一张蓝图绘到底，用“钉钉子”的精神，一项项、一年年、一届届地坚持下去；做到量体裁衣，量力而行，不提不切实际的口号，不定超越阶段的目标，不搞急于求成的工程，不做劳民伤财的项目；避免年年转移重点、频繁更换“频道”，浅尝辄止、半途而废，克服抓抓停停、时松时紧、患“冷热病”现象。从一条条小指标抓起，从一个个小细节做起，一个社区一个社区抓覆盖，一个街道一个街道去推进，一个环节一个环节搞检查，引导人们从让一个座位、伸一把援手、给一个微笑、捡一片纸屑等日常小事做起，在毫厘之间构建起社会文明的恢宏大厦。

二是建设方法务实。三峡流域城市社会文明建设宣传发动多、工作头绪多、活动载体多，因此，注重改进工作作风，调整方式方法，突出面向基层，多搞调查研究。经常深入到群众中去，采取随机暗访、坐公交车、骑自行车等方式搞调查，通过“看、听、问”，观察市井民情，征询百姓意见，了解所需所盼，掌握第一手资料，有的放矢地开展工作，增强建设工作的针对性、实效性，力求接地气、有底气，把各项工作落细、落小、落实，切实转变观念、转变作风、改进工作，使城市社会文明教育创新工作真正做到为民、惠民。

案例：

荆州市在城市社会文明教育创新的过程中，政府真抓实干。首先，加强组织领导，提高思想认识。努力探索和把握社会文明建设的特点和规律，切实改进领导方法和工作方法，积极推进工作创新，落实各项工作措施。充分认识到加强社会文明建设的重要性和紧迫性，提高“两手抓、两手都要硬”的自觉性和责任感，坚决纠正社会文明建设“说起来重要，做起来次要，忙起来不要”的现象。市级文明单位及有关责任部门加强协调指导和监督检查，及时了解工作进展情况，帮助解决存在的问题，保证各项创建工作落到实处，收到实效。其次，任务分解落实，明确工作责任。形成层层抓、层层管、环环相扣的工作机制，真正把社会文明教育工作落到实处。最后，加强理论宣传，注重舆论引导。运用行之有效的方式方法，多层次、多角度深入宣传党的路线方针政策，宣传以爱国主义为核心的民族精神和以改革创新为核心的时代精神及社会主义荣辱观为基本内容的社会主义核心价值体系，宣传社会主义和谐社会建设的丰硕成果，营造浓厚的建设氛围。

三　富于创造性

城市社会文明教育离不开群策群力，且不断创新，用创造性的思维去攻坚克难。所谓创造性思维是指突破传统思维习惯和逻辑规则，以新颖的思路来阐明问题、解答问题。创造重在突破，无中创有；创新强调实践性，有中生新。创新里有创造，创造了还需创新，二者不能截然分开。三峡流域城市社会文明教育没有因循守旧，而是开拓创新，在以下三个方面突出了创造性特点：

首先，在城市发展战略中突出创造性。例如，宜昌市在城市社会文明教育创新过程中把建设现代化特大城市和“三城联创”结合到一起。建设现代化特大城市的战略布局让宜昌市在硬件上实现弯道超越，快速发展。目前，宜昌市不论从市域面积还是城市人口，都较以前有了大幅度的增加。而“三城联创”的落实，则让宜昌市从软件上加速发展。经过多年的辛勤耕耘，宜昌市在市民素质、市容市貌、经济发展、城市文化等方面均取得了巨大成就。

其次，在城市治理方面突出创造性。例如，铜仁市不断创新城市管理模式，落实精细化管理措施，加强城市社会文明建设，提升城市综合治理水平。明确城区内的 32 个老旧小区分别由一名市级领导带队帮联，帮助小区完善基础设施、建立物管委员会、规范物业管理等工作。该市还强化“四级联动”，各区县制定整治方案，明确重点，突出问题导向，迅速开展行动。与此同时，该市还严格考核奖惩，加强问责督查，由市文明办牵头对主城区一周三查，对区县实行一月一督查，对公职人员不文明行为严肃处理。

最后，在建设方法上突出创造性。三峡流域城市在社会文明教育的方法上不断创新，通过新颖有趣的活动影响市民，推动市民在活动中提升文明素质。

案例：

湘西自治州在城市社会文明教育创新中主动寻求创新方法，促进市民素质大提升。攸县在探索城市管理创新、统筹城乡环境同治中，更新创建理念，利用全方位、多层次、立体式宣教活动，让创建理念深入人心、家喻户晓。一是提炼十大观念和攸县精神。总结提炼出了兴工强县观、争项招商观、规划建设观、创业创新观、民生保障观、生态环境观、民主法制观、大众公共观、礼仪荣辱观、包容和善观等十大观念，以及“厚德从善、崇文重教、诚信守法、尚勤赶超”的攸县精神。二是提出“客厅理论”和“公园理论”。随着城乡环境同步治理工作的深入开展，“客厅理论”和“公园理论”应运而生。城乡就像一户“人家”，城市就是这户“人家”的“客厅”，乡村就是这户“人家”的“公园”。“客厅”需要“公园”的映衬，“公园”需要“客厅”的辐射，要把城市当做客厅来呵护、村庄当做公园来建设，要把“城市客厅”做成一个地方的“门面”，“乡村公园”做成一个地方的“名片”。在“客厅理论”和“公园理论”的引领下，攸县城乡居民积极参与城乡环境同步治理，取得了良好效果。三是深化群众观念和群众活动。攸县坚持把文明创建作为构建和谐社会的民生实事来抓，在创建工作中秉承“创建为了群众，创建依靠群众，创建惠及群众”的理念。县委组织县直机关企事业单位党员干部深入一线，开展文明礼仪教化等工作，制定了《市民文明公约》，编印了《攸县文明礼仪手册》、《诠释攸县精神》等宣传读本，免费发放到乡镇、社区。各部门、行业和群团组织分别开展了系列文明创建活动，广大群众人人是主角，在动起来、乐起来的同时，充分感受到文明的魅力。

四　注重持久性

三峡流域城市社会文明教育创新是一项长期浩大的工程，其间面临着一系列极具挑战性的矛盾和困难，因此，各城市均树立了长期作战的思想，既打好“攻坚战”又打好“持久战”。

多年来，三峡流域城市在不断摸索和实践中，建立健全了持久管用的长效机制，常态化地推进城市社会文明教育创新工作。通过长期不断地实践，将城市社会文明教育创新工作与日常工作相结合，并取得良好的效果。城市社会文明教育创新工作不是花拳绣腿，不能搞临时突击，不能为了检查才开展工作，而是把工作做在平时，把功夫下在平时，把日常工作做实、做细、做好，把突击行动变为常态工作。注重持久性地把工作开展下去，在长期艰苦的工作中收获成效。例如，宜昌市经过15年的坚持不懈，才获得了“全国文明城市”的称号。宜昌的成绩取得绝非偶然。创建路上，宜昌探索建立了创建目标考核机制、创建目标主体责任机制，以及创管结合新机制。宜昌在全省率先将创建文明城市工作纳入县市区及市直各单位一把手建设年度绩效考核，每年市委组织综合考核专班，实施统一考核和奖励。对照文明城市测评体系要求，将创建文明城市的各项重点工作和目标任务，按年度分解到创建责任单位，落实工作职责。

宜昌等城市经过多年的建设之后更加坚定了认识，即唯有持久性地开展城市社会文明教育，才能取得实效。

案例：

恩施自治州在城市社会文明教育创新的过程中，立足建立长效机制，常抓不懈。一是理顺体制，夯实基础。该州八县市都组建了城市管理局，实行综合执法、建管分离管理体制。全州城市管理系统机构设置、人员配备得到明显改善，城管人员达到2600余人。由城市管理局行使相对集中行政处罚权，有效解决了责任不明、重复处罚、多头执法、效率不高等问题。二是创新模式，务求实效。第一，大力推进“门前三包”。对连续三个月不达标的单位取消其年度评先和文明单位资格。第二，重心下移，四级联动。将城管工作作为城区办事处的工作重点，由办事处组织协调辖区城管执法中队、环卫所开展工作，建立了县（市）城管委、部门、街道办事处、社区四级管理新格局。三是完善机制，增强活力。一方面，通过建立城市综合管理机制，组建城市管理委员会，实行城市管理“大合唱”。另一方面，在充分学习其他城市成功经验的基础上，建立科学合理的城市管理考核机制，对职能部门、街道社区、城管队伍明确职责，加强检查督办，严格考评奖惩；健全工作责任机制，面向社会招聘市容环境监督员，城管执法队员、公安干警“三位一体”，实行文明执法与严格管理有效结合；建立市场化运作机制，将清扫保洁等工作外包给专门公司进行运作，运管分离，为城市管理注入新动力。

第三节　三峡流域城市社会文明教育的经验与不足

改革开放以来，中国的城市化率由17.9%增长到45.68%，城市数量由192个增长到了655个，城市人口也大幅增加。未来20年，中国仍将处于高速城市化阶段，城市化水平将提高到60%左右，城市个数将增长到1500个左右，城镇人口还将新增3亿人。①

城市化不仅成为推动经济持续快速发展的动力之一，也已经成为衡量我国全面建设小康社会程度的关键性指标之一，是当下中国发展的主旋律。城市的健康快速发展有利于促进城市化水平的提高，有利于促进

① 国家统计局：人口和城市化率，http：//www.stats.gov.cn/，2014年2月26日。

国民经济的发展，有利于促进社会文明进步。三峡流域城市在快速发展的同时，加强社会文明教育，积累了许多弥足珍贵的经验。

一 可资借鉴的成功经验

三峡流域涉及面广、城市众多，在城市社会文明探索和实践的过程中，这些城市从自身的实际出发，不断探索，逐渐形成了具有本地特色的城市社会文明教育之路。下面以怀化市、张家界市、铜仁市、湘西州、重庆市涪陵区、重庆市黔江区等地方为例，就三峡流域城市文明教育的做法和经验进行简要介绍。①

1. 怀化市社会文明教育的做法与经验

怀化，别称鹤城，古称五溪。湖南省辖地级市之一，自古以来就有“黔滇门户”、“荆楚咽喉”之称，是我国东中部地区通往大西南的“桥头堡”。怀化位于湖南省西部偏南。西邻贵州省铜仁市和黔东南苗族侗族自治州，南接广西壮族自治区柳州市、桂林市，北依湖南省常德市、张家界市和湘西州，东靠湖南省益阳市、娄底市和邵阳市。总面积27564平方公里。总人口520万人（2013年），是湖南省面积最大的地级市。怀化以汉族为主，少数民族有侗、苗、瑶等。全市辖1个市辖区、5个县、5个自治县，代管1个县级市和1个县级管理区。怀化是双拥模范城，湘西商贸物流中心，铁路交通发达，素有“火车拖来的城市”之称。

从2012年开始，怀化市开始加快城市社会文明教育步伐，在坚持以邓小平理论和“三个代表”重要思想为指导，深入贯彻落实科学发展观，深入学习宣传党的十八大精神，积极推进社会主义文化大发展大繁荣和建设社会主义核心价值体系的实践中，积极创先争优，以“五城”（国家卫生城市、国家环境保护模范城市、全国绿化模范城市、省级园林城市和省级交通管理模范城市）同创活动为抓手，围绕怀化市委、市政府中心工作，扎实开展思想道德建设，切实提高公民文明素质和社会文明程度，加强和改进未成年人思想道德建设，广泛开展群众性精神文明创建活动，努力提高公民的思想道德素质、科学文化素质和健康素质，扎实

① 本节所提及的部分城市的成功经验均是笔者在2014年8月通过实地调研时由所在地的相关部门提供。

推进精神文明区域共建，注重为群众多办实事好事，不断增进精神文明建设实效。怀化市精神文明建设基础工作不断加强，常规工作不断巩固，重点工作不断深化，为促进全市经济社会又好又快发展提供强大精神动力，营造良好社会环境。

深入推进公民道德教育生活化。通过举办"思想道德大讨论"、"道德论坛"等活动，建立道德影响社会行为的引导机制；广泛开展"讲文明树新风"、"文明礼仪宣教行动"、"做一个文明有礼的怀化人"等系列教育实践活动；建立道德评价机制，将社会单元和个人的道德建设情况纳入文明创建评比、政府绩效考核和干部政绩考评。《湖南怀化道德建设贴近群众》在中宣部《宣传工作》刊发，并配发了"宣言"评论《让道德建设生活化》，在《人民日报》等媒体集中刊发推广。

广泛开展道德模范评学活动。组织开展了"德行潇湘——道德模范高校巡讲活动"，在怀化学院、怀化医专举办3场道德模范报告会，邀请了道德模范洪战辉、宋先钦、周丰林现场讲演，3000余名师生聆听讲演。各县市区组织开展了道德模范进学校、进机关、进社区、进企业巡讲巡演活动，共组织巡讲巡演活动20场次，参与干部群众及学生3万多人。组织各级文明单位开展了"德行潇湘——第三届湖南省道德模范先进事迹"学习宣传活动。辰溪、靖州等县开展了道德模范评选表彰活动，十万多名干部群众积极参与，产生了良好的社会反响。

加强道德领域突出问题专项治理。建立了道德领域突出问题专项教育和治理活动联席会议制度，针对食品行业、窗口行业和公共场所诚信缺失和公德失范问题，开展专项教育和治理。加强道德讲堂建设，围绕"礼仪"、"诚信"、"和睦"、"贤善"四大主题，以"身边人讲身边事、身边人讲自己事、身边人教身边人"为主要载体，按照"学唱道德歌曲、观看事迹短片、诵读传统经典、讲述感人故事、开展群众点评"的流程，在怀化市各级文明单位中深入开展"道德讲堂"建设活动，全市各级文明单位建设道德讲堂300个，占文明单位70%以上。加强诚信怀化建设，出台《加强诚信怀化建设的决定》等规定，广泛开展诚信文化教育。

大力弘扬中华民族传统美德。不断深化"我们的节日"主题活动，引导全市广大干部群众认知传统、尊重传统、弘扬传统，增进爱党、爱国、爱社会主义情感，重点突出春节之"祥"、元宵之"乐"、清明之

“思”、端午之“忆”、七夕之“情”、中秋之“和”、重阳之“孝”等，使不同的节日活动特色不同，魅力不同。组织全市广大网民积极参加中央文明办倡导的“亿万网民大拜年”、“网上送春联”、“网上祭英烈”等活动，在全省“我们的节日”联系点沅陵县开展了“我们的节日端午——万众一心乐端阳”活动，在溆浦县开展了“我们的节日中秋——万家邀明月·爱心满三湘”主题文化活动全省启动仪式，各地还举办了元宵灯会、龙舟赛、红歌会、中秋庙会、民俗文化展、书画展、诵读经典和慰问留守老人、留守儿童、孤老残弱困难群众等系列活动。

加强未成年人思想道德建设。继续开展净化社会文化环境工作，开展校园周边环境整治工作。进一步规范网吧经营秩序，聘请166名“五老”干部担任网吧义务监督员。继续深化“做一个有道德的人”主题实践活动，全市13个学校被列为全省“做一个有道德的人”联系点。组织广大未成年人开展“向国旗敬礼、做一个有道德的人”网上签名寄语、“网上祭英烈”等活动。在全市中小学生中开展“童心向党”歌咏活动。开展《弟子规》、《三字经》等传统文化教育活动。组织开展关爱留守儿童志愿服务活动，全市共发放关爱农村留守儿童移动爱心卡2万多张，发放爱心手机、爱心电话300多部，价值20余万元，惠及全市农村留守儿童2万多人。启动“阳光驿站”留守儿童活动中心建设，新建“阳光驿站”100所。举办了“关爱留守儿童·你我同行”慈善晚会，共拍卖义品20件，现场募集善款230万元。举办了“欢乐过大年”留守儿童慰问行动，在全市走访1200余名留守儿童，100余名留守儿童在城里“新家”中过新年。开展了“同在蓝天下，牵手共成长”夏令营活动，在全市征集50名留守儿童、50名城市儿童在暑假期间开展了为期一周的夏令营活动。同时，还广泛开展了“代理家长”、“大手牵小手”、“心手相连”结对帮扶和“爱心妈妈”、“城乡儿童手拉手”等活动。争取中央文明办“绿色电脑进西部”活动支持，向沅陵、溆浦、麻阳等地及怀化三中“宏志班”赠送电脑共550台。争取中央文明办、省文明办乡村学校少年宫项目支持，投入1035万元建设“乡村学校少年宫”23所。

政府推行绩效考核制度。细化分解了党的建设工作绩效考核指标，党的建设工作全面开展。组织了“科学发展、成就辉煌”新闻报道，市直6家新闻媒体开始统一开辟专栏，共刊播各类稿件1800余条；开展了一系列多种形式的群众性教育活动。重视党员干部学习教育，推进学习型党组织建设，党委中心组落实学习制度，市委中心组安排了4个研讨专题，组织学习全国两会精神等内容，各县市区党委中心组已完成了集中学习；理论宣讲队伍和党校建设进一步加强，党员创先争优教育活动开展良好。重视宣传和舆论引导，落实了意识形态的分析、排查工作，加强舆情研判，牢牢把握意识形态工作的领导权，积极开展正面引导，建立健全了舆情管理制度，提升了舆情应对和引导能力；完善了党委政府新闻发言人制度和网络管理制度。较好地完成了十八大代表的选举工作；完成县市区人大、政府、政协换届工作，未发现违反换届纪律的行为。班子和干部队伍建设进一步加强，强化干部队伍培养教育管理，优化班子结构，加大竞争性选拔力度，坚决贯穿落实《干部任用条例》，严格执行省里的“八严禁”规定。不断加强人才队伍建设，全面落实人才工作规划，人才总量和结构等方面的矛盾逐步得到缓解；基层组织的战斗堡垒作用进一步增强；党外代表人士队伍建设得到进一步重视；广大人民群众对党委政府的满意度进一步提升；制度建设落到了实处；党风廉政建设工作力度进一步加大。

贯彻落实讲文明树新风精神。着力开展“讲文明树新风”公益广告活动。利用报纸、电视、网站、工地围挡、电子显示屏等精心制作、持续刊播、广泛展示一批形式新颖美观、群众喜闻乐见的“讲文明树新风”公益广告。《怀化日报》、《边城晚报》刊登“讲文明树新风”公益广告120期，怀化电视台4个频道每天刊播4条以上“讲文明树新风”公益广告，全年播出“讲文明树新风”新闻稿件400余条，怀化新闻网开辟了“讲文明树新风”公益广告专栏，刊登公益广告宣传图片240余幅，新闻稿件28篇。在公交车显示屏和楼宇电视刊播“讲文明树新风”公益广告5000余条，图片260余幅。市移动、联通、电信等公司利用短信、彩信、手机报等方式向全市手机用户发送公益短信、彩信100万多条。利用城区工地围挡刊载“中国梦”和“讲文明树新风”宣传标语和图片14650平方米，8000余幅。

着力开展文明践行主题活动。实施文明交通行动计划，在全市开展了文明交通志愿者“进千村千校万站万车”、“倡导文明出行、拒绝车窗垃圾”、“礼让斑马线”、“122摒弃交通陋习、安全文明出行”、文明交通劝导等系列活动。开展“文明餐桌”活动，在宾馆饭店、学校餐厅、机关食堂等大力普及餐桌文明知识，推广餐桌文明礼仪，提倡文明就餐，厉行节约，反对铺张浪费。在全市各酒店张贴了文明用餐标语、制作了文明台签4000余张，印发了“文明用餐、节俭惜福”倡议书15000余份。开展文明旅游活动，教育和引导广大市民自觉遵守旅游公约，树立良好旅游形象，营造文明、和谐的旅游环境。开展“网络文明传播”活动，在全市建立了200余人的网络文明传播志愿者队伍，全年累计发表微博50000余条、博客近4000条，原创评论近200篇，在全国136个同类参评城市中排名第一。开展“红短信、红视频”制作传播活动，有33000余名群众参与了这一活动，信息发送量居全省前列。

开展文明礼仪知识普及活动。以“做文明有礼的怀化人”为主题，大力普及文明礼仪知识。通过印发资料、举办礼仪知识讲座、组织讨论、制定文明公约及市民行为规范、媒体开辟专栏等多种形式，广泛开展文明礼仪知识普及。各地免费印发《市民文明礼仪知识读本》、《市民文明手册》、《志愿服务手册》等宣传资料20余万份（册）。市直新闻媒体开设了“讲文明树新风”、“美丽怀化·道德先行”、“诚信怀化大家谈”、“弘扬雷锋精神，倡树文明新风”等专题专栏，宣传文明新风，普及文明礼仪；机关、企业、学校、社区在公共场所和服务窗口制作弘扬道德和文明礼仪温馨提示牌1.1万余块。

2. 张家界市社会文明教育的做法与经验

张家界是湖南省辖地级市，原名大庸市，位于湖南西北部，澧水中上游，属武陵山区腹地。张家界因旅游建市，是中国最重要的旅游城市之一，是湘鄂西、湘鄂川黔革命根据地的发源地和中心区域。张家界是少数民族聚居区。第五次人口普查时，张家界市有少数民族33个，以土家族、白族、苗族为主，少数民族人口115.25万，占总人口的77.19%。2006年年末实有土家族人口101.56万、白族11.21万、苗族2.67万，已建立土家族乡8个、白族乡7个。1982年9月，张家界国家森林公园成为中国第一个国家森林公园。1988年8月，武陵源风景名胜区列入第二批国家重点风景名胜区；1992年，由张家界国家森林公园等三大景区构成的武陵源自然风景区被联合国教科文组织列入《世界自然遗产名录》；2004年2月，被列为中国首批世界地质公园；2007年，被列入中国首批

5A级景区。

张家界市按照中央、省委、市委关于切实加强精神文明建设的总体要求，围绕“提质张家界、打造升级版”战略，以建设“文明张家界”为目标，以“双联双解六攻坚”活动为载体，突出重点、创新形式、完善举措、务求实效，扎实推进社会主义核心价值体系建设，不断深化群众性精神文明创建活动，切实加强未成年人思想道德建设，深入开展学雷锋志愿服务活动，各项工作取得了明显成效。

（1）抓住灵魂、建设根本，公民思想道德建设成效显著

扎实推进“道德讲堂”建设。“道德讲堂”是推进公民思想道德建设，提高公民道德素质的重要载体。在广泛调研和认真总结张家界市“道德讲堂”建设成功经验的基础上，制定出台了《关于深入开展“道德讲堂”建设的实施意见》，并适时召开了“道德讲堂”建设研讨会和推进会，以指导和推进张家界市“道德讲堂”规范化建设。大力推动“道德讲堂”进机关、进企业、进学校、进社区、进村镇。目前，已基本形成了以精品讲堂为龙头、标准讲堂为骨干、基层讲堂为基础的“道德讲堂”平台体系，“道德讲堂”在各级文明单位做到了全覆盖。引导100多万元社会资金进入公民思想道德建设领域，先后举办6次精品“道德讲堂”，邀请了包括原民政部副部长李宝库、中央党校资深教授任登弟等在道德领域卓有建树的29名专家学者讲学授课，直接受众4000多人，学员来自10多个省、市、自治区，在社会上引起了强烈反响。张家界市公民道德教育的经验在“全省县域道德建设推进会”上进行了推介，在省委宣传部《宣传信息》予以刊载。精心组织道德模范评选表彰和学习宣传活动。积极组织推荐一批助人为乐、见义勇为、诚实守信、敬业奉献、孝老爱亲先进典型参加全国、全省道德模范评选表彰活动，张家界市彭发家荣获“湖南省第四届道德模范”称号，吕德梅荣获湖南省第四届道德模范提名奖。召开了全市第二届道德模范表彰暨公民思想道德建设座谈会，采取新闻专题、网络展播、基层巡讲、展板巡展等方式，广泛宣传了道德模范的感人事迹和崇高品质，在全社会引起强烈反响。对全市2013届市级以上道德模范进行了走访慰问，并对困难道德模范进行重点帮扶，道德模范帮扶机制逐步形成。广泛开展公民思想道德教育活动。以“市民学校”、“市民讲坛”、“道德讲堂”、新闻媒体等为载体，以城市社区、

学校和各级文明单位为重点，以培养“有道德的张家界人”为目标，广泛开展社会公德、职业道德、家庭美德、个人品德和社会主义核心价值观宣传教育活动。以“提升学生文明素养三年行动”专项教育活动为抓手，在全市中小学校广泛开展“经典诵读”、“感恩教育”、“道德培育”等主题活动，不断提高未成年人思想道德素质。

(2) 围绕中心、突出重点，群众性精神文明创建蓬勃开展

扎实做好省级文明城市创建基础工作。按照超前规划、顶层设计、稳步推进、务求实效的要求，在深入调研并广泛征求意见的基础上，张家界市委已将文明城市创建工作提上了重要议事日程，纳入了“提质张家界、打造升级版”战略及“1656”提质升级行动计划。与此同时，根据张家界市实际，扎实做好省级文明城市创建基础工作。在谋划省级文明城市创建工作的同时，指导慈利县启动了省级文明县城创建工作。永定区、武陵源区围绕文明城市创建做了大量工作，文明城市创建的理念深入人心。

广泛开展“讲文明树新风”主题活动。以全市餐饮行业为主体，开展了以“节俭惜福、文明用餐”为主题的“文明餐桌”行动，倡导文明用餐、节约用餐、健康用餐。制作刊播了一批主题突出、立意新颖的具有张家界特色的“讲文明树新风”公益广告。大力弘扬民族精神和时代精神，进一步营造知荣辱、讲正气、促和谐的良好社会氛围。开展“文明交通，从礼让斑马线开始”、“文明交通劝导”、“城市无车日”等主题实践活动，引导广大市民增强文明交通意识。精心组织开展“欢乐潇湘·美丽张家界”系列群众文化活动，提振了精气神，凝聚并传播了正能量。在春节期间，举办了以“美丽张家界·狂欢元宵节”为主题的“我们的节日·元宵”活动，20多万人参与元宵狂欢。中央电视台新闻直播间以“我们的节日·元宵，张家界元宵灯会盛况”为题进行了连线直播。

扎实开展农村精神文明创建。利用春节、元宵节、端午节、土家“六月六”、中秋节、重阳节等时间节点，组织开展了“乡村春节联欢晚会”、元宵灯会、龙舟赛、土家“六月六”民俗文化节等丰富多彩的节日主题活动，极大地丰富了农村精神文化生活，推动了农村精神文明健康发展。建立以城带乡、城乡共建的文明创建机制，组织引导省级以上文

明单位及部分市级文明单位与农村村镇开展文明共建活动。协调指导相关单位开展“三下乡”活动，为农民群众提供文化、科技和卫生等服务，有效提高了农村精神文明建设水平。继续开展“星级文明户”、“生态文明村”、“五好文明家庭”等富有特色的创评活动，进一步推动乡风文明建设。

切实抓好“五个一批”创建工作。按照新修订的《湖南省文明社区(小区)、文明窗口单位、文明风景旅游区、文明集市、文明餐饮示范店评选和管理办法》，结合张家界实际，认真做好“五个一批”的创建工作，成功申报省级文明社区4个，文明窗口单位3个，文明集市1家，文明餐饮示范店3家。

(3) 深化主题、拓展阵地，未成年人思想道德建设扎实推进

节日主题教育活动有效开展。抓住春节、清明节、六一儿童节、教师节、国庆节等时间节点，组织广大未成年人扎实开展节日主题活动。春节期间，开展了“向道德模范和身边好人慰问拜年”活动；清明节期间，开展了“网上祭英烈”签名寄语活动；六一期间，开展了“学习雷锋·做美德少年”网上签名寄语活动；教师节期间，开展了“普通话推广周经典诵读”、“感恩教育校园行”活动；国庆、中秋节期间，开展了“向国旗敬礼”网上签名寄语活动。通过开展各类节日主题活动，增强了广大未成年人的民族自尊心、自信心和自豪感，激发了他们的爱国意识、感恩意识、自强意识。

“我的中国梦”等系列主题教育活动有声有色。市文明办、市教育局、张家界日报社、市文联联合开展了“我的中国梦”主题征文活动，并在张家界日报开设了专版。举办了全市庆“六一”暨“我的中国梦”征文活动表彰大会。在全市中小学校组织开展了“我的中国梦——童心向党·快乐成长”歌咏比赛和非物质文化遗产传承教育展演活动。组织开展了优秀童谣征集传唱活动，并向省文明办推荐了优秀童谣作品，其中桑植县澧源镇二小张海英同学作品获全省一等奖，还有两件作品获三等奖。

未成年人思想道德建设不断加强。市妇联、市文明办共同开展了5场“湖南省百场现代家长教育公益巡讲‘五进’活动”，受众达4000多人。市教育局、市文明办等单位联合启动了“提升学生文明素养三年行

动”，助推了广大教师和学生文明素质的提升。切实加强对闲散、流浪、留守儿童等7类重点青少年群体的服务管理，为青少年健康成长提供保障。积极争取中央、省专项彩票公益基金400多万元，新建乡村学校少年宫18所，在国光实验学校建立了全市首家未成年人心理健康辅导站，建立了以张家界天门小学等为代表的一批“留守儿童之家”，未成年人教育阵地不断扩大。举办了全市乡村学校少年宫建设成果展及视频网络展播活动。张家界市未成年人思想道德建设工作得到省文明委的充分肯定，张家界国光实验学校等3个单位、1个创新案例、2人受到全省表彰。学校、家庭、社会“三结合”的未成年人教育网络逐步形成。

（4）培育理念、完善机制，学雷锋志愿服务如火如荼

认真谋划志愿服务工作，着力培育志愿服务文化。召开了全市学雷锋志愿服务工作会议，举办了志愿服务工作专题宣讲报告会，制定下发了《张家界市2013年学雷锋志愿服务工作实施方案》，表彰了市直机关工委等10个志愿服务先进集体，张家界市爱心联盟等5个优秀志愿服务组织及谢傲萍等20名全市优秀志愿者。深入开展《湖南省志愿服务条例》学习宣传，举办了学雷锋志愿服务工作专题讲座8场，发放宣传资料2000多份。市文明委成员单位、市直市级以上文明单位及各区县文明委高度重视、精心谋划学雷锋志愿服务工作，着力培养志愿服务文化，志愿服务的理念深入人心。

不断创新志愿服务形式，扎实开展志愿服务活动。举办了以“弘扬雷锋精神、开展志愿服务、共建文明城市”为主题的学雷锋志愿服务活动启动仪式，以“关爱他人、关爱社会、关爱自然”为主题，广泛开展了“关爱自然·义务植树”、“5·19爱心助残系列活动”、“学习雷锋·爱心送考”、“千名志愿者服务十一旅游黄金周”、“仁爱中华·圆梦一家”、“首届志愿助残体验”等志愿服务活动以及“12·5”国际志愿者日系列活动，受到社会广泛好评。组织举办了“关爱残障儿童·共享一片蓝天”爱心助残晚会，募集爱心物资折合人民币4万多元；市总工会、团市委、市关工委、市直相关单位、各区县文明委及各类爱心组织开展了形式多样的爱心助学活动，发放爱心助学金100多万元，资助寒门学子300多人；市直机关工委、团市委、市总工会、市妇联、市残联等组织的学雷锋志愿服务活动，在社会上引起了强烈反响，受到市民和游客的一

致好评。积极争取重点志愿服务活动项目，“张家界生态保护志愿服务活动”已被确立为全国100个保护山川河流重点志愿服务项目之一。

建立健全志愿服务队伍，建设拓展志愿服务阵地。强力推进志愿者及志愿服务组织在湖南省志愿服务网络上注册工作，目前全市已注册志愿服务队120多支，志愿者达23万多人。扎实做好网络文明传播志愿者工作，组建了以全国文明单位为骨干、省级文明单位为成员的网络文明传播志愿者队伍，开展了扎实有效的网络文明传播活动，发布精神文明建设博文（微博）15000多条。按照“先建站、后创号”的原则，深入开展“雷锋号”志愿者工作站创建活动，实现了城市社区“雷锋号”志愿者工作站全覆盖。

（5）夯实基础、开拓创新，精神文明建设工作基础不断牢固

精心谋划全市精神文明建设工作。根据上级要求，结合张家界实际，制定下发了《2013年全市精神文明建设工作要点》，对全市精神文明建设工作进行任务分解，各牵头部门结合实际制定了相应的具体实施方案，明确了目标、任务和要求。

扎实做好信息调研工作。在省文明办《精神文明建设简报》上稿4条，在湖南文明网上稿30多条，在《湖南日报》、《张家界日报》、红网张家界站上稿30多条。编发《张家界市精神文明建设简报》15期，刊发领导讲话、工作信息、经验材料30余篇，部分经验受到省委宣传部和省文明办的肯定和推介。

切实加强队伍建设。2014年共组织各区县及市直相关单位精神文明建设骨干参加中央、省文明办组织的培训班6次，参训人员达50多人次，队伍综合素质进一步提升。市直各单位明确了精神文明建设专干。各区县明确了文明办的职级，增加了人员编制。

稳步推进网络文明传播工程建设。开通“张家界文明网”，设有文明创建、道德模范、志愿服务等丰富多彩内容，弘扬主旋律，传递正能量。

3．铜仁市社会文明教育的做法与经验

铜仁市，贵州省辖地级市，有“中国西部名城”之称。位于贵州省东北部，武陵山区腹地，东邻湖南省怀化市，北与重庆市接壤，是连接中南地区与西南边陲的纽带，享有“黔东门户”之美誉。全市辖碧江区、万山区、江口县、石阡县、思南县、德江县、松桃苗族自治县、玉屏侗

族自治县、印江土家族苗族自治县、沿河土家族自治县、大龙开发区、铜仁高新技术产业开发区。截至2013年，国土面积1.8万平方公里，总人口427万，聚居着土家、汉、苗、侗、仡佬等29个民族，少数民族占总人口的70.45%。铜仁是社会稳定风险评估发源地，是首批国家智慧城市试点市，是武陵山片区区域发展与扶贫攻坚示范区，是民族团结进步示范区。

2013年1月23日，全国文明城市创建的号角在铜仁全面吹响，铜仁大地上遍吹文明之风，全市上下的创建热潮此起彼伏。为有序推进创建工作，市委、市政府把创建工作摆上重要工作日程，成立了以市委书记、市长为组长的创建全国文明城市工作领导小组。建立了组织领导机制、城乡共建机制、责任落实机制、宣传引导机制和约谈问责机制。市委书记刘奇凡在启动会上要求，要以创建“武陵之都、仁义之城”为统领，着力构建方便快捷的武陵山区域重要交通枢纽、辐射周边区域的现代商贸物流中心、武陵山区域金融中心和引领周边区域发展的教育医疗卫生中心，夯实经济发展基础，加快把铜仁打造成武陵山区域中心城市和具有极强带动作用的省际区域中心城市；着力塑造厚德铸铜、仁义致远、包容豁达、仁爱正义、奋力赶超、自强不息的城市精神，增强文化软实力，让铜仁成为一座处处沐浴着仁义、洋溢着友善、彰显着博爱的城市。

创建工作开展以来，铜仁市从群众关心的热点难点问题着手，按照开展党的群众路线教育实践活动要求，由市领导带头，组织党政机关、国家企事业单位和其他组织成立帮联小组对铜仁市主城区33个小区开展帮联工作，帮联城市社区共创共建，切实提高市民幸福指数和满意度。

各单位全面实施创建行动和路段责任包干工作，攻克城市管理中的“十大顽疾”。为了加大宣传，营造良好的氛围，铜仁市通过报纸、电视开辟专栏，开通“6968111”服务热线和党报阅报栏，形成了宣传进小区、进万家的格局。

创建文明城市活动的开展，带动了众多城市居民身体力行，以优雅的言行共赴“文明之约”。活动开展以来，铜仁市先后组织开展了“铜城仁者”系列评选推荐活动，在全市11个行业和区（县）推出先进典型人物280多个。其中，46人荣登中国好人榜，22人荣登贵州好人榜，姚少军荣获全国第四届道德模范提名奖。

2013年铜仁市还开展了“祖国好·家乡美”主题系列活动，各地中小学校认真组织，积极开展“中国梦”主题教育活动、“学习雷锋、做美德少年”评选活动、“做一个有道德的人”网上签名寄语活动和文明礼仪知识竞赛、“童心向党”歌咏比赛、中华经典优秀童谣诵读传唱比赛、“多彩贵州美丽家乡”诗文书画大赛、“五心教育”演讲比赛等一系列活动。内容丰富，形式多样，全市共有70余万中小学生参加了活动。在活动中，全市共获省级奖项53个，3名学生被评为全省美德少年。

为了让更多人参与到活动中来，铜仁市还开设“文明行动随手拍”专栏，有奖征集发生在铜仁城区的文明行为、好人好事和不文明行为图片视频，通过曝光监督，引领文明风尚。活动开展以来，共刊发图片10000余张，其中，表现文明行为的4500余张，表现不文明行为的5500余张，浏览总量达到1000万人次。

几年来，通过不懈努力，铜仁市先后荣获“中国西部名城”、“中国最具潜力中小城市50强”等荣誉称号。这充分说明铜仁市文明城市建设有较好的基础和巨大的潜力。

目前，铜仁市正在着力提升市民素质。以开展评选“铜城仁者年度人物”为统领，广泛开展各级各行业身边好人选树和宣传工作，力争荣登“贵州好人榜”20人以上，荣登“中国好人榜”5人以上。以道德讲堂为主阵地，广泛开展“明礼知耻·崇德向善”主题实践活动，在全社会营造明礼知耻、崇德向善、遵德守礼、见贤思齐的浓厚氛围。作为创建文明城市，办好孔子学院，弘扬和传承中华优秀传统文化非常重要。铜仁市通过“道德讲堂”和这些主题实践活动来进一步规范市民行为，并引入市民参与，对金融、出租车等多个行业开展服务质量专项评议活动。

同时，修订完善了《铜仁市民文明公约》，编印《铜仁市民文明手册》，制定出台《关于进一步提升市民素质的意见》等。

未来的铜仁，将是一个厚德、仁义的铜仁。铜仁市的决策者已确定用科学的目光定位铜仁的未来，着力打造精致建筑、精致文化、精致管理、精致服务，进一步彰显“梵天净土，桃园铜仁”的城市特色，完善“三宜四美”（宜居、宜业、宜游，心灵美、行为美、语言美、环境美）城市的发展定位，使城市形象更具特色、更富神韵、更添魅力。

4. 湘西自治州社会文明教育的做法与经验

湘西土家族苗族自治州位于湖南省西北部，云贵高原东侧的武陵山区，与湖北省、贵州省、重庆市接壤。是湖南的西北门户，素为湘、鄂、渝、黔咽喉之地。辖吉首市和花垣、保靖、永顺、龙山、泸溪、凤凰、古丈7个县，总面积15461平方公里，首府吉首为湘鄂渝黔边区重要的物资集散地。湘西物华天宝，资源丰富，投资开发潜力极大，是湖南省进入国家“西部大开发”的唯一地区。境内有汉、土家、苗、回、瑶、侗、白等30个民族，人口283万，世居主体少数民族是土家族、苗族，土家族占41.5%、苗族占33.1%，人口过千的少数民族有回族、瑶族、侗族和白族。各民族长期以来处于大杂居、小聚居的状态。2006年年末，全州有少数民族人口203.36万人，占总人口的75.3%。土家族，自称“毕兹卡”，主要分布在永顺、龙山、保靖、吉首、古丈等县市。苗族，自称“果雄”，主要分布在花垣、凤凰、吉首、泸溪、古丈、保靖等县市。旧时，土家族、苗族多居住在比较偏僻的乡村，汉族多分布于交通相对便利的河畔叉口、集镇圩场。

(1) 社会主义核心价值体系建设卓有成效

湘西州把社会主义核心价值体系建设作为基础工程和灵魂工程，始终贯穿于国民教育和精神文明建设工作全过程，融入社会生活各方面，不断增强全社会的认知认同，转化为人们的精神信仰和价值追求。

湘西州委宣传部、州文明办、州工商局、州文广新局等联合在全州组织开展“讲文明树新风”公益广告宣传活动，组织制作、刊播优秀公益广告，倡导自强、创新、厚德、崇俭、尚义、守信、明礼、报国、尽孝等道德价值理念。同时，以“做文明有礼的中国人”为主题，广泛开展“讲文明树新风”知识竞赛、中小学文明礼仪知识竞赛、中华经典诵读、缅怀先烈、成人宣誓等系列活动，通过印发资料、组织讨论、制定文明公约、告别十大陋习等多种形式，提升了公民文明素质，充分展示人民群众与时俱进、改革进取、昂扬向上、文明进步的精神风貌。以城市社区和农村为重点，以春节、元宵节、清明节、端午节、七夕节、中秋节、重阳节等“我们的节日”为主线，紧密结合湘西州“四月八”、“六月六”、“赶秋节”、“社巴节”等少数民族节日，广泛开展群众性节日民俗文化娱乐活动，着力打造特色鲜明的节日符号，增添节日魅力，引导广大干部群众认知传统、尊重传统、继承传统，进一步增强了全州各族人民凝心聚力搞建设、一心一意谋发展的自觉与自信。

（2）群众性精神文明创建风生水起

以创造优美环境、维护优良秩序、提供优质服务、培育道德风尚、丰富文化生活为主要内容，扎扎实实开展群众性精神文明创建活动，全州文明创建工作水平迈上一个新台阶，全州文明创建工作效果进入一个新境界。

以提升城市品位为落脚点，积极推进城市文明向纵深发展。2011年，泸溪县被中央文明委授予全国文明县城，吉首市、凤凰县被湖南省文明办授予省级文明县城。不断拓展文明单位的评选范围，进一步掀起文明单位创建热潮。截至目前，全州共有湘西供电分公司、州国税局、凤凰县财政局、花垣县地税局、武警吉首市消防大队5个全国文明单位，州住房公积金管理中心等10个省级文明标兵单位，州纪委等61个省级文明单位，州财政局等31个州级文明标兵单位，州食品药品监督管理局等80个州级文明单位。围绕社会主义新农村建设，以实现乡风文明、村容整洁为目标，推进文明村镇创建。龙山县茨岩塘镇、吉首市社塘坡乡十八湾村两个村镇成功申报全国文明村镇。近年来，永顺县塔卧镇等10个村镇被评为省级文明村镇，保靖县夯沙乡等46个村镇被评为州级文明村镇。在省“五个一批”评选中，湘西州共评出5个文明社区（小区）、10个文明窗口单位、1条文明街道（路）、1个文明风景旅游区、2个文明家庭。检察、电力、气象、移动等系统组织了文明行业创建活动，州审计局等单位开展了文明科室、文明家庭等评选活动，进一步深化了文明创建。在全州范围内开展文明餐饮示范店、文明集市、爱心文明报刊亭创建活动，营造节俭、诚信、文明的社会氛围，道德领域突出问题专项教育和治理活动取得新成绩。丰硕的精神文明创建成果极大地鼓舞了广大干部群众，全州群众性精神文明创建活动正在不断引向深入。

（3）公民道德建设活动丰富多彩

美丽湘西，道德先行。社会公德、家庭美德、职业道德、个人品德建设是公民道德建设的主要内容。湘西州通过开展丰富多彩的富有成效的活动在公民道德建设上作了有益的探索，给社会传递正能量。

精心组织开展首届“彩传盛世、情动湘西”红彩信制作活动，传播文明短信、红色短信1000多条。确定古丈县为全省“美丽湖南、道德先行”县域道德建设试点县，着力创新道德建设载体，将道德建设与中心工作同部署、同考核、同落实，不断提高公民道德素质，使全县讲道德、争先进的氛围日益浓厚，干事创业热情不断高涨。以吉首市为试点开展市民大讲堂活动。正式启动“道德讲堂”活动，国网湖南省电力公司湘西供电分公司、州统计局等文明单位建立了道德讲堂，以“身边人讲身边事，身边人讲自己事，身边事教身边人”的形式，传播凡人善举，引发道德自觉，倡导修身律己，不断提升干部职工文明素质。

大张旗鼓推介评选宣传道德典型。泸溪县兴隆场镇巴斗山村支书杨兴刚荣获湖南省第三届道德模范提名奖；花垣县吉卫镇腊乙村妇代会主任田金珍、吉首市大湘西旅行社导游杨欢荣获湖南省第四届道德模范提名奖。在第二届全州道德模范评选表彰活动中，吴显志等11名同志荣获“第二届湘西自治州道德模范”称号、龙献文等17名同志荣获第二届湘西自治州道德模范提名奖。举行了“德耀湘西”第二届湘西州道德模范颁奖典礼，随后又开展了以“学习道德模范、共建文明湘西”为主题的学习宣传活动，在《团结报》、湘西电视台等全州主流媒体开辟专栏对道德模范进行宣传，组织道德模范深入基层巡讲，让创排的道德模范故事和道德模范一同走进学校、社区、企业，展示道德模范的感人事迹和崇高精神，激发了人民群众投身道德建设的热情。积极帮助道德模范解决实际困难，对杨兴刚、张仁望等家庭困难的道德模范给予经济上的帮扶，进一步发挥道德模范传播优秀精神品质、引领文明道德风尚、凝聚促进和谐力量的示范带动作用。

（4）未成年人思想道德建设有声有色

未成年人是祖国的未来和希望。湘西州高度重视未成年人思想道德建设，着力完善家庭、学校、社会紧密协作的教育网络，为未成年人的健康成长成才竭力服务。

大力开展净化社会文化环境专项行动，协同网宣、公安、文化、工商、通信等部门，开展文化市场和校园周边环境的专项治理，为青少年健康成长营造良好的社会文化环境。广泛开展“做一个有道德的人”主题实践活动，组织中小学生清明节期间参与“网上祭英烈”签名留言活动，组织中小学生国庆节期间开展向国旗敬礼活动，组织开展“传唱优秀童谣、做有道德的人”网上签名寄语活动。2011年以来，争取中央文明办的支持，修建了62所乡村学校少年宫，为农村中小学校、乡镇（社区）文化站赠送了3000台绿色电脑，折算资金4000多万元，引导鼓励各方力量参与农村学校文体科技活动场所建设。龙山县里耶小学少年宫建设卓有成效，开设了23个专业兴趣班，吸引了700多名在校学生参与。为12100名留守儿童赠送了价值122万元的爱心电话卡，作为沟通亲情的通话费用。以州民族中学为未成年人思想道德建设工作试点，建立了全州首个心理咨询辅导站，面向全州18周岁以下的未成年人免费开放，并以此向全州中小学辐射，从而影响和推动湘西州的心理健康教育向前迈进。“西部开发助学工程”于2002年在湘西州实施以来，共资助了254名贫困大学生，开办了12届“宏志班”，“宏志班”已有449名学生顺利完成高中学业，其中372人考上重点大学，14人被清华大学、北京大学录取。2011年，湘西州以“德政西部·圆梦十年——宏志报党恩”为主题，成功举办“西部开发助学工程”在湘十周年成果展示活动，编辑出版《温暖的记忆》。一件件实事好事让全州青少年切身感受到了党和政府的关怀和温暖，更坚定了他们报效社会和祖国的信念。

（5）志愿服务活动生机蓬勃

志愿服务是一种责任和担当。深入开展关爱他人、关爱社会、关爱自然“三关爱”志愿服务活动，推动志愿服务队伍由以青少年为主向全社会成员共同参与转变，大力普及“学习雷锋、奉献他人、提升自己”的志愿服务理念，一直是湘西州精神文明建设工作的重要内容和执着追求。

志愿服务在湘西州倡导推行以来，活动涉及敬老、爱幼、帮助农民工、助残、文明礼仪知识普及、公共场所文明引导、文明交通、文化体育、社区服务、环保等10多个方面，共开展活动100多场次，参与人数达8万多人次，刊发信息710多条，开办宣传栏250多个，促进了志愿服务活动由以阶段性为主向经常性活动转变，使志愿服务进一步向制度化、规范化、常态化迈进。2012年，500多名志愿者参加中央电视台“心连心”艺术团湘西慰问演出的志愿服务工作，300多名志愿者参加吉首市建市30周年庆典的志愿服务工作，受到社会好评。花垣县成立了湘西边城爱心志愿者协会，联系全国各地的爱心人士为湘西州3000余名贫困儿童提供助学资金累计达到400万余元，联系志愿者长期支教湘西贫困山区达2300余人次，举办了湖南省第三届义工高峰论坛，推动全省的公益事业发展。网络文明传播志愿者，利用开设的微博、博客等作为文明传播窗口，担任重要网站论坛版主、博主、群主等，有针对性地进行跟帖、留言，积极引导网上言论，传播文明、引领风尚，营造健康向上的网络文化环境，在推进网络文明健康发展上发挥了积极的作用。同时，湘西州加大志愿者的注册力度，组织州级以上文明单位进行志愿者、志愿服务组织网络注册，建立了覆盖全州的志愿者及其组织和活动数据库。全州现有在册志愿者22139人，志愿服务队267支，组织开展了112项志愿服务活动，志愿服务队伍和志愿服务活动粗具规模，呈现蓬勃生机。

5. 重庆涪陵区社会文明教育的做法与经验

涪陵区是重庆重要港口、乌江下游物资集散中心，面积2946平方公里，人口116万。

涪陵区文化建设开拓创新、攻坚克难，取得了长足进步，2009年通过了“全国文化先进区”复查验收，为“十二五”文化发展打下了坚实基础。

社会主义核心价值体系建设扎实推进。坚持把推进社会主义核心价值体系建设作为文化建设的核心内容和首要任务，进一步增强了干部群众对党的领导、社会主义制度、改革开放事业、全面建设小康社会目标的信念和信心；进一步继承发扬重庆人文精神、红岩精神、三峡移民精神，大力弘扬“团结求实、文明诚信、艰苦创业、不甘人后”的涪陵精神，培育了新时期涪陵人民解放思想、自强不息、开拓创新的人文精神；以加强道德建设为重点，以各类群众性创建活动为载体，不断强化精神文明建设，全区公民道德建设水平和文明礼仪普及程度不断提高。

文化艺术繁荣发展。以“唱读讲传”为主要内容，组织开展全区性文化活动30多次、大型文艺调演7次、各类艺术展出20余次，承办了市级大型专题文艺表演3次，举办广场周末文艺演出300多场，涪陵广场获得重庆市“十佳特色文化广场”称号；坚持开展“送文化下乡”活动，送戏下乡演出200余场，送电影下乡750场，送图书和科普资料6万余册，图片展览50余次；各乡镇以文化阵地为依托，每年开展大型文化体育活动平均在4次以上。全区文艺工作者在全国及省市级文艺刊物上发表作品1000余件，出版文艺专著20多部，15件作品在全国性文艺展演、比赛中获奖，55件作品在市级文艺展演、比赛中获奖；大型情景舞蹈诗《飘香·涪陵记忆》，列入重庆市十大精品剧目，实现了涪陵区舞台艺术剧目创作的重大突破；版画《海市蜃楼》获第五届重庆市文学艺术奖，舞剧《甘泉》获重庆市戏剧小品调演小舞剧类一等奖，水彩画《乡村闲趣》、版画《创业·正在进行》、《一碧万顷》3件作品入选第十一届全国美术作品展览等。

公共文化服务体系初步建成。白鹤梁水下博物馆建成并对外开放，涪陵大剧院于2011年建成投入使用；区、乡镇街道、村（社区）三级公共文化服务网络基本形成。新建乡镇、街道综合文化站26个，村（社区）文化活动室390个、农家书屋369个，全国文化信息资源共享工程支中心2个、基层网点340个；广播电视综合覆盖率达99.5%；组建了28支流动放映队，每年放映电影200多部、6000多场次；公共文化设施实现免费开放，水电气执行民用收费标准；乡镇街道文化服务中心机构、人员、经费和活动得到较好落实。

文化遗产保护成效显著。完成了白鹤梁题刻、安澜桥原地保护工程，龙门桥搬迁保护主体工程；完成了全国第三次文物普查田野调查工作，共有文物点1280处；陈万宝庄园、邱寿安故居等10处被市人民政府公布为市级文保单位。开展了非物质文化遗产资源普查工作，涉及11个门类、147个项目、210条线索，“涪陵榨菜传统制作技艺”列入第二批国家级非物质文化遗产名录，“涪陵御锣”列入市级第二批非物质文化遗产保护名录，4人列入市级非物质文化遗产“涪陵榨菜传统制作技艺”代表性传承人。区少儿图书馆被市政府公布为第一批重庆市古籍重点保护单位，《周煌册封琉球便登舟图原卷跋》、《海山存稿二十卷》等13种、157册古籍列入第一批重庆市珍贵古籍名录。

文化产业加快发展。逐步形成了以印刷包装业为主，影视业、音像制品业、文化娱乐业、演出业、会展广告业、文化旅游业、文物及艺术品经营业、艺术培训共同发展的文化产业。印刷业发展在全市各区县中名列第一。建立了长美动漫基地，完成了21集系列动漫片《巴蔓》拍摄。“十一五”期间，文化产业实现产值30.804亿元、利税6.46亿元。

6. 重庆市黔江区社会文明教育的亮点

黔江区位于重庆市渝东南，处武陵山区腹地，素有“渝鄂咽喉”之称，集革命老区、民族地区、边远山区于一体。黔江区东临湖北省咸丰县，西接彭水县，南连酉阳县，北接湖北省利川市。截止到2013年，黔江区辖区面积2402平方公里，辖6个街道、12个镇、12个乡。2010年第六次人口普查，黔江区户籍人口53.6万人（常住人口44.5万人），其中以土家族、苗族为主的少数民族人口占总人口的73.3%。黔江区为全国农业标准化示范县，获得过“全市退耕还林工作先进区”、“最具风情民俗文化旅游目的地”、“全国农村饮水安全工程示范县”、“全国平安铁路示范区”等荣誉称号。

黔江区从2007年开展市级文明城区创建工作，2008年被评为市级文明城区创建工作先进区，2009年成功创建为市级文明城区。黔江区深化文明城区的主要做法有：

（1）“讲文明、树新风”活动形式多样有声势

组织开展多种形式的“讲文明树新风”活动，在全区大力倡导文明礼仪之风、勤俭节约之风，提升了人们的思想道德素质，树立了文明黔江、礼仪黔江的良好形象。

一是切实开展文明新风“十带头”活动。在全区开展礼貌言谈、爱护环境、文明出行、勤俭节约、尊老爱幼、遵守秩序、助人为乐、遵纪守法、诚实守信、爱岗敬业十个方面的带头活动，鼓励和引导广大市民从我做起，带头实践文明新风。

二是加强“讲文明树新风”公益广告宣传。《武陵都市报》共刊发44版，黔江人民广播电台刊播4000多分钟，黔江电视台刊播35000多分钟，《武陵都市报》自己设的文明新风“十带头”的广告10幅，黔江电视台自拍《因爱之名》的公益广告在区内起到了很好的宣传作用。

三是狠刹请客敛财风初见效果。文明办把狠刹请客敛财纳入了“讲文明、树新风”活动的重要内容，通过《武陵都市报》、黔江电视台、黔江手机报、黔江广电传媒网等媒体广泛宣传文明礼仪知识，通过案例深入剖析请客敛财风的巨大危害。开展了以“讲文明、树新风，移风易俗”为主题的“新闻啄木鸟”行动，对请客敛财现象进行监督，通过宣传教

育，引导干部群众从我做起，从身边做起，移风易俗、倡树新风，受到较好效果。

四是开展“窗口”行业文明礼仪形象展示活动。以创建文明单位，文明窗口为载体，深入开展“讲职业礼仪、树行业新风”教育实践活动，引导从业人员遵守职业服务礼仪，做到仪态、服饰、语言、服务规范，不断提升“窗口”行业规范化服务水平。

五是开展青少年文明礼仪教育实践活动。将文明礼仪教育实践活动作为青少年德育工作的重要内容，通过专题讲座、主题班会、队会等形式，结合“做一个有道德的人”、“感恩家长”、“感恩教师”、“感恩社会”等道德实践活动，引导青少年树立“文明从我做起，从点滴做起”的观念，养成文明礼貌行为习惯。

六是开展“文明礼仪进万家”实践活动。结合文明社区，文明小区等创建活动，在社区、小区扎实开展“讲究卫生、文明礼让”等文明礼仪教育实践活动。积极开展“美德在我家”、“做合格父母、育文明新苗”等家庭文明礼仪教育实践活动。

七是开展市民日常行为文明礼仪教育实践活动。针对市民在公共场合存在的不文明现象，组织文明礼仪志愿者对市民和流动人口集中的地方进行文明用语、文明行路、文明乘车、文明购物以及爱护公共设施、讲究公共卫生、遵守交通秩序的宣传教育，引导市民养成良好的现代文明习惯，自觉抵制和克服不文明陋习。

（2）公民道德建设稳步推进有成效

坚持稳步推进、典型示范、有的放矢，大力推进公民道德建设。

一是认真组织道德建设、身边好人、感动人物推选。2013 年，黔江区助人为乐好人张凤明被表彰为重庆市助人为乐道德模范，有 10 人评为重庆好人，盲人郑建伟身残志坚考上英国埃塞克斯大学硕士研究生，被评为感动重庆十大人物。

二是深入开展“学雷锋”主题活动。广泛开展“送温暖”、“关爱留守儿童、空巢老人”等公益活动。不断扩大群众参与面，使道德实践活动与各项业务工作紧密结合，推进公民道德建设稳步向前发展。

三是切实开展“小手拉大手”活动。通过学生在学校受教育养成良好文明习惯以后，带动家里的大人参与道德实践。以“大手牵小手”活动为载体，教育和引导广大市民“告别陋习、走向文明”，养成良好的文明习惯和道德规范，形成奋发向上、文明健康、团结和谐的良好氛围。

（3）志愿服务工作统分结合有创新

坚持统筹管理、拓展延伸，志愿服务水平不断提高。

一是积极搭建群众便于参与的志愿服务平台。成立了青年、巾帼、社区、卫生、科技、网友等专业志愿服务队，实现了志愿服务队伍以青年为主向全体社会成员共同参与的转变，志愿服务管理由松散型向规范化的转变。广泛开展关爱他人、关爱社会、关爱自然志愿服务活动，引导人们做好事、长好心、当好人。

二是开展老年志愿者引导文明新风活动。充分发挥老年志愿者的地位和智慧优势，通过老年志愿者教育广大市民“讲文明、树新风”，倡导健康的人生观、价值观，营造健康、有序、文明的社会文化环境。

三是开展环保宣传志愿服务活动。组织发动广大志愿者走上街头、运用多种形式，宣传倡导“保护环境、人人有责”的理念，宣传资源节约型、环境友好型生产方式和消费模式，宣传健康低碳的生活理念。

（4）未成年人思想道德建设具有特色

坚持围绕主题，寓教于乐，另一手抓阵地建设，一手抓活动开展，未成年人“心向党、爱劳动、有礼貌”形成主流。

一是开展道德实践活动。开展“童心向党”歌咏活动，组织未成年人开展“学习雷锋、做美德少年”和“向国旗敬礼、做一个有道德的人”等网上签名寄语活动。开展“感恩父母”书信活动。

二是加强阵地建设完善条件。为黔江区乡村学校少年宫争取设备，争取资金。为原来两所乡村学校少年宫沙坝中心校、石家中心校分别争取 8 万元资金，为 2013 年申报为乡村学校少年宫的黄溪中心校争取 20 万的设备。加强“五心四好”示范点建设，建成第二批“五心四好”活动示范点 5 个。

三是开展老年志愿者进校园活动。组织部分熟悉黔江历史、关心黔江经济社会发展的老同志进校园，对中小学生进行养成教育、爱国主义教育、法制教育，培养学生爱祖国、爱家乡、爱亲人、爱大自然的美好情怀。

（5）文明传播工作内外互动有突破

坚持立体宣传、交流互动，拓展了文明传播的渠道，扩大了精神文明建设的影响力。

一是《武陵都市报》、黔江电视台开辟了“文明礼仪行动”、“文明讲坛”、“曝光台”、“文明礼仪大家谈”、“文明礼仪常识”、“武陵好人”等专栏，对黔江区精神文明活动开展情况进行宣传，发稿1000多篇。

二是黔江区网络文明传播志愿者通过在新华网、新浪、腾讯开设微博、博客，建设文明传播窗口，把社会主义核心价值观、文明礼仪常识、传统美德、先进人物事迹作为网络文明传播的主题，大力传播正能量。

7. 荆州市社会文明教育的做法与经验

根据湖北省文明城市管理办法和文明城市测评体系要求，荆州市持续开展城市社会文明教育创新工作。荆州市基础设施更加完善，生态环境更加优美，正以蓬勃的朝气、崭新的面貌，焕发新的活力，散发新的魅力。一个水乡园林、文明开放的新荆州正豪迈前行。近几年来，荆州市委、市政府着力打造绿色生态，持续走生态园林城市建设之路，加快“四宜”（宜居、宜业、宜游、宜商）荆州的建设步伐，构筑了一道“城在林中，人在绿中，足不出户闻花香，漫步街头赏美景”的绿色风景线。

（1）城区绿化张开温情“怀抱”

近几年，荆州市投入巨资新建临江仙公园、明月公园、荆襄河湿地公园、西干渠带状公园四大综合性公园。其中临江仙公园紧邻长江，规划面积78.8公顷，投资约4亿元，于2014年7月建成开放，园内树木郁郁葱葱，风景如画，已成为荆州中心城区南大门的一道亮丽风景。

按照“连江接湖、清淤截污、修桥铺路、显城露水”的思路，实施水系连通工程。荆州市先后投入5亿多元，对荆沙河、护城河、内荆襄河、西干渠等总长39.2公里的河道实施清淤护岸、植被绿化、水系联通，改善河道水质，美化沿河景观，畅通了城市“血脉”。推进豉湖渠、太湖港、范家渊、白水滩等水系绿地规划建设和管理，初步建成城市滨水绿道，开展荆江大堤中心城区段综合整治，沿河沿湖建设休闲广场、亲水平台、园艺雕塑等滨水景观，形成“绿随河走、绿沿湖绕”的绿色长廊，成为深受市民喜爱的休憩空间。

始建于三国时期的荆州古城墙，是我国延续时间最长、跨越朝代最多，由土城演变而来的唯一古城垣，被誉为“我国南方不可多得的完璧”。为保护好这一历史遗存，荆州市恢复古城墙内外天然植被，建成250公顷的古城公园，护城河两岸绿树成荫，碧草满坡，野花遍地，放眼望去，但见“绿意染河畔、碧带绕古城”，不少市民每天早晚来此散步锻炼，其乐融融，不少外地游客来此游览观光，流连忘返。荆州古城墙已成为人们感知历史、品读城市、怀古惜今的心灵港湾。

为延续其繁华景象，荆州市坚持造园与植绿相结合，充分挖掘文化内涵，提升文化底蕴，打造了既体现江南园林典雅精致，又兼具江北庭院简朴大气的特色公园。始建于1932年的中山公园，占地面积74.6公顷，是全球最大的同名公园。该市修复了中山公园解放亭、锄云阁等历史景观建筑，完成了卷雪楼重建主体工程建设，公园文化内涵更加丰富多彩。拆除了园内的硬质铺装和一些水泥建筑，园区实行见缝插绿、见景显绿，建设了梅园、樱花长廊等特色景观带，将水、亭、阁、绿与人文景观巧妙融合，打造了一个林木葱郁、碧波涟漪、亭阁点缀、鸟语花香的城市“绿色心脏”，成为融旅游休闲和革命传统教育于一体的综合性公园。

2014年5月，荆州市引进全国文化旅游产业领军企业西安曲江文化产业投资（集团）有限公司和具有强大建设开发能力及资本优势的中建三局，与荆州城投公司共同出资组建荆州纪南投资发展控股有限公司，主导开发荆州纪南生态文化旅游区。与此同时，荆州市还先后与华强集团、中兴集团、华侨城集团、岭南园林等大型企业集团进行了多次深入商榷，其中华强的“方特欢乐园”、岭南园林的“楚文化中央广场”景区（楚国八百年景区）等项目已经形成合作意向，目前正在就具体细节进行协商。下一步，荆州纪南生态文化旅游区准备通过5年左右的努力，建成国家级大遗址保护示范区、国家级生态文明新区、国家级文化产业示范园区、国家5A级景区。

“绿化就是为了满足人民群众不断提升的生态环境需求，为了最普惠的民生福祉。”荆州纪南生态文化旅游区凤凰办事处负责人胡新成说。

（2）“禁燃”背水一战

2015年7月14日，注定要在荆州环保史上写上浓墨重彩的一笔。

淘汰燃煤锅炉，湖北在行动。2014年1月，湖北省政府发布《关于贯彻落实国务院在大气污染防治行动计划的实施意见》，要求全省各地逐步淘汰燃煤锅炉。荆州市委、市政府对此高度重视。荆州市政府成立了以市长任组长，市政府有关负责人、11 个市直部门、荆州区政府、沙市区政府、荆州开发区管委会主要负责人为成员的市中心城区禁燃工作领导小组，下设办公室，全面指导推进禁燃工作。

荆州市政府连续印发《荆州市中心城区淘汰高污染燃料锅炉工作实施方案》等文件，对按期完成禁燃工作的企事业单位，荆州市政府每蒸吨给予 3 万元财政奖励资金，供气供热单位每蒸吨给予 8 万元气价折让，并对开口费进行减免。

秸秆禁烧，是近两年荆州环保工作一大亮点。与“禁烧”相比，荆州市禁燃办主任、市环保局局长蒋茂芳认为“禁燃”要难得多。秸秆禁烧的工作对象是农民，人多面广，有难度。但焚烧秸秆，农民是无奈之举，而且此举使土壤容易板结，农民实际是受害者。禁烧秸秆，对农民有益。农民淳朴，懂道理，只要工作人员把禁烧的道理讲透彻，宣传到位，农民会理解支持。

经过两年治理，荆州中心城区周边乡镇几乎没有发现焚烧秸秆的现象。不仅如此，中心城区露天焚烧垃圾的现象都没发生。这充分说明荆州秸秆禁烧工作做得到位。

锅炉禁燃的工作对象是企事业单位，虽然数量较农民少，但单个势力强大得多。禁用高污染燃料锅炉，企业燃烧成本提升，自然不愿配合。有的企业是纳税大户，千方百计阻挠锅炉改造；有的企业找各种理由搪塞拖延时间；有的企业则找各种关系来说情。

针对本地企业经营状况实际，荆州市禁燃专班适时提请荆州市政府同意引进生物质成型燃料生产企业，组织该市 19 家建材行业企业法人到武汉、潜江参观学习，将生物质成型燃料增加为燃煤替代工作清洁能源之一。荆州市环保局分别与供气、供热单位签订《淘汰高污染燃料锅炉工作备忘录》，明确供气供热单位责任和义务。

蒋茂芳向记者讲述他亲身经历的一件事。荆州有一家建材企业之前使用燃煤锅炉，后来拟改用蒸汽，设施全部安装到位，就是不用。专班工作人员多次上门做工作，都被该公司以各种理由拖延应付。有一次蒋茂芳到企业现场督办，从会议室出来，上车前看见企业烟囱还在冒黑烟，蒋茂芳半开玩笑地对企业老板说："烟囱冒黑烟，企业赚黑钱，老板黑良心，要是你不立即禁燃，我就会说你这个企业是'三黑企业'，你这个老板是'三黑老板'。你明天停了，我请你吃饭，明天继续烧，那就必须处罚你。"后来，这家企业老板找来蒋茂芳的同学说情，被断然拒绝。最终，无奈之下，该企业只好按规定改造锅炉。

截至目前，荆州市中心城区全部完成禁燃区236家企事业单位高污染燃料锅炉淘汰工作。针对可能出现重启高污染燃料锅炉的企事业单位，荆州市采取三项措施，强力执法：一是该市财政局停止发放政府财政奖励资金，已发放的全部收回，供气供热单位取消气（汽）价折让补贴；二是该市质监局不再办理锅炉年审手续；三是该市环保局将超标排污单位列入环保"负面清单"，暂停办理环保相关手续，并依照新《环保法》严肃查处环境违法行为。

（3）依托资源优势念好"绿色经"

"陈家湖公园总面积556.5亩，其中，水面积228亩，绿化面积是195亩。"石首市林业局相关负责人介绍，陈家湖公园包括南、北广场和湖面三部分，将配套新建球场、亲水平台、游船码头、栈桥、茶室、公厕及管理用房等设施。

"陈家湖公园于2014年开工建设，目前，已完成4000多棵树木的栽种和1.2公里长的环湖路路基建设。游船码头、栈桥也已初见雏形，公厕和管理用房正在进行内部装修，北广场则完成管线预埋。"陈家湖公园项目经理易进田介绍。

除了秀美宜人的公园风光之外，石首市还大力新建游园，拆墙透绿，拆院造景，展现出石首独特的城市品质。

林荫停车场、石子羊肠小路，树木茂密，在农商银行宿舍楼前，欢快的音乐、矫健的身姿，幸福和快乐写在每个晨练市民的脸上。市民张文华告诉记者，游园内绿意盎然、空气清新，每天都有市民来此舒展筋骨，呼吸新鲜空气。而去年，这里还被围墙圈着，墙内种植着各种蔬菜，施农家肥时，气味刺鼻，附近市民反映强烈。"自从拆了围墙，建成小游园，老街坊邻里就爱来这里搞锻炼、拉家常，日子过得有滋有味，胜过以前坐在家里看电视。"

上有绿树遮天，下有绿茵铺地，中间繁花似锦。驱车行驶在石首市发展大道，整洁宽敞的道路两旁是满眼葱葱郁郁的绿，阵阵徐来的微风让人心旷神怡，徜徉其间，石首显得无比的舒适、宁静。

“我们在养护资金十分困难的情况下，投入大量资金对干线公路绿化树种进行调整，由用材林向生态林转变，形成通道绿化新格局，共栽植行道树 11.73 万株，建成了桃花山和高基庙 2 个绿化通道。特别是桃花山通道绿化形成了‘上乔、中灌、下花草’的绿化模式，犹如人在车中坐、车在画中游的美景。”荆州市公路局局长徐柏才说，“一路一树、三季有花、四季常绿”的道路景观特色，充分彰显了公路人在道路绿化上的“大手笔”。

据了解，石首市积极推进改善生态“大合唱”，先后关闭了近百家高耗能、重污染企业，还督促 5 家企业投入环保技改资金近 2 亿元，确保 100% 的工业企业“三废”达标排放。过去饱受居民非议的湖北楚源高新科技集团公司，投入 1.3 亿元技改资金对企业全面改造升级，变成了环境宜人的花园式厂区。

“这几年，我们的城市面貌发生了翻天覆地的变化，现在我每天都能感受到石首市的生机盎然。”行走在发展大道的林荫人行道上，市民郑孝爱欣喜地说。

（4）松滋吹响“绿色发展”号角

作为传统的林业大市，松滋曾一度面临“木材生长量小于采伐量”的尴尬局面。始于 1982 年的全民义务植树活动，吹响了“绿色发展”的号角。

松滋市坚持舆论先行，把“造林就是造福”这个简单朴素的道理灌输到老百姓的心田。为培养全民绿化意识，市里每年都要组织全民义务植树活动。每年的植树节，从城市到乡村，从机关到厂矿，从干部到群众，参加义务植树成为一种全民共识，一道城市风景。

松滋市不断增加造林绿化和生态建设经费，设立了“任长生护林基金”、“油茶发展基金”、“森林防火基金”以及“森林病虫害防治基金”。中心城区有一块 1400 亩的原生态林区，市场开发前景广，“钱途”大。但松滋市市委、市政府不为所动，确立将这块城市“绿肺”永久保留下去，老百姓对此拍手叫好。

“陈岗是水岗，十年有九荒”，这是纸场河镇陈家场村多年来传唱的歌谣，过去陈家场村一直是血吸虫重疫区。现在陈家场村因地制宜，上演栏里养猪、院里种桔的生态模式，每家每户就是一个小型的养殖和水果基地，每年可销售水果500多万公斤、生猪10000多头，人均年收入达4500元。生产生活环境形成树成行、渠成网、田成方的新格局，有效控制血吸虫病的传染扩散。

地处丘陵的鞍子岭村根据丘陵地区新居建设不宜过分集中的地貌特点，因地制宜规划庭园建筑和庭院经济。做到房前屋后有花有果、室内有电视电话、栏里有猪有池、厨房有沼气灶的生态农家新模式。

位于松滋市城北的木天河村更是依据得天独厚的优势，以“农家乐”餐饮为主的特色主导产业衍生出各种养殖业的繁荣昌盛。村里的示范小区蜡树林小区已有多数达到八个一标准，即：一个稳定的收入模式、一条路进楼、一个硬化洁净的农家小院、一片经济林、一套有线电视加电话、一辆交通工具、一个“一建三改”项目、一家人用上安全饮用水。目前，全村处处林园，已建成3000亩橘柑基地，并创造性发展了橘园绿色养殖鸡鸭鹅模式。全村2351人的年平均收入达到近万元。

如今，在山区，松滋市以退耕还林、封山育林等为主轴，林业用地面积净增7.1万亩，山区森林覆盖率达到68%。在丘陵，松滋市一方面大力推进林业血防工程、低产林改造工程、长防林建设工程等重大造林项目；另一方面，以林权改革“引爆”私营“林庄”建设。在平原湖区，松滋市做足林、路和林、水结合文章，把林地经营权与道路、沟渠管护责任捆绑，构建“树成行、林成网”的绿化格局，森林覆盖率达27.2%。

在乡村，松滋市深入创建生态村庄，扮靓社会主义新农村。全市拥有省级生态村庄37个，刘家场镇三堰淌村还获得了“全国生态村”称号。在城区，松滋市大力开展“花园式单位”、“花园式小区”等创建活动。城区单位，拆除院墙，改建栅栏，栽植树木，增加绿地。公共空地，见缝插绿，栽植景观林，摆放大盆景。城市建设项目，启用“绿化图章”，绿化与建设同步规划、同步设计、同步施工、同步验收，城区人均公共绿地面积11.3平方米，城区绿化覆盖率达42.8%。

数据显示，目前，松滋市宜林荒山、荒地、荒滩全面绿化，绿化率达100%。全市现有林地面积109.3万亩，森林覆盖率达35.8%。境内用材林、经济林、防护林、薪炭林结构恰当，乔木、灌木、花草布局合理。

在营造一片片绿色的同时，松滋也收获了“全国消灭宜林荒山先进县（市）”、“长江防护林建设先进单位”、“湖北省绿化模范县（市）”、“湖北省园林城市”、“湖北省文明城市”等一个个金灿灿的奖牌。

8. 恩施市社会文明教育的做法与经验

恩施市是恩施土家族苗族自治州的州政府所在地，全州政治、经济、文化中心和交通枢纽。位于湖北省西南部，武陵山北部。东邻建始、鹤峰，西界利川、咸丰县，南连宣恩，北接重庆奉节。总人口80余万人，其中土家族、苗族、侗族等少数民族约占38.49%。恩施市是中国优秀旅游城市，国家园林城市，湖北省九大历史文化名城之一。

恩施市以开展党的群众路线教育实践活动和争创省级文明城市为契机，以深化“热爱恩施、发展恩施、维护恩施”主题教育实践活动为主线，在全市党员干部中广泛开展“践行党的群众路线，争做文明恩施人”活动，深化党员干部思想道德建设，细化日常文明行为规范，强化监督监管责任追究，全面提升党员干部形象，扭转社会不文明风气。“世界硒都”已然吹来阵阵文明季风。

（1）破题：化“无形”为“有形”

精神文明是个“无形”的概念，如何抓？恩施市的破题之策是：化虚为实，把精神文明建设的各项任务具体化，把思想、道德、观念等“无形”的东西融入“有形”的载体之中来。

硬件设施建设，是一个城市文明程度的外在体现。2012年恩施市投入资金1.89亿元，对学院路、土桥大道、舞阳大道等路段进行黑色化改造。加速推进恩施汽车客运枢纽站、货运中心等项目建设，完成通畅工程230公里、安保工程200公里，城乡交通环境得到改善。

加强对州城主要道路节点150余栋建筑物及五峰山连珠塔、东门大桥、清江桥、风雨桥等重点区域实施夜景亮化工程；实施路灯节能改造项目，完成路灯改造6000余盏，营造了亮丽的城市夜景。全面推进“点、线、面、环、块”结合的绿化项目建设，绿化覆盖率达到36.6%。

同时，加大丹霞地貌保护力度，集中治理清江流域污染问题，城区空气质量优良天数达353天，被网民评为中国“最适合洗肺的城市”之一。在巩固中国优秀旅游城市、省级森林城市、省级卫生城市创建成果的基础上，成功创建国家园林城市。

社会治理扁平化服务成为全省品牌，社区“做好人办好事”、“215”工作法得到州委州政府肯定，实现了城市管理与社会治理有机融合。

以公车管理检验干部作风，大力改变随意调头、乱停车辆、乱丢物品等城市交通陋习，聘请专家优化交通组织，城市拥堵现象得到有效缓解。2012 年底，全市 1773 台公车（含 206 台公交车）中，只有 21 台出现违章行为，单月违章次数均未超过 3 次；2096 台国家公职人员私家车中，只有 69 台出现违章行为。

为进一步还群众干净、宁静的生活环境，恩施市扎实开展户外广告、建筑渣土运输、背街小巷、城乡接合部等为重点的专项整治，市容市貌明显改观。积极开展噪声污染专项整治，强力推进州城禁鸣、禁鞭等工作，州城环境更加安宁、和谐。2013 年共处理噪音扰民案件 1078 件，查处运输车辆 700 余台次。

（2）力量：由“少数”到“多数”

恩施市道德素质的频繁闪光，离不开文明沃土的滋养。2012 年，恩施市组织开展“十佳十差”评选活动，通过群众推荐、公众评选，从社会各个行业中发现、推出一批典型人物。他们中，有 19 年养路长跑的杜根玖，有清扫街道四千万公里的程和浩，有视病人如亲人的医生刘兵，有“80 后”“娃娃书记”陈永杰等。

春风化雨，润物无声。一花引得百花开，在这些“有名英雄”的引领下，恩施市崇德尚善蔚然成风，越来越多的人成为“无名英雄”。

2012 年，舞阳坝街道办事处官坡社区考虑到孤寡老人无儿无女、无人关心且行动不便，便对社区 7 位孤寡老人实行“红丝带服务”。有事情需要帮助，就把社区网格员发给他们的红丝带挂在窗户显眼的位置，方便网格员巡逻时看见后及时上门服务。红丝带传递大爱，老人们看着亲切，居民们看着心暖。

2013 年 8 月，市直部门干部职工走出机关大院，“举旗”上路担当城市“文明劝导员”，每天忙碌在州城东风大道沿线参与样板示范路义务执勤，切实增强自身执行力，转变工作作风；9 月 5 日，城区三办机关干部职工接棒“城市文明劝导员”，在各自辖区示范路创建路段“守土负责、守土尽责”。

2014 年 3 月 4 日，由大学生、医生、护士、企业职工组成的 200 多名青年志愿者走进社区、学校、车站等地，发放宣传册，进行不文明行为的劝导，倡议市民弘扬雷锋精神，争当文明市民。

2014 年 3 月 6 日，恩施州“邻里守望”社区志愿服务活动启动。来自州直单位、市直单位、恩施义工、城区三办社区居委会共500 多名志愿者走进居民小区，关爱空巢老人、关爱残障人士、关爱农民工、关爱留守儿童。

2014 年 3 月 24 日，恩施市“践行党的群众路线，争做文明恩施人”文明劝导志愿服务月活动启动。来自市直单位及城区三办、干部职工志愿服务队、交警、城管、社区志愿服务队、社会志愿者服务队、学生志愿者服务队近900 名志愿者，纷纷走进市区内各重要路口，就市民常见的公共场所吸烟、随地吐痰、乱扔垃圾、车窗抛物、乱穿马路、乱停乱放车辆、禁鸣区鸣号等不文明行为进行劝导。

（3）步伐：有“起点”无“终点”

精神文明建设的发展只有起点，没有终点。结合群众路线教育实践活动，恩施市深入城市社区、走访农村集镇，梳理了事关民生的十大问题和困难，将为民办实事、为民解难题作为省级文明城市创建的突破口和落脚点。

切实解决群众饮水难、出行难、居住难、如厕难、清静难、保洁难等难题。

2014 年，恩施市以试点建设为载体，放大示范效应。围绕“近期借力州城、中期伴飞州城、远期引领州城”，突出“双轮”驱动，加快试点建设。坚持扶贫搬迁与城镇建设并进，引导群众向中心镇、特色集镇、中心村庄集聚，全年实施扶贫搬迁、民居改造及农村环境整治 2450 户。抓好龙凤集镇改造、龙马旅游风情小镇、吉心商贸小镇、9 个中心社区建设，科学调度 149 个项目，重点推进金龙大道北段、衣角坝主题公园、农产品加工园、硒茶产业园、低碳工业园、喻家河水库、三龙公路等 71 个总投资 48 亿元的在建和拟开工项目。

城市的科学规划，是体现一个城市干净美观的前提。对于“两违”，该市将继续坚持“四个一批”（坚决拆除一批“两违”建筑，严厉打击一批“两违”建设户，依法查处一批涉及的党员干部，解决一批群众反映突出的问题），建立完善“两违”建筑发现、处置、拆除工作机制，注重疏堵结合，以安置房、经济适用房、棚户区改造为重点，加大投入力度，妥善解决市民居住难题。按照既处人又处事的原则，规划、公安、法院、检察院要发现一起、查处一起。

道路是承载一个地区发展的先决条件，2014 年，恩施市将着重优化路网结构，改善出行条件。重点做好马鞍山路、虎民路、施州大道北段改造、三孔桥加宽、火车站站前广场 5 个项目建设，畅通城区进出口节点；快速推进州城外环通道、金凤大道、金龙大道南段及五峰山隧道、金山大道、龙凤大道等 12 条主干道建设，拉开城市骨架。积极做好恩来恩黔高速、银北高速建恩段、宜万铁路升级、输气管道等项目协调服务，着力构建大交通体系。

为解决饮水难、如厕难、排污难，恩施市在 2014 年加快实施三水厂改扩建及龙凤水厂建设。加快污水处理厂及污水管网建设，重点推进红庙污水处理厂及屯堡污水管网建设，力争实现城区污水管网全覆盖。积极申报并启动高桥河污水处理厂项目，提高污水处理能力。实施城区 10 条背街小巷改造和人行道维修，加快推进 10 座人行天桥和 10 座公厕建设。坚持科学规划、合理设计、规范施工，按照“一街一景、兼顾特色”的原则实施门头招牌改造。加大社会事业投入，抓紧实施小渡船中学迁建等项目。

同时扩大城市保洁范围，对城市规划区主次干道、背街小巷、城市出入口、城乡接合部、过境国（省）道及高速公路连接线，实行清扫保洁全覆盖。强化“门前四包”管理责任制，对每个单位划定区域，突出包环境卫生、包市容秩序、包绿化管理、包设施管理，将其纳入城市管理考核，实行“日巡、周检、月评”。深入开展市容环境“五乱”（垃圾乱扔、摊点乱摆、车辆乱停、广告乱设、渣土乱撒）专项整治，营造洁净亮丽的城市环境。

加大环卫设施投入，提高机械作业面，加快垃圾中转站建设，及时更新设施，增强保洁能力。巩固“治堵保畅”工作成果，加强停车场、停车位规划建设和管理。进一步强化制度执行力，加强公车管理，规范城市出租车、公交车、客运车等公共客运车辆经营秩序，着重治理整顿违规掉头、非法营运等现象，确保城区道路交通有序、行车畅通。

为进一步打造城市亮点，2014 年，恩施市将围绕“六城同创”，实施城市美化工程。严格执行山体保护规划，禁止乱采乱挖。以“一江九水五库”为重点（“一江”为清江；“九水”为带水河、龙洞河、蔡家河—洗爵溪、四道河—巴公溪、高桥河、沙河、高井河、盐水溪、麻园河；“五库”为大龙潭水库、山溪沟水库、金马水库、高桥坝水库、月亮岩水库），大力改善河道水质。同时加快亲水走廊5期绿化及亲水走廊6期建设进度，打造亲水宜居的滨水休闲长廊。启动碧波峰公园、机场入口游园、许家坪机场隧道口街头绿地建设，加强五峰山绿化，完成机场迎宾路、金桂大道绿化改造升级。

充分运用电视、报纸、网络、短信平台、电子显示屏等载体，加强宣传、教育和舆论监督，在恩施电视台开设“城市管理在线”栏目，在《恩施日报》、《恩施晚报》、州人民广播电台、中国硒都网等媒体开设专栏，扩大文明城市创建知晓率，增强宣传渗透力。

开展文明创建进机关、进乡村、进社区、进学校、进企业、进单位“六进”活动，开展“小手牵大手”等主题教育，使学生养成良好习惯，影响家庭、带动社会；开展“说文明话、办文明事、做文明人、创文明城”、“城市管理我行动”等系列主题活动，强化文明意识，提升文明素质。

二　尚需改进的缺憾与不足

（一）城市文化建设相对落后

在近5年里，三峡流域内的各城市的文化建设发生了很大变化，市容市貌变得优美，人们的心情舒畅，邻里和睦相处，文化水平提高，思想道德和科学文化素质得到普遍提升，但与我国东部地区城市相比，部分领域仍存在一些不足之处，具体有如下三个问题：

1. 城市文化发展水平不平衡

我国城市文化发展缺乏在世界范围内“叫得响”的文化精品项目、城市特色品牌，从而导致城市文化吸引力不足、传播竞争力不强。目前，我国仅有“孔子学院”成功发展为全球文化品牌，是我国对外推广汉语和传播中国文化与国学的重要平台和途径，被称为是推广汉语和展示中国国家形象的“代言人”。类似这样的文化传播项目我国还十分缺乏，应该继续开发和推广。

受区域经济社会发展水平差异的影响，我国城市文化竞争力水平也呈现明显东高西低的态势。首先，文化基础设施水平区域分布极为不均，西部地区文化设施不健全现状十分严峻。如北京、天津、上海等城市的公共图书馆数都在 20 家以上，而拉萨和南宁只有 1—2 家公共图书馆，36 个省会及副省级城市中，东部地区（14 市）2011 年公共图书馆藏量各市平均可达 21925.36 千册，而西部地区（12 市）公共图书馆藏量各市平均仅有 3856.53 千册。其次，区域间文化产业实力不均，东部地区遥遥领先。最后，文化企业实力相差悬殊，西部地区文化生产力明显偏弱。2011 年 33 家文化企业上市公司中，仅北京就占了 7 家，西部地区 12 个省会及副省级城市中只西安有 1 家文化企业上市。

三峡流域城市主要集中在我国西部地区，文化基础设施建设相对薄弱，这也使得城市社会文明教育缺乏强大的物质保障。

2. 城市文化建设缺乏科学的理念

科学的理念是城市文化建设的基本保障，在城市社会文明教育创新的过程中，如果没有科学的理念，城市文化建设的大方向就有可能发生偏移，这也会给国家造成更多的人力、物力、财力方面的损失。科学的城市文化建设理念应该遵循一切从实际出发的原则，在认识到城市文化建设的重要性的情况下，选择有效的、切合实际的方式方法进行城市文化建设，从而保证城市文化建设的顺利推进。三峡流域许多城市的建设步伐不断加快，城市化水平也在不断提升，但是城市建设的理念依旧落后，规划者往往忽视了城市文化建设的重要性，使城市建设过分地偏重于城市经济建设和基础设施建设，其结果造成城市建设发展不均衡，城市文化建设相对落后。但就国外城市发展经验来看，随着城市化进程不断加快，城市文化的重要地位将会更加凸显，而目前三峡流域城市文化发展理念仍不尽合理，难以真正在城市文化发展中发挥应有的作用。因为城市建设都是政府主导，城市怎么发展往往代表了政府“一把手”的意志，于是出现了一些“政绩工程”、“面子工程”、“形象工程”，盲目推进，劳民伤财，严重地脱离本城市的客观条件，与城市的文化建设与健康可持续发展背道而驰。同时也没有满足城市市民的要求，导致广大市民对政府在城市建设方面的举措不认同或不支持。当然还有一些中小型城市提出要建设“国际化大都市”的发展目标，目标虽然高端大气上档次，但未免有些不切实际，好高骛远。再如，有些城市重视经济发展，片面追求 GDP，不断招商引资，结果忽视了城市文化建设，使城市人文精神缺失，对城市未来的发展也极为不利。

综合来看，三峡流域城市文化建设的理念主要存在着以下三个观点：第一种观点是认为要顺应城市历史文化的传统和底蕴，全力保存城市已有的原始特色。他们认为城市只要继承和发展原有的传统文化，也就是用传统的思想就能使城市文化得到长足的发展。因此拒绝向其他城市特别是国外城市学习和吸收成功经验。第二种观点和第一种观点完全相反，认为要全盘照搬西方先进城市文化建设的成熟模式，认为这样有目的的去学习有利于节省人力物力财力，可以在最短的时间里出成绩，达到事半功倍的效果。因此他们认为这才是城市文化发展的唯一正确选择，即将城市文化建设等同于城市文化西方化。第三种观点认为创新城市文化发展模式，要在现有城市文化的基础上，遵循其发展规律，一切从实际出发，锐意进取，开拓创新。前两种观点虽然都有合理的成分，但都有所片面和偏颇，第三种观点应该是当前城市文化建设的正确理念和发展方向，即在创新的过程中继承，在继承的基础上创新。总之，三峡流域城市文化建设要有科学的理念，既不能闭门造车，也不能盲目照搬其他城市的先进经验，在城市文化建设的价值理念和认识方面要坚持科学性和合理性，从而推动三峡流域城市文化建设的发展。

3. 城市文化建设缺乏有效的管理

城市文化管理是城市文化建设的重要手段，也是城市文化建设的重要内容，管理文化是城市文化建设重要组成部分之一。管理到位能够促进城市文化繁荣，管理缺位必然导致城市文化的萧条。从本质上讲，城市文化建设是一项系统而完整的工程，需要有强有力的管理支撑。有效的城市管理文化能够为广大市民提供心情愉悦、和谐协调的生活和工作环境。因此，有效的管理对城市文化建设非常重要，应该在实践中加以重视。目前，三峡流域城市管理取得较快发展，成绩斐然，但也存在着一些难以克服的困难。比如，在城市管理中存在着错位现象，在管理方式上比较传统，在管理手段上重经验管理而轻科学管理。城市管理存在的这些问题严重地制约了城市文化的发展。

城市文化管理是多方相关主体共同作用、共同影响的结果，在实践中必须充分发挥各相关主体的积极性和主动性，以实现城市文化管理的多元互动。目前，三峡流域城市文化管理应杜绝“一放就散、一管就死”现象，市民也需积极配合城市政府对城市文化的管理，通过政府和市民的共同努力，构建起城市文化管理的多方参与格局，以实现城市文化管理的科学化、有效化和常规化。

在调研中，笔者发现许多城市由于缺少停车位，加之多处修路等原因，交通拥堵，很多车辆停在人行道和出入口上，乱停乱摆现象突出；马路市场多，街头小贩占道经营很普遍，给交通和安全带来隐患；无证无照经营，摩托车非法载客、非法运营普遍；环卫设施不足，街道道路差、居民出行及行车困难，市区道路经常乱挖，有的挖后没有恢复原样，尘土飞扬；市民城市意识差，随意穿越马路和绿化带，乱扔烟头、纸屑、瓜果皮核，乱倒垃圾、污水、污物，有的小街小巷、小溪小沟成了“龙须沟”，城区部分角落、河岸、路边垃圾堆如山，污物污水满地、臭气冲天，形成卫生死角，成为病虫、病菌的繁殖之地，污染空气、污染水源，危害居民的健康。

上述脏、乱、差现象，充分说明三峡流域城市文化建设的缺位。究其原因，主要有以下四个方面的问题：

第一，城市人文精神弘扬不力。城市的市容市貌建设固然重要，它使人对该城市形成良好的初步印象，达到感官的视觉效果。然而，真正决定城市发展后劲的是其独特的人文精神。这种人文精神不是一朝一夕形成的，是某一城市在历史的风风雨雨中历经磨炼，乃至世代传承而逐步形成的。如有的城市具有开放包容的特点，有的具有务实质朴的特征，有的具有顽强而敢为天下先的品质，有的具有活力而创新的传统，等等。在社会发展的历史进程中，由于受时代政治经济浪潮的冲击，许多城市的人文传统随着时间的流逝而慢慢开始变形或走样，尤其是受市场经济体制的影响而使城市的部分功能已经丧失。谈到城市，人们总是把它与时髦、时尚、物流、人流、车流、技术、资本等联系起来。作为城市的管理者，往往并不高度重视城市发展的内驱力量，受不正确的政绩观的影响，只重视经济发展，而忽略了文化的力量。有研究表明：“各种文化价值‘在经济增长中起着根本性的作用’，经济增长不过是手段而已。”① 对城市而言，文化价值就是因长期的历史积淀而留存的先进的城市文化精神，这种精神是中华民族先进文化的重要组成部分，只要将其发扬光大并潜移默化地融入人们的政治经济生活中，必将有利于社会的全面可持续发展。现实情况却是，传统与现代发生严重断裂，独具特色的城市文化精神只是见诸电视中、墙壁上，指导人们行为准则的精神食粮已经成为标语口号，真正的启迪价值几乎消失殆尽。

第二，城市文化生活单调乏味。与全国许多城市一样，在三峡流域城市，人们往往看到的是车水马龙和川流不息的人群，难以看到那种小桥流水、曲径通幽的花园式风格。与此景相映衬的则是喧嚣的大众文化过于浓厚，如各种酒吧、网吧、卡拉 OK 厅、沐足堂、桑拿室、棋牌室等比比皆是，而精英文化相对短缺，尤其是图书馆、科技馆、美术馆、博物馆以及各类便民的阅览室数量严重不足。受经济利益的驱使，加之有些人道德水平的滑坡，城市里各种黄赌毒的违法行为屡禁不止，给社会造成了极为恶劣的负面影响。作为城市里的社区居民，主要的文化消费形式就是看看电视、上上网、唱唱歌、跳跳舞、打打牌，有的还从事宗教活动。从事高档的文化消费活动如读书比赛、各种技能比赛、技术培训等非常少见。久而久之，部分人精神空虚而走向社会的反面。特别是那些整天沉溺于网络的年轻人，学历低又无一技之长，善于在网上跟风凑热闹，甚至是捕风捉影、夸大其词，将小事化大而引发社会骚乱。作为企业里的员工，其文化消费远没能赶上时代的步伐，管理者注重的是企业的规章制度、技能培训，却忽略了人的建设，企业文化建设严重滞后。文化是企业的灵魂，企业职工的价值观、人生观、世界观、创新欲求等核心要素决定着企业的发展潜力和后劲。一个企业如果仅仅靠现金奖励等经济手段去刺激员工保持对本企业的忠诚度，而不考虑通过企业文化，让员工真正成为企业的主人，其结果既留不住人才，也难以提高企业可持续发展的能力。

第三，城市创意产业后劲不足。三峡流域城市由于自身定位不准确，

---

① ［法］弗朗索瓦·佩鲁：《新发展观》，张宁、丰子义译，华夏出版社 1987 年版，第 15 页。

“先发展后治理”的模式带来了不少后遗症。发达国家的城市大多利用其人才、技术、市场和资本优势来发展文化创意产业，而三峡流域城市尽管创意产业如火如荼，但真正形成集聚化效益的园区却微乎其微，真正具有国际竞争力的大型创意产业集团更不多见。

首先，三峡流域城市的创意产业人才非常缺乏。一是因为我国真正重视发展文化创意产业的时间不长，晚西方发达国家约40—50年，有关人才培养的模式单一，人才的知识结构也不够科学，因而很难赶上世界文化产业的发展潮流。二是由于发展文化创意产业的平台过窄，除政府扶持的企业之外，其他中小企业很难在市场经济的浪潮中稳步发展，往往留不住人才，人才流失的情况相当严重。其次，发展文化创意产业的资金严重不足。除政府必要的投资外，资金渠道不多，依靠社会或民间资本办文化企业的能力薄弱，很多文化企业原本有很好的发展前景，但是由于资金的短缺而夭折，最终要么破产倒闭，要么被大型文化企业兼并。最后，没有充分利用好城市自身的文化优势来发展别具一格的文化产业。城市的发展历史不同则其特点不同，有的城市适宜发展艺术产业，有的适宜发展影像制品业，有的适宜发展图书业，有的适宜发展高端文化产业，有的适宜发展大众文化产业，等等。如果不顾城市发展的客观实际而盲目追求大而全的产业，其结果就会因为没有特色而功亏一篑。

第四，文化创新意识不到位。加强城市文化建设必须强化市民的文化创新意识，进而提高整个城市的文化创新意识。当前，城市文化发展中缺乏创新意识是导致城市文化建设效果较差、效率较低的重要原因。提高文化创新意识一方面要处理好城市文化创新与我国传统文化的关系，另一方面也要处理好文化创新与西方文化的关系。只有处理好这两个关系，才能为我国城市文化创新提供驱动力。我国有着悠久的历史，创造了优秀的中华文明，可以说，传统文化思想和文化意识在我国公民心中根深蒂固，在城市文化建设中也表现明显。传统文化对城市文化创新有积极的作用，同时也存在着一定的消极的、负面的影响。比如，在传统文化的影响下，三峡流域城市文化建设的创新意识不强，还没有意识到文化创新的重要性和紧迫性。因此，需要在继承的基础上创新，在创新的进程中发展，切实处理好城市文化创新与中国传统文化的关系。

此外，三峡流域城市文化创新还要处理好与西方文化的关系。目前，在三峡流域城市文化建设中，客观存在着“崇洋媚外”等错误倾向。比如，有的城市在建筑上刻意追求国外的建筑风格和品位，以显示自己城市特色，其实这种做法不但不能提升城市品位，还会使城市文化发展失去自我。借鉴西方城市文化发展的成果是一种创新，但盲目的效仿必然导致特色的丢失。因此，三峡流域城市文化创新要在借鉴西方城市文化经验的基础上，创造性地走特色化和本土化的发展道路。

（二）城区市民参与制度缺陷

城市的社会文明建设离不开市民的广泛参与，这种参与主要表现在政治、经济、城市管理、文化建设等方面的参与。一个国家的社会发展和进步的重要标志就是作为城市主体的市民对社会参与度有多高。只有不断激发市民广泛参与到和他们生活息息相关的城市事务管理中来，才能保证城市的建设和发展获得取之不竭的源源动力，才能保证这个城市永远保持旺盛的生命力。[①] 目前，在我国城市社会文明建设中，公众参与是一个薄弱环节，政府包办了大部分的城市治理和服务职能，企业、民间组织和市民参与城市治理的水平低。

在三峡流域城市社会文明建设的过程中，人们不难发现市民积极参与城市文明建设的热情的确值得称赞，但这种热情很大程度上是依靠政府行为的发动，而真正依靠个体的自觉行为来参与建设的市民则少之又少。在我国，城市文明建设仍由政府主导，政府的动员作用无可替代，但仅仅依靠政府行为的发动还是不够的。政府行为在一些领域往往很难施展，结果就只能依靠市民的自觉行为，而少数个人的行为又难以形成气候和风尚。[②] 久而久之，就会形成恶性循环，阻碍城市社会文明建设。究其原因，有以下三点：

其一，企业社会责任弱化。在我国，关乎到国家的经济命脉和国计民生的企业都是国有企业，例如水电、油气、通信等，均由国企管控，这些企业大都被政府管控，负责保证国家的平稳运行。除了这些企业，剩下的企业大都以私营企业为主，众多私企一味地追求利润最大化，很

---

① 许倬恺：《泰州市建设文明城市的长效机制探索》，载《致富时代》2012 年第 3 期。

② 中共厦门市委党校课题组：《厦门文明城市建设之路考论》，载《厦门特区党校学报》2006 年第 5 期。

少会考虑到如何去提升社会责任；国企又多被政府管控，几乎无助于提升社会责任。这需要政府改变观念，由单纯的运营者转变为监督者和管理者，同时，加强政府的公信力。据有关学者调查，我国现有1000万家企业，但不超过10万家有过捐赠记录，因此，我们可以看出，我国99%的企业没有参与过慈善事业。

其二，弱势群体边缘化。对于处于转型期的中国来说，经济社会处在快速分化期。开始出现相对集中的弱势群体，主要包括失地农民、进城农民工、城市失业者。社会学理论研究表明，弱势群体成员越多，其相应的社会活动能量也越大。如果他们处于社会结构的边缘并具有高能量时，就会出现所谓结构失衡，社会解体的风险也就越大。我国弱势群体之所以长期处在弱势地位，正是因为他们没有合法的途径维护自身的权益，其本质是公众参与渠道不完善。目前代表着弱势群体利益的团体发展薄弱，很多妇联、残联、工会以及各种协会、行会、社团等，它们成立的最初目的是为了表达公众的意愿和诉求，但大多数已内化为政府的“附属物”，为政府办事，弱势群体在城市社会文明建设中只能处于劣势，其作用难以发挥，利益难以维护。弱势群体要维护自己的利益，必须建立起属于自己的民间组织。

其三，市民参与意识不够。我国真正意义上的社区意识只有20年，特别是社区自治的理念没有被市民接受，城市社区人际关系冷漠，居民也缺乏归属感和认同感，城市社区的居委会普遍存在权力小、服务差、参与少等问题。城市市民参与意识低下，被动地接受一切。市民认为城市规划与建设是城市政府部门的事，跟自己没有关系，因此也就不会积极主动地表达自己的参与意愿和参与诉求。许多建设城市的项目都是由政府召集城市政府各部门制定招标书招商，市民的影响力非常小，这样使市民既不知也不想知，既不参与也不想参与，认为参与了也没有用，使目前的参与更多表现为形式上的参与。市民通常以个人而非团体的声音向城市政府部门表达个人意愿，对政府决策的影响非常弱小。虽然现在市民也开始关注与自己有关的社区管理事务，但是积极性不高。城市治理功能是城市政府的公共行政职能，很少触及城市市民的日常生活，因此市民参与城市治理政策的制定、实施和监督这一全过程都必须得到法律的保障，这样市民才会大胆地去行使自己的权利。但是我国现行的法规中并没有具体将市民参与到城市治理方案制定、实施以及城市治理监督的程序中。近年来，市民参与城市治理过程中暴露了很多的问题，比如市民眼高手低、参与程序生疏等，这些都是参与能力缺乏的体现。市民对有关城市治理参与的规则了解较少，并且他们独立思考、客观理性的明辨是非、综合推理判断能力也不足。因此，在这种情况下，即使公民有很强的参与意愿与请求，由于参与能力的限制，也不易转化为有效的参与行为。再加上现代社会分工的进一步细化、城市政府治理的日益专业化、城市治理工作的日益繁杂化，对市民参与的程度与能力提出了更新的要求，公民参与水平与参与要求之间的矛盾必将十分明显。

若再深究，其中又有三个方面原因：

首先，我们缺乏发育良好的公民社会。公民社会是指由自由的公民和社会组织机构自愿组成的社会。既发挥不同于城市政府的社会治理功能，又履行不同于一般商业精英的社会服务义务。强调公民的公众参与和公民对国家行政权力的民间约束，包括各种民间形式的政治参与及经济和文化活动形成的领域。这不仅仅是说公民个体的参与，同样也包括成熟的公民社会中有成熟的民间组织能承担一些社会职能。公民社会、民间组织和国家权力之间是相互监督、制约、合作、协调的关系。西方的公民社会是自治秩序的体现，所以西方很多国家民间组织发育良好，而且很少发生民间组织的违法犯罪现象。中国的公民社会发展缓慢，长期以来与政府权力有密切的关系。所以，以民间组织为主体的公民社会正处在生长发育阶段，没有定型和成熟。

我国城市政府治理的本质就是要让全社会的公民包括各种民间组织来依法参与对国家事务和社会事务的管理，即政府与公民进行良好的合作。这是我国城市政府与传统统治的最大区别和进步。在某种程度上说，没有广大公民的有效参与就没有现代城市政府治理。公民社会的未来之路成为拉动城市政府治理的一个主要动力。随着城市治理中的事务日益复杂繁多，城市政府在职能转变的过程中，城市政府部门职能划分界限模糊，因此，公民社会承担着非常重要的责任。

我国公民社会还处于不成熟的成长阶段，由此民间组织难以与政府的依赖分开。在改革开放之前，我国当时不存在公民社会，也就无所谓的有独立于公权域的私域。随着我国经济体制和政治体制的深入改革，城市政府认识到了市场经济和公民社会的重要性，在城市治理中城市政府在努力着转变职能，期望培育公民社会。公民社会相当于独立于政府和市场的部门并没有在中国形成，因为作为公民社会发展的载体——中国的民间组织多半是官方和半官方，这样的组织与政府几乎融为一体，负责人拥有相应的行政级别并享有相同待遇，办事方式与政府没有什么不同，实际上影响了民间组织作用的充分发挥，其自主性和志愿性还很不成熟。公民社会组织已经出现，但完整的法律框架体系还没有构成。

其次，中国传统“人治”思想的影响。我国五千年的历史传统文化以及长期以来形成的行政文化导致了我国目前市民公平与法治理念的冷漠。一个经历了数千年封建社会的国家，不可避免地受残留下来的封建思想和文化的影响。虽然我国城市政府进行了大胆的革新，但在传统文化和政治的消极影响下，城市管理者无不例外地形成了严重的“官本位”思想，城市政府官员或多或少地受封建传统文化的作用，重视自己手中的权力，据此导致对市民重管理轻服务，甚至有的官员根本没有为民服务的思想。城市政府让公民参与行政事务中，表面彰显民主，实则看成是对公民的一种“恩赐”，过分注重“官”的权势，不推崇城市市民应有的政治权利，天经地义地认为市民应接受城市政府所施行的各项治理活动。

中国传统政治文化注重礼治、德治、人治而轻视法治，维持一般社会秩序不是靠法律，而是靠宗法、纲常，封建社会所依据的法律只不过是君主专制的工具而已。受传统文化和政治影响，当下不少政府官员公平和法治理念仍较淡薄，没有民主，妄谈公平。

最后，少数政府领导对城市社会文明建设存在一些片面甚至错误的认识。一是从如何出政绩角度来考虑建设文明城市，往往做些面子工程应付检查，而没有站在为人民群众谋利益的高度去思考。二是忽视了群众参与的伟大力量，其直接后果就是，由政府一手包办，市民参与则成为摆设。

（三）市民综合素质参差不齐

市民综合素质直接关系到一个城市经济的发展，也关系到一个城市的文明程度。城市的社会文明水平不仅仅取决于其硬件设施的强弱，同样，也取决于软件的强弱。这里的软件就是指市民的综合素质。市民的文化素养、精神风貌、生活习惯、工作习惯等，共同绘出了一个城市里的优美画卷。良好的城市文明形象需要有较高的市民素质与之相适应，一个市民素质很低的城市绝对不会有一个良好的文明形象，城市文明形象和市民素质相辅相成。

市民素质是城市精神的基础和载体，决定着城市精神能不能内化到市民的思想观念之中、体现在市民的日常行为之中。[①] 市民素质不是抽象的，是通过人们具体的观念、行为以及工作态度、工作能力和生活方式等表现出来的。目前，三峡流域城市市民素质存在的共性突出问题主要有：

一是思想观念问题。首先，市民社会公德意识、法制观念不强。随着我国城市化进程的不断加快，城市的许多市民由农民演变而来，尽管农民身份已转变成市民，但由于长期的生活习惯，小农经济、小生产者的农民意识依然不同程度地存在，社会公德意识、集体观念淡薄，道德信任危机严重，法制意识不强。公共场所人多时不排队；乘公交车时挤车门、抢座位；不爱惜公物、不谦恭礼让、红白喜事大操大办等现象时有发生。其次，科技文化素质不高，部分市民就业、创业技能难以适应激烈的社会竞争。许多市民文化程度普遍不高，封建迷信思想根深蒂固；一些市民因过去长期务农，缺乏一技之长，就业技能、创业本领不强，失地失业后，面对激烈的社会竞争，感到无所适从、难有作为。最后，环境意识、卫生观念淡薄，规则意识缺乏，文明行为习惯的养成任重道远。很多人过马路不走人行道、过街天桥和地下通道，翻栏杆、闯红灯，车辆乱停、乱靠、乱行司空见惯；出口脏话、乱丢垃圾、随地吐痰、乱贴乱画、乱停乱放现象屡禁不止。

二是工作提升问题。首先，重形式，轻效果。组织的一些公民道德教育活动面上号召广、发动多，真正深入基层，贴近群众需求还不够，活动形式多、声势大，市民自觉参与还不够，影响教育活动的效果。其次，重建设，轻投入。公民道德建设重在建设，但要建设就要有投入。目前基层领导对此认识不足，投入也不足，导致一些地方环境氛围不浓，

---

① 王硕珩：《关于城市化进程中提升市民素质问题的若干思考》，载《知识经济》2013 年第 22 期。

文化设施缺乏，文化阵地面貌陈旧，难以发挥作用。再次，重引导，轻惩戒。对市民文明行为习惯的养成，往往从正面教育引导的多，而一旦出现不文明行为，给予媒体曝光、从严从重处罚惩戒的少，难以严格监督和约束市民的行为规范。最后，重管理，轻教育。重视对广大市民的管理，但针对一些市民文化素质偏低、精神文化生活贫乏、就业技能不强等实际情况，如何切实加强思想道德教育、法律教育和创业技能培训，组织健康有益的文体活动，满足他们的精神文化需求，激发他们热爱和建设自己城市的热情，这方面考虑不多，落实更少。

造成这些问题的原因有以下三点：

第一，市民素质的提升没有跟上城市快速发展的步伐。首先，当前的实际情况是城区范围内一共有两大类市民。一类是城区常住市民，另一类是流动人口。而这两大类市民中老年人、中年人、青少年人又都涵盖在内。这样一来城区市民年龄段不同，常住市民又夹杂着流动人口，这给市民素质教育带来了巨大挑战。总体来看市民的素质教育显得极不均衡。而城区又没有一套完整的针对全体市民开展素质教育的有效方案。这样一来，市民素质教育没有触及市民的心灵深处，没有得到普及，没有形成长效机制，长此以往，仍是收效甚微。伴随着城区经济快速发展，市民素质教育和城市经济发展的不平衡，不可避免地影响城市社会文明建设。其次，对市民素质的提升重视不够。市民素质提升没有明确的考核指标，不像马路宽了、楼房高了看得见、摸得着。市民素质的提升是一项长期的系统工程、不会立竿见影，要长期坚持才能见成效；而硬件建设只要投入跟上，见效快，更容易出政绩。其次，城市管理水平不高。城市管理是一项复杂的系统工程，需要科学研究和规划，目前城市管理条块之间、条条之间仍关系不顺，职责交叉较多，尚未形成切实可行的系统管理办法，也影响到对市民素质的管理和提升。最后，市民素质教育不到位。基础教育阶段国民素质教育、礼仪教育缺失，进入社会后继续教育情况不均衡，社区教育不普及，尤其是一些没有固定职业的市民和部分中老年人因为受教育程度偏低，市民意识不强，与现代文明拉开了距离。此外，基础设施投入不足。市民文化休闲场所缺乏，一些公益基础设施场地窄、设施差、功能低，不能满足市民文化娱乐和健身强体的需要。环保投入不足，如垃圾处理和污水排放的功能和效率较低，这些也是一些市民形成陋习的客观原因。

第二，我国处于城市化初期，市民素质提升不够。一是我国的城市化自改革开放以来刚刚起步，只有短短30多年的时间，而欧洲已有200年的历史。市民素质的提升具有长期性、渐进性、反复性等特点，科学文化素质的提高，现代生活方式的养成等不是一日之功，需要一个长期积淀的过程。二是中国近百年以来社会处于急剧变化时期，战争、落后、贫穷等都对市民素质造成负面影响，“文化大革命”时期“斗争教育”过度，文明礼仪出现断层，也使市民素质出现倒退，一些中老年市民至今仍受其影响。三是目前我国正处于新的社会转型期，经济体制正经历深刻变革、社会结构和利益格局正经历深刻调整，传统的理想信念和道德规范受到考验，传统生活方式与现代社会发生冲突，导致核心价值观的缺失和混乱。四是改革开放以来，国门打开，不同国家地区、不同民族、不同信仰的人们思想文化相互交织影响，传统文化、外来文化相互碰撞，一方面给人们的思想和生活带来了活力，另一方面也对传统的思想观念造成了较大的冲击，社会生活、行为方式、思想观念、价值取向日趋多样化，急需以社会主义核心价值观来引导和规范。

第三，新市民快速增长是市民素质提升的新课题。我国是个传统的农业国家，城市人口所占的比重较低。北京大学教授李强在上海世博会论坛上曾表示，新中国成立初期，城市人口比例为10.64%，1978年则是17.92%，城市人口比例变化很小。进入改革开放和市场经济时期，大规模人口流动逐渐成为常态，城市人口比例的变化清楚地诠释了这一点。1980年，我国城市人口比例为19.39%，1999年达到了34.78%，2009年达到了46.59%，中国社会科学院社会学研究所2011年19日发布的《2012年中国社会形势分析与预测》称，2011年城镇人口占总人口的比重将首次超过50%。[①] 三十年左右的时间里，我国城市人口迅速增加，市民群体快速膨胀，大量农村人口涌入城市。这部分新市民的构成，主要包括三部分：一是农村学生通过高等教育进入城市，尤其是扩招以后人数更多，毕业后大多留在了城市；二是20世纪90年代以后，随着打工潮的出现，大量农民进城务工，部分留在了城市；三是城市规模的扩张，

① 穆廷云：《新市民文明礼仪教育的探讨》，载《改革与开放》2012年第8期。

城郊农民变成了市民。新市民中高校毕业生受到良好教育，在大学校园里有一个学习、过渡、转变的过程，毕业后能够很快融入城市，素质相对较高；进城务工的农民，文化程度相对较低，工作岗位不固定，在城市大多没有接受过系统的学习和培训，与农村仍有着千丝万缕的联系，因此生活方式、思想观念不容易改变；城郊村转居市民，虽然身份上是市民了，但没有完全摆脱村庄的影响，思想意识、生活方式、行为习惯等方面还不能与城市生活相适应，未能成为真正意义上的现代市民。这些"新市民"对城市建设做出了巨大贡献，但他们的价值观念、生活方式、工作方式、法律意识仍然不能适应城市发展的需要，如何通过教育内容、教育机制、教育方式、教育模式的创新，帮助他们成功转换为具有综合素质的现代市民，是政府工作的重要内容。

（四）地方法律法规尚待健全

在城市社会文明建设的过程中，政府具有实际监督者职能，主要体现在社会文明建设的政策法规配套、舆论监督机制以及保障机制的构建与完善等方面。随着城市的不断发展，城市化水平也不断提高。文明城市的配套机制也要相应完善。但是，目前三峡流域城市社会文明建设的配套机制，还存在一些不足。

首先，地方政策法规建设比较滞后。地方政策法规是宪法的一种补充和具体化，地方政策法规对于地方性事务的监管，具有很强的法律效力。建设文明城市同样需要地方政策法规的配套，主要结合建设文明城市，提升市民素质，对不利因素进行法律规制。三峡流域城市社会文明建设过程中，缺乏一部与之紧密结合的地方政策法规，这使得文明城市的法律配套不全，城市文明的建设丧失了法律的监督与支撑，对于文明城市的建设具有不利性。

其次，舆论监督机制不够完善。文明城市建设作为政府组织的一项长期性全民工程，由于缺乏政务公开机制，同时也缺乏舆论监督和社会监督机制，社会各界对于政府的督建行为缺乏知情权，直接导致了城市社会文明建设过程中容易产生贪污、受贿、浪费等不良现象。

再次，城市社会文明建设的保障制度不全。城市社会文明建设，除了政策法规以及监督机制出台之外，还应该针对政府内部，建设一系列保障制度。比如，在职能的明晰化方面，可以采取相关部门负责人的问责制；在资金以及部门账目往来方面，应该制定相应的财务制度；在城市文明建设工程的监管方面，则可以制定监管制度，等等。在城市社会文明建设的各个层面以及各个环节，都应该制定合理的制度，对城市社会文明建设进行全面保障。[①] 但在目前三峡流域城市社会文明建设过程中，由于保障制度不全，导致了各职能部门在行使职能时往往出现随意性，整个城市社会文明建设过程丧失系统性和结构张力。

最后，市民法治意识淡薄。由于我国人口基数大，国人整体素质参差不齐，导致了许多国人民主和法治意识淡漠，他们往往在需要维权的时候不懂得拿起法律的武器维护自己的切身利益，很多市民不知道自己享有哪些合法权利，也不知道哪些是侵权行为、违法行为，更不知道如何借助法律的武器来维护自己的合法权利。曾经有这样一些报道，节假日许多公司照常上班，且不按规定给予员工加班费；居委会办理证明，公职人员一张口，办理证明的老百姓就要跑断腿；等等。近些年来，各大电视台、新闻媒体屡屡曝光了一些不合理的侵犯市民利益的事情。然而，为何这种事情屡禁不止，且还越演越烈，原因就在于很多市民都无动于衷，敢怒不敢言，默然地接受着这一切，没有站出来维护自己的利益，没有要求改变这不公平的待遇。很多市民怀着多一事不如少一事和“懒得计较”的心理，这样下去，最终受害的永远是市民自己。

究其原因，一方面，地方政策法规不健全，政府实际监督职能的不完善；另一方面，则是行政执法不力，组织管理体制不健全。文明城市的建设工作涉及多个管理机构，应由各部门协同参与。因此，建立综合的文明城市建设管理部门，将有效地保证国家、省、市政策法规的贯彻执行。然而，目前我国对行政执法制度的规定散见于各单项的法律、法规之中，既不统一，也不明确，给执法造成了混乱。同时，因受以行政权力为中心的政治传统及其他因素的影响，在执法实践中，监督机构并不能完全起到作用。可见，要确保文明城市建设顺利进行，仅有法律法规还不够，必须针对各地实际需要，完善健全相关的法律法规体系。

---

① 张良：《公共管理学》，华东理工大学出版社 2001 年版，第 80—81 页。

第五章

三峡流域城市社会文明教育的创新选择

三峡流域城市社会文明教育创新是一项系统工程，需要立足实际，从社会文明教育的理念、内容、形式、体制等方面入手，塑造社会文明主体，完善社会文明规范，丰富社会文明载体，深化社会文明实践，以促进城市社会文明健康发展。

第一节　三峡流域城市社会文明教育的创新要求

城市社会文明教育的创新需要大批的创新型人才和完备的教育环境。孔子说："性相近也，习相远也。"① 从古至今，人类已经达成了基本的共识，即环境和教育塑造人。从广义上理解教育，可以说"教育塑造人"，有什么样的教育，就会造就什么样的人。封闭式教育培养封闭型的人，创新型教育造就创新型人才。哈佛大学荣誉校长陆登庭 2002 年 7 月在北京举行的"中外大学校长论坛"的演讲中说："地球上稀缺的资源是经过人文教育和创造性培训的智力资源。"中国严重缺乏创新型人才是因为中国缺乏创新型教育，而要变传统型教育为创新型教育，则需要进行全方位的教育创新。

狭义的教育指学校教育。学校教育具备广义教育的特点，并且还必须有以下条件：有专职教师，有固定场所，有特定的组织形式。② 广义的

---

① 《论语·阳货》。

② 史小力：《普通教育学》，武汉大学出版社 2003 年版，第 21 页。

教育是只有人类才具有的，是通过特定的社会组织方式和特定的传播手段，面对受众传播某种特定的经验、情感、观念、信仰，以便营造某种特定的空间氛围和社会氛围，对受众构成某种特定的影响。广义的教育不仅包括学校的教学活动，还包括政府的会议、文件、各种传媒、法律、宗教布道者的仪式、演讲等。无论是狭义的教育还是广义的教育，都包括教育理念创新、教育内容创新、教育形式创新、教育体制创新等，其中教育理念创新是核心和灵魂，它统摄着其他各个方面。

一　社会文明教育理念的创新

几千年来，中国封建社会高度重视儒家思想的传播。儒家学说长期统治着中国人的思想和灵魂，儒家思想的核心是“仁”，而“仁”与“礼”相伴相随，“礼”经过几千年的发展渗透到家庭和社会的各个角落，由此奠定了中国人固守传统、以不变应万变的观念。与此相反，美国从建国到现在，始终是世界上发展最快的国家，原因就在于美国人的思想里没有传统而只有创新。1888 年恩格斯在致美国友人的信中说道，他的印象是“新世界由于藐视一切继承的和传统的东西而远远超过我们这些旧式的、沉睡的欧洲人；这个新世界是由现代的人们根据现代的、实际的、合理的原则在处女地上重新建立起来的。他们这个前进最快的民族对于每一个新的改革方案，会纯粹从它的实际利益出发马上进行实验，这个方案一旦被认为是最好的，差不多在第二天就会立即实行”①。由此可见，先进的教育必将创造出新的东西，完成新资源的开发，并把这种新的东西反馈给社会，给社会提供新鲜血液，促进社会不断向前发展。

同样，社会文明教育的理念也必须创新，其意义不仅是为了国家的强大和社会的和谐，更是为了受教育者的成长和全面发展。因为人是一切之根本，国家的强大和社会的进步也是为了实现人的全面发展，社会文明教育创新的过程也是促进人的全面发展的过程。

城市社会文明教育理念的创新在不同时代、不同国家具有不同的含义。如提倡地方分权，自由开放的美国正在大力宣传和推行中小学教育的统一化、规范化，而中国作为一直推行中央集权，统一规范的国家，

① 《马克思恩格斯全集》第 21 卷（上），人民出版社 1960 年版，第 285 页。

则急需重视教育发展的多样化、个性化。人的身心健康的发展需要群体规范准则和个性自由自主的平衡，如果个人兴趣爱好、个性特长、创新能力没有得到充分发挥，也就谈不上人的全面发展。中国教育一直偏爱统一规范，从幼儿园到大学甚至包括对研究生的教育都是偏爱求同规范，以教师为中心、以课堂为中心、以教科书为中心的思想严重阻碍了学生自我意识及个性的发展，造成了受教育者的唯权威是从和从众的观念，养成了学生的消极懒惰习性，抹杀了生命中最可贵的创造力。绝大多数的年轻中国人，特别是儿童和青年，不是倾听自己的声音，而是倾听父母的声音，倾听权力机构的声音，倾听老人的、权威的或者传统的声音。事实上，学生只有在赋予了主体价值和意愿的事情上，亦即自我参与其中并实现了自我的价值，才能体验到美好和意义，才能有创新的冲动。创新型人才的培养是动态的，正如“人的全面发展”是相对的，“在这里，人不是在某一种规定性中再生产自己，而是生产出他的全面性；不是力求停留在某种已经变成的东西上，而是处在变易的绝对运动之中”①。人的全面发展是动态的，是在创新过程中不断丰富和完善的，这是一个无止境的完善过程，“事实上，他总是不停地‘进入生活’，不停地变成一个人”②。

以人的全面发展为理念的教育是为了人的教育、为了受教育者的教育，而为了受教育者的教育必须是开放的，即教育体系对内向社会开放，对外向世界开放。教育的开放性，是指要建立一个没有围墙的学校，使教育在大教育观念里进行。教育者和受教育者应主动探索象牙塔外边的世界，把自我理想、奋斗目标和前途与中国社会现实联系起来。因为“学会认知，即获取理解的手段；学会做事，以便能够对自己所处的环境产生影响；学会共同生活，以便与他人一道参加人的所有活动并在这些活动中进行合作；最后是学会生存，这是前三种学习成果的主要表现形式”③。受教育者走进象牙塔就像在游泳池中学习游泳一样，最终是要返回大海，接受海风巨浪的检验，要么如鱼得水，要么被大海吞没。受教

① 《马克思恩格斯全集》第42卷（上），人民出版社1960年版，第486页。

② 《学会生存》，教育科学出版社1996年版，第196页。

③ 《教育——财富蕴藏其中》，教育科学出版社1996年版，第76页。

育者不适应社会的教育无论多么规范、多么名牌，都是失败的教育，因为实践是检验真理的标准，而这一实践标准就是受教育者由于接受了教育而能够在社会中更好地生存。

二　社会文明教育内容的创新

社会文明教育内容的创新对社会文明教育创新有着重大的意义。进一步实现社会文明教育的内容与现实生活的融通契合，在人化与化人的双向过程中，以社会化为关键，实现人的自然存在、社会存在与精神存在的整体统一。现代城市和现代社区呼唤城市的人文发展和生态发展，全面提高现代城市的文明程度，提升现代都市的文化素养，是增强城市吸引力、扩大城市影响力的重要途径。

1. 倡“德”以先，以公民道德、社会礼仪为主要教育内容，达到知廉耻，明礼仪的目的。道德是调节人与社会、人与人之间关系的一种行为规范。每个市民都必须具备良好的家庭道德、职业道德和社会公德，才能使个人和社会建立和谐协调的关系。认真贯彻落实《公民道德建设实施纲要》，以爱祖国、爱劳动、爱科学、爱社会主义为基本要求，以职业道德、社会公德和家庭美德教育为着力点，在市民中深入开展群众性的公民道德实践活动，积极宣传符合本地实际的乡土文化，努力使公民基本道德规范成为广大市民群众共同的行为准则。

2. 学“法”为本，以交通、劳动保障等法律法规为主要教育内容，达到文明出行和维护自身权益的需要。由于我国缺乏民主法制传统，公民的法制意识比较淡薄，缺乏遵纪守法、依法办事的自觉意识。市民的法制意识较弱，在各类人群中不知法、不懂法、不依法办事的现象依然存在。根据笔者调查，市民不知法、不懂法的比例较高。如问及《劳动法》只有部分人了解其内容；约40%的新市民对签劳动合同持无所谓的态度。各市可以根据实际，定期邀请司法局、法院等单位组织有关法律人员为市民普及《劳动法》、《交通安全管理条例》等相关法律法规知识。

3. 习“技”为根，以各类就业技能培训为主要内容，达到成功就业的目的。与劳动、企业等有关部门协商，以劳动力市场信息为依据，实施按需施教，确立培训目标。同时坚持以能力为本的原则，从职业岗位分析入手，按照职业岗位需要的知识结构、能力结构和职业道德要求构建培训模式，开设多种类型的培训班。以社区为单位，开设烹饪、面点制作、插花艺术、保安、手工编织和电脑培训等培训班。通过市劳动局技能测试考核，让下岗市民取得上岗资格证书、技能等级证书等，鼓励他们重新回到工作岗位，培养他们劳动最光荣的意识。

4. 修“文”为基，以群众文化、市民文化熏陶教育为主要内容，达到融入社区、融入城市、享受城市文明生活的目的。群众文化内容丰富，形式灵活。群众的自发性强，受益面广，能让广大市民在喜闻乐见中接受教育，在耳濡目染中陶冶情操，在启迪感悟中净化心灵。在文化建设中，以公民道德建设为基础，以教育活动为有效形式，根据新市民爱好，有针对性地组建文化团队，鼓励市民开展丰富多彩的文化生活，自愿参加各种社区活动。

三　社会文明教育形式的创新

社会文明教育要坚持针对不同的社会群体做到因人施教，分类实施，不断创新教育形式。一是拓展社区居民教育形式。各街道、社区利用街办、居委会阵地，积极组织文明素质培训，着重抓好道德礼法科普知识教育；深入贯彻《公民道德建设实施纲要》，组织开展一系列道德实践活动。二是拓展农民教育形式。根据农村城市化的实际，按照用市民的标准教育农民的要求，围绕创建科技致富、特色文化、知法守法、家庭美德、卫生健康五种类型的文明示范户，采取专家授课、自编自讲、文艺活动、谈心帮助等形式，对农民开展以科技、文化、法制、道德、卫生为主要内容的农民教育。三是拓展未成年人教育形式。坚持以德育人，重点加强未成年人思想道德建设。在着力抓好课堂教育的同时，突出抓好体验教育和养成教育，从点滴入手，从最起码的做人道理抓起，有计划地进行爱国主义教育、法律法规教育、行为规范教育和心理健康教育。

开展社会文明教育实践活动，要形式丰富多彩，手段多种多样。首先，充分利用学校、图书馆、博物馆、文化展览馆等公共设施，广泛建立形式各样的学习型组织。特别是要把各地的学校建设好。学校是教育阵地的最前线，而学校又是向社会输送人才的“孵化器”，通过学校的强大力量带动社会学习，最终形成处处都能学习的良好社会氛围。其次，要在社会倡导活到老学到老的精神，推动广大市民共同建设终身学习的机制。特别是要大力发展成人教育、老年教育和社区教育，构建灵活开放的终身教育体系来满足广大市民的需要。最后，在城市基础设施建设上下功夫，既要保证设施的实用性又可以作为宣传文化的工具。

目前，广受各地好评的社会文明教育形式有以下四种：

1. 开展主题教育活动。组织开展“文明伴我行”一类的主题教育活动，让人们在活动中实实在在地感受到文明教育的意义。通过这些活动的有序开展，有利于培育“四有”公民，提高公民的思想道德素质和科学文化素质，以适应社会主义现代化建设的需要，为构建社会主义和谐社会提供有力的思想保证，强大的精神支撑，坚实的道德基础，良好的文化条件。亿万人民参加的社会文明主题教育活动，是中国特色社会主义文化根深叶茂的土壤，有利于人民群众广泛参与精神文明创建活动，充分发挥积极性、主动性和创造性，使社会主义文化建设永葆生机和活力。

2. 利用主要节日、纪念日开展德育教育。可利用“学雷锋活动纪念日”、“清明节”、“五四”、“七一”等节日，以及重大历史事件、历史人物纪念日，举行形式多样的庆祝教育活动。

3. 开展礼仪常规教育活动。从认知和行为两个方面对人们进行教育和引导，让人们在活动中增强文明意识。如在全市开展“争创文明社区、文明岗位、文明个人”的教育活动，要求广大市民在教育活动中养成良好的行为习惯。

4. 开展道德评议活动。以社区、企业等组织为单位，成立道德评议会，设定评议标准，明确评议内容，开展谈心式、引导式、参与互动式等多种形式的评议活动，对涌现出的好人好事和不良现象进行评议，使广大市民明辨是非，分辨善恶，不做不道德的事，不做不文明的事，而做讲公共道德的人，讲社会文明的人。

今后，社会文明教育还要不断加以创新。比如运用多媒体技术全方位覆盖各个领域，多媒体具有鲜明的生动性、强烈的视觉冲击力与情感震撼力，因此，可充分利用多媒体教育手段，通过播放录像，宣传国家大政方针、好人好事等，以便收到良好的教学效果。

四　社会文明教育机制的创新

社会文明教育机制是指在开展社会文明教育的过程中，影响市民教育活动的各种因素的结构、功能及其相互关系，以及这些因素产生影响、发挥功能的作用过程及其运行方式。要保证市民教育的目标和任务顺利实现，必须建立一套协调、灵活、高效的社会文明教育运行机制。当前三峡流域城市社会文明教育机制还存在着一些弊端，需要改革创新。

1. 构建政府主导、社会联动的协调运行机制

城市社会文明教育是一项系统的社会工程，不是靠某几个部门、某几个社区、某几个社会组织就能完成，需要各级各部门、公益慈善组织及其他社会组织建立齐抓共管的联动机制才能推进。各级政府要加强组织领导，把城市社会文明教育作为推进城乡统筹、推进和谐社会建设、切实改进民生的重大工程来抓，成立相应的领导小组，对城市社会文明教育工作进行统一组织实施，明确牵头部门和职责单位，以协调整合城市社会文明教育，保障城市社会文明教育工作的深度和广度。由区县、街道（乡镇）和社区三级配合实施，社会力量共同参与，立足市民、依靠市民、服务市民，创建学习型社区、学习型楼栋、学习型家庭，达到全体居民受益的目的。要动员社会各界参与城市社会文明教育，发挥社会各界，尤其是志愿者组织、社会工作站点、学校、图书馆的资源优势，立足社区，主要由区县、街道和社区三级学校及培训机构来完成，依托社会部门来激活城市社会文明教育的组织体系，充分发动社会力量积极投入城市社会文明教育，把培育、发展社会组织作为构建和谐社会的基础工程。力求形成“共建、共管、共享”的格局，逐步形成上下联动、共同推进的协调运行体系，解决农民市民化过程中出现的社会问题，使每个市民真正融入城市的工作和生活，使全体市民和谐共处。

2. 构建分工协作、专兼结合的资源整合机制

一是要充分整合政府各职能部门、辖区内外各企事业单位、社会团体及广大社会公众的力量，充分利用省区（或地市）统筹教育资源的优势，组建城市社会文明教育讲师团，充分发挥区县及街道现有的社区教育学校的作用和功能，拓展其服务功能，使其成为城市社会文明教育的阵地和载体，特别是要整合社区两委、远程教育及志愿者组织，组成专

职与兼职相结合的城市社会文明教育队伍。二是要充分利用分散在社保、民政、工会、团委及妇联等各部门对城市社会文明教育的各种政策，又要充分利用广大民间志愿公益组织等社会组织的人力物力资源，避免各自为政，避免培训补助多头享受。三是要搭建城市社会文明教育的载体平台。从中央到地方、从大局到细节、从无形到有形，全方位、多角度策划搭建城市社会文明教育学校、社区广播站、社区电视台、社区宣传公示栏、家长学校等平台，充分整合辖区学校、社区教育机构等教育资源，并加强对城市社会文明教育的指导，形成多层次、多形式、多渠道、见效快的城市社会文明教育网络。

3. 构建科学有效、促进发展的考核评价机制

加强对城市社会文明教育的考核，并将其作为考核相关政府部门、社区的一项指标，作为引导包括公益慈善组织在内的社会组织参与社会公共服务的一种载体。充分掌握市民的分布和生活工作信息，定期对市民的生活就业状况、思想行为状况，以及子女教育、文化知识、技能水平等状况进行抽样调查，以进一步加强和改进后续教育工作，提高城市社会文明教育的针对性和实效性。

4. 构建制度完备、便于落实的保障机制

一是落实保障制度。将城市社会文明教育纳入社会发展长远规划，制定并完善相关的政策法规。内容涵盖城市社会文明教育的统筹协调部门、教育内容及经费来源。二是落实保障资金。要把城市社会文明教育作为一项重点工程来抓，单列预算资金，并予以重点保障。探索多元化投入机制。市民作为教育的主体，通过教育，提升了自己的综合素质，理应承担一部分费用。社会团体，如企事业单位也应当投入资金用于促进机构内人员的素质教育。因此应完善政府为主体，企业、市民个人合理分担，其他社会组织支持的多元投入保障机制，并加强对各方投入资金的管理、使用和监督。三是构建保障平台。区县一级以城市社会文明教育学校为主，具体负责城市社会文明教育的政策制定、组织推进、指导协调和监督考核；在街道办事处建立城市社会文明教育中心，具体负责对街道本级的城市社会文明教育及对社区市民学校开展城市社会文明教育培训的指导、推进和监督。社区设立城市社会文明教育工作站（市民学校），具体负责基础的城市社会文明教育宣传工作。

第二节 三峡流域城市社会文明教育的创新路径

一 塑造社会文明主体

社会文明主体不仅包括个体的人，还包括政府、企业等，因此，在三峡流域城市社会文明教育创新的过程中，需要多管齐下，通过切实可行的措施，全方位塑造社会文明主体。

1. 提升政府管理水平

扎实推进党的群众路线教育实践活动，进一步转变政府职能，创新行政管理方式，提高科学管理水平，更好地发挥政府作用，努力建设法治政府和服务型政府。三峡流域城市政府职能是指城市政府依照宪法和中央政府赋予的权力，为满足城市社会的共同需要，在实现城市公共品配置的过程中，独立地指导、管理、服务、协调、监督城市经济运行，以保证城市经济、社会和环境协调发展的作用和功能加强。具体表现在：完善城市经济发展的机制；增加公共服务产品的供应；对共同资源和城市资源的保护；配合中央政府分配职能调节本地区的收入分配；调节社会主要矛盾，实现城市稳定和谐。简言之，在现阶段，三峡流域城市政府职能主要概括为经济调节、市场监管、社会管理和公共服务。城市政府与农村政府职能不同，它们面对的人群、环境、文化和社会等诸多方面都不同，因此，城市政府职能有其自身独有的特点，特别是在现代城市治理中对其提出了新的要求。城市政府职能是各级政府职能中重要的一部分，会随着社会环境和城市发展的变化而不断的改变。城市政府职能主要是为各类市民提供有效的市场机制和为城市的建设与发展制定科学的城市规划，供应高效率的城市基础设施和公共服务产品。

首先，要做到把人民的利益作为一切工作的出发点和落脚点。一要切实做到勤政为民。从政者切实改进工作作风，密切联系群众，带着感情下基层。力求转变作风办实事、办好事。坚定信念为人民服务，做到诚实、正直、勤奋、务实。力争做一名敢于承担，清正廉洁的好干部。全面完成政务服务中心的标准化、信息化建设，不断加强电子政务建设，为广大市民提供全面、优质的政务服务。科学配置各级平台政务服务项目，将涉及民生的公共服务项目尽可能集中到街道、社区的政务服务中心，方便市民直接去办理。[①] 把人民群众真正作为自己的衣食父母，想人民之所想，急人民之所急。二要全面推进依法行政。政府应该认真开展法治政府建设工作。严格按照法定权限和程序履职，依法进行政府决策、执行、监督和管理各个环节。认真落实市人大及其常委会的决定，积极倾听人民政协的意见和建议。处理好人大的各项决策及其常委会决议和人民政协的建议提案。支持审判机关和检察机关依法行使各自的权力，营造独立公正的工作氛围。加强和改善政府法律工作，减少行政执法层级，加强基层执法力量在关键领域的地位。规范执法自由裁量权，提高行政执法的透明度，完全公开处罚结果。完善行政执法责任制和执法过错追究制。完善科学民主决策机制和行政决策程序。三要始终保持清正廉洁。腐败问题关系到人心向背，市委市政府应出台相应政策法规，把权力关进制度的笼子里，让权力在阳光下运行，使政府人员自觉接受人民监督。全面贯彻落实《八项规定》等文件精神，严格控制"三公"经费的支出。加强党风廉政建设，推进党员纯洁性教育。一旦发现腐败问题，本着老虎苍蝇一起打的决心坚决惩治腐败。只有清正廉洁的政府才能真正为人民办实事，办好事。

其次，大力推进城市精细化管理。城市管理的精细化应从城市战略目标的定位抓起。城市建设固然是城镇化、工业化进程的必由之路，但在城市发展过程中，追求城市的品质才是最为关键的。围绕城市品质的战略选择，城市规划、城市建设、城市运行与城市管理要形成相应的配套对策。粗放的管理方式越来越不适应现代城市发展和管理的需要，实施精细化管理已成为现代城市管理的新要求。提升城市管理水平体现便捷高效和以人为本，实现从粗放管理向精细化管理的转变，提高城市管理效能。有效的管理需要有精密的制度和一系列具体而周密的操作规范来实现。所谓精密，即精细而周密，意味着设计精细、考虑周密；也意味着管理流程分解精细化、协作周密化。无精细，则无法实现精细化管理；无周密，则无法有效协作，也不能实现精细化管理。精细化管理是以"精确、细致、深入、规范"为特征的全面管理模式，它要求以专业化为前提、系统化为保证、数据化为标准、信息化为手段、制度化为保

---

① 《2014年宜昌市政府工作报告》。

障，以获得更高效率和更多效益。然后还要积极促进建立城市运行与管理体系。城市运行是指与维持城市正常运作相关的各项事宜，主要包括对城市公共设施及其所承载服务的管理。城市规划和建设最终还是为了服务城市运行，服务市民。城市设施在规划、建设完成并投入运行后方能发挥功能、提供服务，真正为市民创造良好的人居环境，保障市民正常生活。如果说城市规划是一种专业设计及地方行为，城市建设是一种以质量竞争、价格竞争、技术竞争为主要手段的市场经济行为，城市运行则是政府、市场与社会围绕城市公共产品与服务的提供、各要素共同作用于城市而产生的所有动态过程。城市管理是指以城市开放的复杂的系统为对象，以城市基本信息流为基础，运用决策、计划、组织、指挥、协调、控制等一系列机制，采用法律、经济、行政、技术等手段，通过政府、市场与社会的互动，围绕城市运行和发展进行的决策引导、规范协调、服务和经营行为。在城市层面，建立城市统一的现代城市精细化管理空间信息承载服务平台，在城市地理空间上承载城市及各行业的数据，满足城市决策者、行业行政主管部门、企事业单位以及社会公众等城市各类用户的空间信息应用需求；并通过对空间信息的提取和挖掘，获取空间数据库中的各类有价值知识，为城市决策和行业决策提供辅助分析数据。在国家层面，结合城市精细化管理的试点和推广，满足国家对防灾减灾、政策调控、各行业资源监控以及支持国防建设等应用。只有基于一个统一的空间信息承载服务平台，才能消除或减少重复建设、实现信息共享和互联互通。

最后，制定科学的城市规划。城市规划是城市政府的重要职能。科学的城市规划是城市发展的灵魂、城市治理的总纲，能够展现城市空间的发展远景和不同区域的功能。因此，三峡流域城市规划设计必须站得高，望得远，不可鼠目寸光，必须理论联系实际，因地制宜。三峡流域城市政府只有通过科学的城市规划，高效地利用城市有限的资源，合理划分城市空间，才能达到现代城市地理意义和功能意义的空间和谐统一。

城市政府应全方位地审视城市规划、土地产业分布、人口增长、环境保护、交通运输等相关之间的联系，拟定科学的城市规划。一是科学规划城市特色和发展重点。从城市实际出发，把城市的区域发展与总体发展、城市规划和人口规划结合起来，改善基础设施，提升城市的总体形象。二是推动特大城市和小城镇协调发展。特大城市带动小城镇发展，改善人居环境，转移农村富余劳动力，从而形成不同发展层次的城镇系统。三是加强城市规划民主意识。城市规划不仅仅是政府的责任，也关系到老百姓的利益。市民是城市的真正主人，然而，目前公众参与城市规划的程度相当有限，公众参与城市规划的形式也仅限于热线电话、专家评审、项目招标公示和公开征集方案等表面形式。现代城市发展外部环境复杂多变、城市各个不同的阶层价值取向多样化等因素，决定了合理的城市规划必然是多方人员参与、协调的结果。在城市规划中，如何保护相对弱势社会群体，改善他们生活和居住的环境，无疑是城市政府和城市规划管理者必须考虑的内容，兼顾效率和公平，实现三峡流域城市各阶层的和谐共处。

2. 增强企业文化氛围

企业参与城市治理就是为企业与城市政府之间以及市民、民间组织之间建立合作关系，运用其技术、信息、人才等各方面的优势，在社会福利、环境保护、教育等领域支持公益事业、参与公共事务、参与基础设施或公共服务提供等。企业文化是在一定的条件下，企业生产经营和管理活动中所创造的具有该企业特色的精神财富和物质形态。企业文化是企业的灵魂，是推动企业发展的不竭动力。它包含着丰富的内容，其核心是企业的精神和价值观。这里的价值观不是泛指企业管理中的各种文化现象，而是特指企业或企业员工在从事商品生产与经营中所持有的价值观念。①

企业文化是企业在社会主义市场经济的实践中，逐步形成的为全体员工所认同、遵守、带有本企业特色的价值观念、经营准则、经营作风、企业精神、道德规范、发展目标的总和。企业文化是企业中形成的共同价值观念、文化观念、历史传统、道德规范、行为准则等企业的意识形态。企业管理理论和企业文化管理理论都追求效益。但前者为追求效益而把人当作客体，后者为追求效益把文化概念自觉应用于企业，把具有丰富创造性的人作为管理理论的中心。这种指导思想反映到企业管理中

① 载 MBA 智库百科：http：//wiki. mbalib. com/zh - tw/% E4% BC% 81% E4% B8% 9A% E6%96%87%E5%8C%96，2014 年 4 月。

去，就有了人们称之为企业文化的种种观念。

首先，贯彻“以人为本”的理念。花旗银行认为，谋求发展是企业文化的根基，而只有优秀的“人”才能使企业取得更大的发展，同时也只有不断发展的企业才能留住优秀的“人”。事实上，企业文化是一种重视人、以人为中心的企业管理方式，建立先进的企业文化，就是把管理的重心放在人这个基础之上，坚持把“以人为本”的理念贯彻在文化建设的全过程，尊重人、理解人、关心人、爱护人，最大限度地调动员工的积极性。只有这样，企业文化建设才能沿着健康的轨道发展。三峡流域城市在现代企业管理工作中，历来提倡发挥员工的主人翁精神，以人为中心，特别重视发挥“人”的作用和“以人为中心”进行管理。西方企业管理界有句名言——“企业即人”，同我们倡导的“以人为本”的管理思想是同一个道理。但在企业管理这个“域”中，尽管“人”的作用是昭然的、无可非议的，但是“人”有一个素质问题，企业职工其政治素质、业务素质、身体素质的高低强弱，直接关系到能否胜任企业生产经营主体的职能，是创造效益发展生产力的关键。因此，应通过各种激励措施，来提高职工的德、智、体综合素质，大力培养和造就社会主义高素质的劳动者，最大限度地挖掘人力资源的潜能，这不仅对企业的发展有着决定的作用，也是新世纪企业文化建设中最为重要的任务。

其次，制度建设是根本。企业文化建设从本意上讲是企业管理的一个重要方面，它以制度建设为基础，以企业形象为代表，以企业精神、企业理念为灵魂。企业制度建设作为企业管理的基础性工作，也是企业文化的基本内容。在企业文化建设中要重视理论，又要不唯理论。这就要求坚持从实际出发，走理论和实践相结合的道路。在坚持企业文化建设的一般原理的基础上，具体分析企业的客观现实，走出一条符合企业实际情况的企业文化建设之路。坚持制度建设、企业精神和文娱活动的有机融合，不断提高企业文化建设的趣味性和实效性。制度建设、企业精神和员工文娱活动是企业文化建设的不同侧面，三者互相促进、互相融合、辩证统一。制度建设是基础，企业精神是灵魂，有益的文体活动是载体。只有把三者巧妙地结合起来，在制度建设中融入企业精神，在企业精神中反映企业理念，在有益的文娱活动中强化集体观念，才能保证企业文化建设为广大员工喜闻乐见并身体力行，不断强化企业文化对各项工作的促进作用。

最后，通过企业文化活动增强员工归属感。企业要利用各种文化活动，沟通员工个体与个体之间、个体与群体之间、群体与群众之间的感情，协调相互关系，增进相互情谊。以生产经营为中心，把文化活动与劳动竞赛、技术比武及合理化建议结合起来，以文化活动促进生产活动。寓教于乐，适应员工的爱好和需求，通过建立娱乐室、活动室，举办文艺演唱会、家家乐等活动，加强对员工的思想、文化的熏陶，从而使员工形成对企业的向心力和凝聚力。此外，还要创造良好的学习环境，建立学习型组织。大力倡导学习型组织的文化氛围，鼓励企业成员求知上进，使企业内形成浓厚的学习气氛。以员工岗位学习成才、岗位竞赛活动为载体，激发企业员工学文化、学知识、学技术的热情，变“要我学”为“我要学”，营造浓厚的学习氛围，每个人都乐于把自己学到的东西与他人分享，甚至可以定期开展小型的讨论会，促进大家共同进步。良好的企业文化提供给企业发展长久的精神动力，可以使员工把自身的价值观与企业的价值观高度统一，使企业产生强大的凝聚力，使员工产生强烈的企业归属感。

企业文化作为一种文化意识，它一旦与员工的文化心理达成同构，就会产生出一种自觉意义上的企业精神，并能转化为员工的忘我劳动和对他人的影响，并渗透到企业乃至社会的各个方面，[①] 进而促进城市社会文明教育的创新。

3. 强化市民综合素质

从目前看，现代市场经济的不断发展，极大地促进了社会生产力的发展，而生产力的发展必然会改变过去旧的社会环境，产生新的社会环境，人的活动内容也随之发生变化，这种发展和变化是人类社会进步的表现，是人作用的结果，客观上促进人的素质的提高。人创造了环境，环境也创造人，但是良好社会环境的创造，起关键作用的是教育、科技。教育事业的发展，直接关系到民族素质的提高，这是中外文明史所证明了的真理。社会学家把教育称之为“创造未来的原点”。一个民族的素质

---

① 邓彬梅：《企业文化的表现层次及现实意义》，载《黔西南民族师范高等专科学校学报》2006 年第 3 期。

是这个民族的生命力所在。一个国家的现代化，不仅需要发达的科学技术和大批杰出的科技人才，而且更离不开全体社会成员整体素质的提高，因此从优化民族整体素质为目的的全民族教育已成为世界各国教育发展的战略重点。全国科技大会上提出“科教兴国”的战略，这也是当代中国为了提高中华民族素质而追求的目标。邓小平反复强调教育事业的极端重要性，指出，教育是民族最根本的事业，四化建设的实现要依靠科技、人才。因此，通过教育来提高全民族的素质是唯一的方式和途径。第一，从社会角度而言，要从三个层面推进素质教育，即学校教育、社会教育、家庭教育，这三个教育层面相互补充、相互制约，构成一个统一的完整系统教育网。既重视学校教育，又离不开家庭教育和社会教育，而且这方方面面的教育体系，既向他们提供知识技术，又向他们灌输正确的人生观，价值观，形成高素质全面发展的人，使他们能自强、自立地生活，并对社会有所贡献。第二，从个人角度讲，主要靠接受教育、自我实践、自身努力来提高。在实践中不断弥补自身的不足和缺陷，以适应现代社会发展的要求，促进社会文明的进步。

当今我国社会正处于最深刻的转型时期，在经历了许多曲折后，人们面对不断发展和进步的社会，认为应进一步加强素质教育，尤其是现代市民的素质教育。近年来，随着我国改革开放的深入发展，社会的进步一方面促进了广大市民素质的提高，而另一方面又对市民素质提出了新的更高的要求。邓小平早在 1979 年就指出：“我们要在建设高度物质文明的同时，提高全民族的科学文化水平，发展高尚的丰富多彩的文化生活，建设高度的社会主义精神文明。”① “不加强精神文明的建设，物质文明的建设也要受破坏，走弯路。”② 同时又指出：“改善社会风气要从教育入手。教育一定要联系实际。”“我们最大的失误是在教育方面，思想政治工作薄弱了，教育发展不够。”③ 邓小平所讲的“教育”是包含学校教育在内的大教育概念，理所当然包括素质教育。加强现代市民素质教育在现阶段具有重要性和必要性。

---

① 《邓小平文选》第 2 卷，人民出版社 1994 年版，第 208 页。
② 《邓小平文选》第 3 卷，人民出版社 1993 年版，第 144 页。
③ 《邓小平文选》第 3 卷，人民出版社 1993 年版，第 290 页。

市民素质体现一个城市的文明程度。市民素质关乎城市形象，彰显城市品位。一个城市的和谐文明程度如何，即城市形象如何对于城市的可持续发展至关重要，它是提高城市凝聚力、竞争力、影响力和经济实力的基本保障。影响城市形象的因素很多，市民素质是其中一个重要的关键性因素。一般来说，市民素质包括市民的文化素养、精神风貌、工作作风等，它本身就是城市形象的基本要素，是城市形象及城市发展活力的一部分。市民既是城市文明的创造者，也是良好城市形象的体现者。试想，一个市民素质普遍很低的城市怎么可能会有良好的城市形象，更不要说城市的文明程度了。市民素质还关系到一个城市发展的前景。当今时代，是科学技术迅猛发展的知识经济时代，发展科技、教育和文化事业，全面提高人的素质，正日益成为转变经济发展方式和实现可持续发展的关键。一座城市的发展，离不开高素质的市民。研究表明，目前人的素质相对较低是制约三峡流域城市经济和社会发展的关键因素。因此，必须通过各种方式和途径，全面提高城市居民的综合素质，为城市现代化建设准备充足的高素质人才，使三峡流域城市在未来全面、协调和可持续发展中获得强有力的智力支撑和人才保障，才能在激烈的竞争中赢得主动。

持续多年的城市社会文明教育创新使三峡流域城市市民的综合素质有了大幅度提升，但我们也要清醒地认识到，市民综合素质参差不齐的问题仍很突出。提高市民综合素质仍是推动城市发展的有效途径。因此，还要花大气力使广大市民的文明风尚、法制观念、公共道德意识和现代生活环境意识得到显著增强，实现城市建设、管理水平和市民素质的同步提高。

首先，要注重培养市民的民主意识。在教育过程中全面培养市民的社会责任感和主人翁意识，树立市民的民主参与、民主选举、民主监督、民主管理的意识，逐步建立现代社会的文明生活，达到自我发展与自我管理的目的。从目前三峡流域城市居民的民主意识情况看，与现代文明城市建设和发展还不相适应，与国内外发达城市相比，仍有一定差距。提高市民的民主意识，是一项长期性、基础性工程，应该将其提升到战略性的位置上进行长远规划。在长远规划的指导下，通过阶段性的工作，一个阶段一个标准，逐步提升。

其次，广泛开展宣传教育普及工作。价值观的确立、良好社会风尚的形成，离不开广泛的宣传教育普及。通过积极宣传党的理论和路线方针政策，宣传中央的重大决策部署，讴歌真善美，鞭挞假恶丑，高唱奋进凯歌，弘扬民族精神，激励三峡流域城市人民积极投身改革开放的伟大事业。面向基层、服务群众、深入实际，多宣传和反映群众的工作生活、利益要求、先进典型，激励三峡流域城市人民信心百倍地创造美好生活。充分发挥以互联网为代表的新兴媒体的作用，高度重视互联网的建设、运用和管理，使互联网成为先进思想、健康情操、高尚道德、主流舆论的集散地和放大器，成为传播社会主义先进文化的前沿阵地和有效平台。把社会主义核心价值体系鲜明地体现在文化创作与文化活动的各个方面，使群众在参与中受到教育，在参与中提高素质。应特别重视青少年的公民意识教育，在各级各类学校中实施社会主义核心价值教育工程建设。进一步突出主题、细化内容，不断提高针对性和操作性，使社会主义核心价值体系更加具体化大众化，更好地发挥对实践的指导作用。

通过举办丰富多彩的大众文化娱乐活动，提高市民的文化素养、思想品格、观赏水平和艺术情调。一方面，以文化艺术节、社区艺术节为龙头，以广场文化为载体，通过观摩、参赛、评选等形式，组织和引导各区、各基层单位充分利用现有文化阵地和文化设施，以节庆假日为契机，因地制宜，组织开展形式多样、丰富多彩的群众性文化活动，丰富群众精神文化生活；另一方面，围绕市委、市政府阶段性重点工作和各条战线中心工作，整合文化资源，组织编排专场文艺，到社区、基层单位进行巡回演出，如禁毒、交通安全、子女教育、家庭和睦等，通过群众喜闻乐见的形式，寓教于乐，因势利导，既宣传了国家的法律法规，又传播了先进文化，提升了群众文化素质。

再次，建立完善市民教育的体制机制。教育对一个人的科学文化素质、思想道德素质和心理素质的形成、发展有着决定性的作用。因此，一方面，我们应注重把人培养成专业知识扎实、综合能力突出的复合型人才，使市民具备能够适应现代化要求的各项基本技能；另一方面，要通过市民的自学来提高市民素质。教育不仅包括国家、社会和学校的教育，而且还包括市民的自我教育，在社会大环境下，通过自我教育和自我修养，增强市民的自觉性、主动性和责任感，同时积极主动地以自身的良好素质参与改造人文环境和建设现代文明城市中去。[①] 针对那些素质较差，品行恶劣的市民，实现制度的硬约束往往比道德的软约束更有效更持久。[②] 我国有重德轻法的传统，而现在传统道德得以存在的农业经济关系、宗法社会关系正在发生深刻变化，传统道德规范对人的影响力、约束力在减弱，符合市场经济需要的新的道德规范正在逐步形成。[③]

最后，多种途径促进市民素质提升。第一，学校教育和家庭教育齐头并进，就学校而言，在向受教育者传授各种理论知识、实践技能的同时，还可通过举办道德大讲堂、社会主义核心价值观大讨论等方式，加强人生观、道德观、价值观的教育，让受教育者在学校形成正确的“三观”，塑造健康的人格。通过教育，不仅使受教育者掌握谋生的基本本领，也为其将来步入社会抵制不正之风、拒绝各种诱惑做到精神上的洗礼；就家庭而言，家长除了注重孩子的学习成绩、基本生活技能之外，可通过适当参与家务劳动和亲子活动等途径对孩子进行品行教育，从小培养孩子坚韧正直、勤奋好学、孝顺长辈、与人为善的良好品行。第二，自我教育不能放松。所谓自我教育，就是能够坚持自己正确的思想言行，勇于否定并改正自己错误的思想言行，并能对自己自主选择的后果承担责任。自我教育的过程是循序渐进、日积月累的，外在的规范体系和约束要求只有通过自觉自愿的实践取得认同，内化为自身的精神需要，外化为自我行为指导。通过自我教育，帮助自己逐步提高自我认识、自我监督、自我评价和自我完善的能力，进而提升自己的整体素质，并以良好的素质积极主动地参与到工作、生活、学习中去。第三，终身教育不断推进。要在继承以往教育成果的基础上继续提倡终身教育，变阶段性学习为全过程学习，使学习成为市民的终身事业。可通过市民学校、公共图书馆等社会公共资源，在全社会营造浓厚的学习氛围，同时可借助新居民事务局、社区等单位或部门，对新居民进行技能培训，开展多种形式的文娱、体育、健身、民俗等活动，形成寓教于乐的学习氛围，让

① 庞世伟:《市民素质与城市可持续发展》，载《理论研究》2005 年第 4 期。

② 陈雅萍:《市民素质与城市可持续发展》，载《科学管理研究》2005 年第 1 期。

③ 高芝兰:《提高市民素质，构建文明城市》，载《湖湘论坛》2008 年第 1 期。

新居民在各种娱乐活动中受到现代文明的熏陶，融入城市生活，从行为、心理等方面真正成为普通市民中的一员。

二 完善社会文明规范

1. 完善科学民主的决策机制，把城市社会文明教育工作落到实处

当下，三峡流域城市公共事务的决策机制民主化、科学化程度低下，公众参与缺乏立法程序的规范。很多城市政府决策的公众参与只是“决策结果被告知”的低级形式，有时政府在部分决策上虽然召开听证会，但所接受的只是一些专家关于技术层面的意见，忽视了弱势群体的合理利益，市民的决策权利在法律上得不到严格保障。因此，科学的决策，应充分尊重民意，保障公众在政府决策中的知情权、发言权。

第一，建立健全公众参与、专家咨询和政府决定相结合的决策机制。实现决策的科学化、民主化，就必须完善深入了解民情、充分反映民意、广泛集中民智、切实珍惜民力的决策机制。一要保障人民群众参与决策。人民群众参与决策既是决策科学化的保障，也是决策民主化的体现。要通过公示、听证等制度，让人民群众参与决策过程，充分表达决策意愿。二要强化专家在决策咨询论证中的作用。加强研究咨询机构建设，注意发挥专家学者的智力和专长，通过专家论证、技术咨询、决策评估等方式，认真听取专家学者的意见建议，做到尊重实际、尊重科学、尊重规律。三要提高行政机关的决策能力和水平。行政机关是行政决策主体，是行政决策的最终决定者。要严格执行民主集中制，在民主的基础上实行正确的集中，防止久拖不决。在作出决策后，必须坚决执行，防止各行其是。

第二，健全行政决策规则。依法科学、合理界定决策权，建立分级自主决策的决策体制，实现事权、决策权和决策责任相统一，坚持决策前的论证制、决策中的票决制和决策后的责任制。对涉及经济社会发展全局的重大事项，要以深入扎实的调查研究为基础，广泛听取各方面意见，由领导班子集体讨论决定，坚决杜绝决策的盲目性、随意性和领导者个人独断专行。对与群众切身利益密切相关的重大事项，要实行社会公示和听证，广泛听取群众意见。对专业性、技术性较强的重大事项，还要进行专家论证、技术咨询、决策评估等。

第三，完善行政决策程序。科学严密的程序是正确决策的重要前提。只有按程序决策，才能有效防止决策的盲目性和随意性。美国法官法兰克弗特有一句名言："自由的历史在很大程度上就是遵守程序保障的历史。"要坚持把合法性审查、科学论证、集体讨论作为重大决策过程的必要环节，明确决策的权力与责任，做到权力与责任相统一、决策职能与执行职能相对分离。提请会议讨论和决定的重大决策事项要附加研究报告、专家咨询论证报告。应当事先向社会公示的决策事项，需广泛听取社会各界的建议和意见。

2. 形成新的现代市民教育机制，将社会公德教育落在实处

现代市民素质教育作为社会主义精神文明建设的重要内容之一，要抓出成效，必须要有过硬的、可操作的保障措施，在"硬"字上下功夫。我们认为，应从战略高度建立起以下三方面机制，进行市民素质教育。

一是建立现代市民素质教育的启动机制，也就是说在现代市民素质教育中要完善人力投入及资金投入。现代市民素质教育并不是空洞的，不能唱"空城计"，必须要有一定的物质载体来支撑，因此要树立起人力投入、资金投入的观念，建立起现代市民素质教育的启动机制。一方面，三峡流域城市政府要把现代市民素质教育有关内容、所需经费支出等，纳入地方财政计划并给予支持；另一方面，政府应制定优惠政策，强化对社会投入的引导，进行开放式筹措资金，既发动社会组织和团体自愿出资，又动员广大市民自愿支持和参与定期或不定期的各种捐助活动，以弥补财政投入的不足，形成自我增长的社会机制，还可建立现代市民素质教育基金，这不失为一种行之有效的方法。

二是建立现代市民素质教育的科学运行机制，亦即完善以竞争、激励机制为主要内容的道德建设机制。现代市民素质教育离不开广大市民的积极支持，因此必须要最大限度地吸引广大市民积极参与，这样素质教育工作才能有效地开展下去。在具体的工作中，要将精神激励和物质激励机制两者有机结合起来，既要学习楷模、弘扬正气，倡导正确的、科学的人生价值观，使广大市民有学习的榜样，同时又要启动物质激励机制，对市民素质教育的先进单位和个人给予一定的物质奖励。

三是建立现代市民素质教育的协同导控机制，也就是以群众参与机制和综合治理、各部门（单位）合作为主要内容。现代市民素质教育的

涉及面广，单靠某一个部门是远远不够的，必须调动全社会各方面的力量，逐步建立并完善现代市民素质教育的社会网络，形成家庭、机关、企业和学校产生“合力”的工作格局，共同发挥作用。

3. 走法制化的教育之路，形成强有力的制约措施

在我国关于市民素质教育问题上，存在着一个误区，认为素质的提高是一种单纯的“自律性”行为，它完全建立在个人自身的道德基础上，而社会只是以舆论来加以调节，并不是来加以监督。笔者认为这两者是不矛盾的，社会公德是人去制定、维护和遵守的，它的实行和巩固必须借助于作为人的内在精神的支持，但同时它离不开“他律”，因为人人皆需要监督，需要辅以各种形式的社会监督，促进道德“他律”向“自律”的转化。笔者提倡“自律性”和“自觉性”，但完全离开社会监督的“自律”是不存在的，更多的是“他律”和“自律”的统一体。因此对现代市民素质教育来说，必须走法制化的道路，“没有规矩不成方圆”，要建章立制，通过行政手段来组织实施素质教育工作，要求每个公民必须遵守的社会公德，应通过法制来强制约束，把部分道德法制化，通过法治的力量使广大市民明确自己对他人、对社会应履行的道德义务，不断提高自身的素质，促进现代市民素质教育工作不断向前发展。

4. 从宏观战略高度来把握市民素质教育

就当前市民素质教育的实践来看，三峡流域城市都开展了一系列工作，已经取得了一定的成效，如宜昌市以社区为载体、以群众为主体，充分利用社区资源深入持久地开展了一系列提高市民素质的活动，有力地推动了两个文明建设；恩施市则实施了“道德建设工程”，坚持教育与实践相结合，努力培养具有现代文明素质的市民；铜仁市则在全市范围内利用报纸、广播电台、电视等新闻媒体开展了“铜仁市民素质形象”的讨论，为提高广大市民的素质起到了一定的作用。但是由于种种原因，现代市民素质教育的研究工作尚比较薄弱，跟不上素质教育实践的发展，显得相对滞后。笔者认为今后在现代市民素质教育工作中应加强这方面的理论探讨，深入系统地总结现代市民素质教育的经验、运作模式，进一步搞好三峡流域城市社会文明建设。

三　深化社会文明实践

1. 加快城市文化环境建设

和谐优美的城市环境让人心情舒畅，市民生活在这样的环境中能够提高文明意识和文明素养，同时好的环境往往更能促进城市文明教育创新的开展。

首先，在增强城市文化内涵上下功夫，进一步提升城市文化品质。文化是城市文明的灵魂，一个城市的文明如果没有历史底蕴和历史文化的支撑，文明就无法得到积淀。三峡流域城市要推动历史文化与现代文明交融，让生活在这座城市的市民能真切地感受到城市历史的文脉，这对市民的文明素质的提高有一种无形的、潜移默化的作用。城市文化简单地说是人们在城市发展中创造的物质和精神财富的总和，是城市市民生存状态、行为形式、精神特征的整体体现。文化是城市的灵魂，也是城市发展的内在推动力。在现代城市发展的进程中，城市文化已经成为一种重要的财富，决定着整个城市的未来发展。当下，城市间的竞争，不仅要有硬实力，还包括文化软实力。通过挖掘文化底蕴，使城市文化建设既突出历史文化的积淀，又突出特有的人文风貌、城市精神和城市发展的文化特色。切实加强城市的基础设施、特色建筑等硬件建设，努力体现出特定的文化底蕴和城市个性。城市的标志性建筑应该把握和张扬自己在民族、人文、地理、经济等方面的个性和优势，体现城市自己的特色。总之，塑造城市文化，整合和优化城市文化资源，保护城市文化遗产，加快城市文化建设，是促进三峡流域城市发展的迫切要求。

其次，在市容市貌上下功夫，展示城市优美亮丽的形象。建立山水园林城市，让可持续发展理念贯穿到城市的发展中去。充分利用山地城市的山水自然景观，融合市民的文化修养，进行城市的艺术创造，形成生态意识和山水文化意识。建设生态文化既是城市文化建设的主要目标，又是促进城市可持续发展的基本条件。城市生态文化系统包括三个方面，即：城市、文化、人。它们之间的作用是一个双向互动的过程：人造城市、城市造人，人造文化、文化造人，城市造文化、文化造城市。由此，人所建造的城市就会作为空间与时间的组合，成为城市人的生存环境和活动舞台。对人而言，城市首先是一种物的存在。人造城市，是人类适应、改变环境的活动，它重视城市与自然的相互关系，重视城市的生态问题，以有效地利用自然资源，改善生存环境，减少和避免各种城市问题和城市病。同时，人造的城市又是一种文化的产物，人们对建造城市的理念、规定和行为通过建筑语言表现出来，使相应的文化得以巩固和强化。另外，城市不仅在塑造文化，也对其居民加以熏陶和塑造。这样，在人与人、人与城市的互动中，就产生了生态文化。当然，生态文化也不是一成不变的。传统的观念是畏惧、服从自然和征服自然，当科学技术的进步为人们提供了强有力的武器和手段后，人类作为主人和征服者的自我意识便被刺激得膨胀起来，这给人类带来了无限欢欣的成果。但与此同时，开发意识、飞速发展的技术、工业的扩散和人口爆炸结合在一起，也造成了环境污染和生态破坏的严重后果，使人们不得不转向尊重、关心、爱护生态环境上来。不过，要让人们普遍接受并遵循这种新的生态文化观念还很困难。但只要人们朝这一方面努力，并慢慢从这一价值观念去思考、处理自己与环境、与自然的关系问题，人们对生态的觉悟水平就会不断得到提高，从而实现人类诗意地栖居。

再次，在增强人文气息上下功夫，掀起市民广泛学习的新风尚。加强建设城市文化基础设施，培育良好的人文环境。我们知道，文化基础设施代表城市现代文明发展的程度和城市文化发展水平，是整个城市形象的一个重要组成部分。加强公园、图书馆、科技馆、体育馆和学校等其他文化事业团体服务设施的建设，满足广大市民的日益增长的文化生活需要；搞好城市生态文化建设，提高人们的人文道德精神，热爱自然、保护自然，增强对自然的责任感和义务感，充分认识自然的存在价值和生存权利，营造良好的生态环境。此外还要强化城市人文软环境建设，提高人们的文化修养。通过开展多种多样的文化活动，如组织一些科技活动、知识竞赛和体育活动等，特别是多举行一些当地特色的文化活动，如贵州铜仁的过苗年、龙舟节、芦笋节等，满足老百姓的精神文化需求，使社会公众潜移默化地形成奋发向上的精神风貌。另外，要加强城市社区文化建设工作。城市社区是城市发展的细胞，建设好了社区文化，可以拉近人们之间的距离，提升社区的亲和力和群众的思想境界。

最后，遵循教育与管理并举的原则，增强市民的整体文化意识。市民的文化意识是城市文化建设的根本任务。而市民的文化意识既取决于教育，又取决于管理。目前，城市教育存在不少薄弱环节，结果导致城市文化建设未能建立起完整的市民教育体系，使广大市民缺乏市民意识和社区成员意识，进而缺乏对城市和所在社区的关怀意识、参与意识、维护意识、建设意识，表现在公共生活中公德意识的欠缺和行为方式不文明。而且，教育与管理往往是“两张皮”，口号式教育多，管理落实少，难以收到理想的效果。从管理角度来讲，人文精神是非常重要的，如果不以人为本，重物轻人，市民的文化意识就难以得到强化，变成自觉行为。我们在城市规划、建设和管理的过程中，注重对人的关怀、对人的尊重，它往往体现在细微之处，比如步行街是否有小憩之处，广场是否有让人轻松游憩的地方，等等。

2. 扩大市民广泛参与途径

随着信息时代的来临，西方国家在 21 世纪初已经把信息技术用于改造政府。他们认为现代化的政府可以给予民众更多的机会参与公共治理，并取得优质的公共服务。事实证明，西方国家的这一措施是成功的，也是值得我们借鉴的。近几年，随着我国网络技术的逐渐提高，例如网络反腐就作为一种全新的监督政府的方式被提出来。自上至下的政府网络建设架起了市民与政府互动的桥梁和纽带。一方面政府通过官方网站可以及时公开政府的相关信息，真正打造公开、透明的政府，让政府在阳光下运行；另一方面通过网站的交流平台收集公众的意见和建议，并做出回应，由此推动市民更广泛地参与公共事务。由此可见，信息化政府的建设不仅拉近了政府与公众的距离，而且能够激发民众参与治理的热情，强化他们的权利和责任意识，有效提高市民的参政水平。[①]

三峡流域许多城市陆续公布了市长信箱、市长热线，建立了市民建议征集办公室等，开始了市长与市民之间的联系和沟通。虽然市长与市民之间的沟通桥梁搭建起来了，但是市民参与面依旧狭窄。其出发点也只是市民有困难可以找市长，这实际上不是真正的市民参与。真正的市民参与应是让广大市民有机会参与到有关城市建设发展的决策与管理。最主要的形式是市长关于城市的规划、管理内容向市民公布，组织市民

① 吴思红：《国外城市民主治理中公众参与机制及其启示》，载《湖北行政学院学报》2010 年第 1 期。

参加讨论，市长根据市民的意见进行决策，这个过程既可避免决策失误，又让市民了解了情况，这样可以增加政府与市民之间的共识，提高市民热爱自己城市的自觉性和积极性[①]，培养市民作为城市主人翁的意识。

通过这些措施主要是让广大市民积极参与到城市社会文明建设中来，树立建设人人参与的思想，使群众在参与中受教育，在参与中求转变，在参与中强素质，在参与中得实惠。

3. 加快建设“智慧城市”

目前国内外许多城市都开始推行“智慧城市”。2011 年至今，“智慧城市”规划建设步入快车道，上海、北京、宁波、扬州等城市纷纷发布了“智慧城市”发展专项规划或计划，截至 2014 年 3 月，我国已有 104 个城市开展了“智慧城市”规划建设。

要展示城市的运行状况，离不开大数据做支撑，这就需要对目前各部门的数据进行分析，找到它的价值或者关联，来反映运行状况。政府信息化在多年的发展和积累下已经形成了几百万亿字节（TB）的数据规模，要让这些数据发挥其价值，必须用到大数据。从大数据的定义来看，当数据量到达一定规模时，就能反映一种趋势和规律。在政府部门里，每天都会由传感器和摄像头等设备产生大量的结构化数据和非结构化数据，如何运用这些数据，找到规律，为领导的决策做出有力支撑，是其关键所在。在城市的运行当中，可能由于某一方面的指标导致另一方面的指标提升，它是整体协调的趋势，如果这些数据变成指标，像五线谱中一系列的音符一样和谐地展示出来，将这些不同部门、不同来源、不同格式的数据整合起来，找到这些数据之间所反映的规律，让这些指标之间的关系一目了然地展现出来。

可以说，科学地编制“智慧城市”建设的指标体系，是提高城镇化质量、推进内涵型城镇化建设的重要举措，与老百姓的生活息息相关，有助于提高市民的生活幸福感，推进城市生产、生活和管理方式创新，构建“便捷、舒适、高效、安全”的生活方式。例如，在交通领域，交通事故常有发生，交通事故跟交通基础设施的关系需要探讨，这就需要去综合分析路网的宽度、长度、密度、车流量等综合指标。再举个典型

---

① 包玉娥：《城市现代化建设中的市民素质教育》，载《江苏社会科学》1999 年第 1 期。

的例子，美国纽约网站每年都有工作绩效报告，老百姓随时可以查到城市各个方面的状况，包括教育、住房、交通、医疗都可以从中找到一些指标和所反映的状况，人们可以明确地知道这个城市是否安全，是否适合居住，只需输入各种关系进行比对，就会得出各种图和报表，真正做到"如你所想，知你所需"。在北京，每天都有气象指数、空气污染指数、穿衣指数、洗车指数等，让人们为工作和生活提前做好规划和安排。在将来，还会有更多指标展示给大家，例如各城区的升学指标、就业指标，高校的升学率、就业率，各专业的平均薪资水平，都将为学生报考专业提供更多可供参考的选择。若将各行各业的指标汇总起来，就形成了一个城市运行的指标体系，政府领导人可以更清楚地了解民情、民意、民怨，通过各项指标的情况，合理地分配资源，找到制约城市发展的瓶颈，加以突破，让城市更加健康、高效地向前发展，这就是智慧的决策，也是未来智慧城市切实可行的美好愿景。

4. 构建温馨社会关爱体系

一个完整的社会关爱体系包括社会关爱的提供者和社会关爱的接受者，提供的主体主要包括政府部门、慈善机构、社区、业主和个人等，接受者包括老年人、幼儿、妇女、残疾人、低保家庭等。社会关爱的提供者分别赋予不同的责任，且他们彼此间是相互影响、相互作用的。其中，政府部门和社区在社会关爱体系中承担较大责任，政府部门既要对关爱政策进行规划、推动，同时也要完善社会保障，建立社会监督窗口。社区最贴近民众，是实现社会关爱的有力保障。

（1）健全关爱体系。一是政府履行相应职责。和谐关爱工程的创建，政府应发挥主导作用，重点是制定和完善各项政策，履行社会管理和公共服务的职能，承担义务教育、社会救济、公共福利、低收入保障等关爱责任。根据财力情况，尽可能地加大财政投入和转移支付力度，不断提升关爱的程度和缓解地区之间的不平衡性。政府部门作为关爱工程的建设者和政府职能的履行者，在构建和谐关爱工程中要合理定位，认真履行各自的职责，且不断增强关爱工作的主动性。部门之间要强化关爱信息的交流和运作中的协调与沟通，实现"多头"捐款、分类缴存、归口管理、统一发放，以避免重复受益状况的出现。

二是提升关爱层次，丰富关爱载体。首先，随着全面小康社会目标

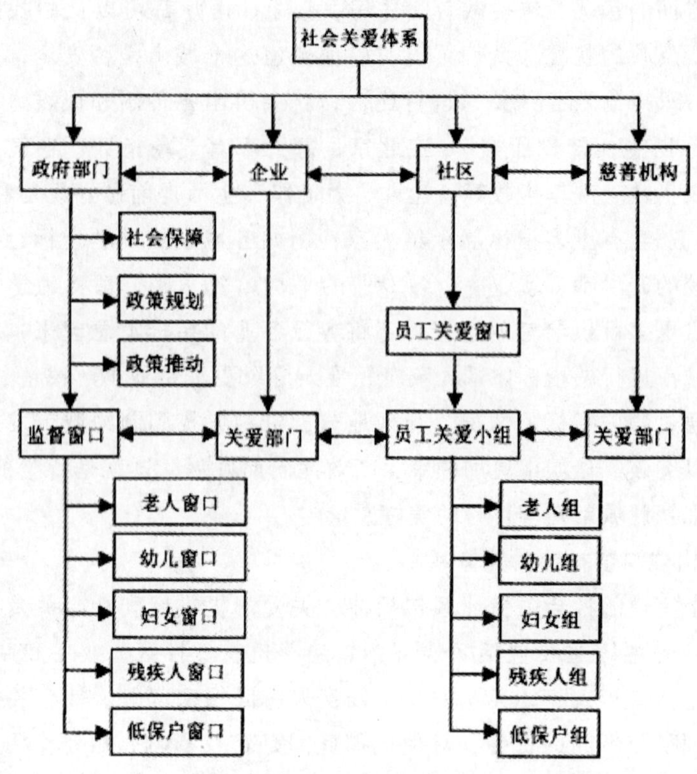

图5—1　全方位社会关爱体系

的实现，人民生活更加殷实。因此，关爱工程的创建，必须依据经济社会事业的发展，由侧重经济生活扶助，逐步转向同弱势群体的政治诉求、文化生活的改善相结合，帮助他们获得可持续生活的权利、基本社会服务的权利、保障生命安全的权利、意见受到重视的权利等。其次，借鉴国外义卖、义演、冠名等募捐形式，不断丰富关爱载体，做大做强关爱工程的资金规模。此外，倡导社会捐钱捐物，还要捐时间，开展志愿者服务活动，为那些丧失体力无人照管，且生活又无法自理的人群提供援助。

（2）构建长效机制。一是公众参与。社会主义市场经济体制的建立及完善，表明政府已不再是计划经济时代的万能政府。就关爱工程的构建而言，虽离不开政府的支持，但不能完全依赖政府，政府重点解决义务教育、医疗保障、紧急救助等问题，其他方面还需社会公众的参与。首先，要营造社会关爱的氛围。引导和激发广大市民树立良好的关爱心态和关爱理念。利用电视、广播开展关爱行动访谈，在评比“爱心大使”的基础上，大力推介他们典型事迹，以传播“关爱、互助、感恩、和谐”的意识。要在报纸、杂志等媒体上开辟关爱行动大讨论，发动机关干部和广大市民参与，提高他们对关爱互助的感知，培养关爱行动的习惯。各单位和社区要积极开展献爱心、助人为乐和关爱帮助弱势群体的活动，激发人们自觉、自愿、乐意、努力做善事的主动性和积极性。其次，构建关爱信息平台。利用政府网站开设“和谐关爱”栏目，及时提供相关弱势群体的信息、慈善捐款的通道，公开募集善款数量及使用方向，为公众参与关爱活动提供信息平台和监督渠道。

二是建立健全民间关爱组织。加快慈善体系建设，构建运作公开、透明、规范，同时兼具高效性和创新性的慈善机构，以充分发挥慈善机构在社会关爱中的职能。同时，增强企业、社会组织和慈善机构的相互合作能力，慈善机构可成立专门关爱部门和建立关爱基金来支持关爱社会行动，强化慈善机构的社会关爱作用。据资料表明，在美国有民间慈善组织200多万个，经费总额超过5000亿美元，工作人员超过900万人。中国香港的乐施会积极开展食物、居所、就业机会、教育及医疗卫生等救助活动，积极参与救灾防灾工作，其中有许多是政府所不及的。据此，政府要借鉴这些成功的做法，认真贯彻执行国务院2005年3月19日颁布的《基金会管理条例》，积极组织和引导企业和企业家个人成立自己的非公募型私立基金会，当然形式还可采用协会、社团、慈善信托人、非营利性公司等。鉴于民间关爱组织自治的特点，政府只充当“裁判员”，制定相关政策法规，具体的运作由民间关爱组织自行开展。但考虑到民间关爱组织活动的规范化，可适时组建市（县）级“关爱协会”，主要职责是规划、组织、协调、检查和监督。

三是建立扶贫关爱基地。关爱工程构建不能局限于对弱势群体的生活救助，而要重视为有劳动能力的弱者提供脱贫的技能和方法，这应成为关爱工程构建的出发点和落脚点。因此，政府、社会要积极创造条件，寻找机会，帮助他们扭转弱势局面，开展自救。

（3）弘扬关爱文化。构建以以人为本为核心价值的关爱文化。中国文化自古以来就是关爱平民百姓的。孔子的“仁者爱人”，孟子的“老吾老以及人之老，幼吾幼以及人之幼”等，都是中华民族关爱文化中的瑰宝。而新的一代中央领导提出的以人为本的科学发展观，社会主义和谐社会等，成为现代社会关爱文化的核心价值体系。其贯穿于政府政策法规的制定与实施之中，内化于民间关爱组织、个人的乐善好施、扶贫济困的行为之中，体现在受益者的自强不息、融于社会大家庭之中。简言之，关爱文化体现了尊重他人、理解他人、关心他人、扶助他人的意识和理念。

大力传播关爱文化。首先，传播对象要有针对性。关爱教育要从娃娃抓起，关爱理念的培育要进入中小学的课堂，通过潜移默化的引导，培养他们关爱的责任感；关爱理念应成为广大党员干部教育的主要内容，通过教育，激发他们关爱的热情和争当扶贫济困、助人为乐的带头人；关爱行动也必须渗透到所有企业和广大市民的道德规范教育之中，尽管关爱互助不应完全归于个人的道德品质范畴，但能不能给社会献出一点爱，却依然取决于个人的道德情操。所以激励他们奉献爱心，付诸行动，这是和谐关爱工程构建的重要一环；关爱教育也要涉及弱势群体，自救自助也是对自己的关爱。同时，要重视自救自助方法的介绍、自救路径的选择、典型经验的推广。其次，宣传教育方法要科学。关爱文化实际上是一种观念和心态，市民和社会组织能否献出一份爱，是自主和自由的行为。所以，对那些缺乏关爱之心者，不宜采取公开的批评，也不能采取强制和命令的方式，这是其一。其二，加强对“懒汉”、“索捐”人员的教育管理。在接受关爱的人群中确实有一部分人好逸恶劳，只是等待社会的关爱、政府的扶助。这部分人尽管数量不多，但负面影响很大，既打击了扶贫济困者的积极性，也动摇了弱势群体自食其力的信心，所以关爱文化的传播切莫把他们置于遗忘的角落。

社会关爱体系能显著增强广大公民对自己所在城市的认同感和归属感，调动了他们参与公民素质建设的积极性，最终会直接促进社会和谐发展，社会文明教育水平稳步提高。

四　丰富社会文明载体

1. 培育弘扬城市精神

以社会主义核心价值体系引领城市社会文明教育，使社会主义核心价值体系融入到城市精神。在弘扬城市精神中，打造城市发展的核心动力，使市民与生机勃发的城市一起成长、同步共进，让市民在弘扬城市精神中升华境界。城市精神是一座城市的灵魂，是一种文明素养和道德理想的综合反映，是一种意志品格与文化特色的精确提炼，是一种生活信念与人生境界的高度升华，是城市市民认同的精神价值与共同追求。城市精神对城市的生存与发展具有巨大的灵魂支柱作用、鲜明的旗帜导向作用与不竭的动力源泉作用。城市精神譬如一面旗帜，凝聚着一座城市的思想灵魂，代表着一座城市的整体形象，彰显着一座城市的特色风貌，引领着一座城市的未来发展。一座城市没有精神，就没有灵魂，就没有准确的核心理念定位，就没有奋勇争先的精神动力源泉。只有打造出自己的城市精神，才能对外树立形象、对内凝聚人心，使全市上下团结一致、共谋发展。城市精神也是城市文明的产物和表现形式，城市化战略的实现要重视城市精神的凝练和城市文明的提升。城市化的快速增长，使得城市的基础设施建设也进入持续高涨期。城市物质形态的进步与改变也要求城市精神面貌进行相应的提升，因此城市精神的弘扬也是城市建设发展的必然选择。城市精神是支配市民的行为方式、价值取向、心理导向的重要精神力量，所以称之为一座城市的灵魂。城市精神集中表现在以下四个方面：在文化生活方面，体现为各类重大活动中的民俗民风，大众文化的精神气质，大学和学术团体的文化风格流派；在行为方式方面，表现为市民普遍认同的习俗和习惯，以及市民在交往方式和社会行为中展示的价值取向和精神面貌；在城市景观方面，表现为渗透在历史遗存、城市规划布局和现代建筑中的精神气质；在规章制度方面，表现为企业的经营理念和风格，以及政府部门的工作作风。

其实，城市精神的实质是现代公民意识。城市精神的实质是什么？应该是多样化多层次的。首先，相对于乡村精神而言，城市精神将折射出城市的基本特点，例如城市生活的节奏、城市生活的方式和理念等。

城市的历史已有数千年，而现代城市精神的历史只有短短数十年，数十年的现代城市精神无疑是多样化多功能的。其次，相对于城市形态而言，城市精神涉及一个城市的品位与格调，城市建筑与城市规划的格调体现着规划、设计、建造者的审美情趣和观念，这无疑也是城市精神的重要组成部分。城市精神的实质更重要的在于城市人的精神状态，所以城市精神归根结底指的是该城市的市民精神。“市民”这个概念在国人的意识中似乎带有某种贬义，即所谓的“小市民”。但其实“市民精神”并不是我们日常所说的“小市民意识”，本质上是指城市生活所需要的公德意识和规则意识，这是因为城市生活中的人际交往的复杂性远远超过乡村生活，城市居民的眼光与视野也更为豁达宽广。所以，现代城市生活更需要现代市民意识的觉醒，市民意识的核心本质是一种“公民意识”，体现为独立精神和责任意识，一种权利和义务相结合相伴随的现代人格。

城市精神是影响市民的行为方式、价值取向和心理导向的一股精神力量，也是一座城市的灵魂所在。一个城市的吸引力与魅力不仅表现在摩天大厦和繁华的街面等物质层面，更应该体现在它的历史文化和亲和力等精神层面。城市文明既尊重个人的自由发展空间，还要培育人际关系的亲和氛围。实践和弘扬城市精神需要营造城市的人文氛围，确立以人为本的现代城市文明建设理念。在城市文明建设中还要用人文精神塑造城市，建设具有人文关怀的精神家园，同时还要保护个人利益的合法性，又不能忽略维护社会公共秩序的至上性等。总之，在弘扬实践城市精神的过程中，着力营造城市更美好的生活环境、人文环境和生态环境。

市民是平凡的，但市民是城市的主人，是城市精神文化与文明的创造者和传播者。城市精神文化与文明的建设有赖于市民素质的提升，市民素质的全面提高则有赖于市民精神的形成。勤劳敬业、正义勇敢、仁爱向善是中国传统道德中普及最广、传播最久、最受欢迎的美德，有着永恒的意义。中华民族史可以说是一部可歌可泣的勤劳敬业史、一部可敬可佩的正义勇敢史、一部可赞可颂的仁爱向善史。中华民族的这些美德传承到当今城市社会，则表现为令人称道、闪闪发光的市民精神。不断地挖掘弘扬这种精神，能反作用于城市社会文明的发展，促进人类社会不断进步。

2. 强化社会文明教育宣传

城市社会文明教育的实现途径是要开展社会文明创建活动。社会文明是一个从较低水平到较高水平、从局部社会文明到整体全局社会文明的实践过程。这就客观现实需要开展社会文明教育活动，通过卓有实效的实践推动社会文明的构建与发展。此外还需要大力发展社会事业，社会事业是社会文明的重要载体，亟须提高认识，将公共生活和社会事业的发展视作生产资料公有制在社会生活的集中表现。社会文明建设还要坚持并深化改革，大力推进医疗卫生、教育文化、社会保障等社会事业的良性发展，保障人民群众拥有稳固的生活基础。

社会文明是一个复杂的系统。社会文明的建设，更需要从实际出发，正确处理一些辩证关系。在微观领域，要处理好代际关系、性别关系、人与自然的关系、人员流动与社会稳定的关系、管理者与被管理者等一系列关系。在宏观领域即小社会领域，需要处理好和谐与不和谐的关系、全局与局部的关系、均衡与非均衡的关系、长期性与阶段性任务之间的关系以及动力与平衡的关系。在正确处理这些关系的进程中，不断推进三峡流域城市社会文明的良性发展。

在城市建设中，文明城市称号是反映城市文明整体发展水平和发展状况的综合性荣誉称号，需要全体市民共同努力，只有充分调动城市市民参与建设的激情，亲自参与到城市文明教育的实践中来，才能充分体现市民的主人翁地位。可以采取多种形式，例如，结合民兵教育训练形式，深入广泛宣传争创文明城市工作推进大会的精神，让广大民兵认识到他们肩负责任，激发他们的主人翁意识及其自觉参与的政治热情。组织民兵群体积极参加重点工程建设、生态环境建设和社会公益事业，通过开展一系列富有成效的创建活动，实现经济建设与国防建设的协调发展，达到富国与强兵的统一。在整个过程中要研究制定创建方案、分解细化创建任务、切实加强组织协调、具体明确创建责任，军政合力落实创建工作；最主要的还是要充分发挥部队的优势，积极开展“双向服务、双向奉献”的共建共育活动。

同时，相关政府部门还可以邀请相关权威人士和学者开展系列专题会议，对城市社会文明建设工作进行深入的探讨。此外，还可以整合社会各方面的力量，开展组织多层次全方位的媒体宣传活动，营造浓厚积极的争创氛围，在三峡流域城市掀起争创全国文明城市创建活动的热潮。具体措施可分为：组织开展理论宣讲活动、学习动员会、文明志愿者服务行动、举办争创全国文明城市知识竞赛类活动、主题宣传活动、“小公民思想道德教育”主题实践活动、制作公益性宣传牌、友情提示等多种形式的争创全国文明城市活动，还需要广泛组织广大干部群众参与争创活动中来，提高市民对争创工作的支持率以提升市民整体素质。

3. 积极宣传优秀道德模范

公民的道德水平体现着一个民族的基本素质，反映了一个社会的文明程度。加强公民道德建设，是提高全民族文明素质的一项基础性工程。评选表彰道德模范，树立典型人物，褒奖群众身边看得见、摸得着、学得到的“平民英雄”，推崇在基层涌现的“凡人善举”，能够有力地引导人们从我做起、从现在做起、从身边小事做起，引导人们见贤思齐、争先创优，使道德模范人物成为大家学习的榜样。伟大时代需要崇高精神的支撑，伟大事业需要榜样力量的引领。一个典型就是一面旗帜，一个模范就是一座丰碑。道德模范是群众推选出来的身边榜样，他们是推进公民道德建设最有说服力、最有影响力的鲜活教材，对形成良好社会风尚具有重要的推动作用，是社会主义公民道德建设的生动实践。当前，我国正处在全面建设小康社会、加快推进社会主义现代化的新的发展阶段，新的形势和任务呼唤新的道德模范产生，呼唤弘扬光大社会主义道德的模范精神。运用道德模范开展思想政治教育，生动形象、说服力强，能够使受教育者与道德模范产生情感共鸣，让受教育者在耳闻目睹道德模范的事迹中获取道德启迪。

（1）积极发掘道德模范。一个道德模范“就是一本鲜活的教科书”，他能使抽象的价值体系变得具体生动，看得见、摸得着，让人民群众可信、可亲、可学。善于发掘道德榜样，运用道德模范的生动事例来教育人、影响人，往往能极大地促进社会的精神文明建设，并能够弘扬正确的社会价值取向，增强道德教育的感染力和实效性。大力宣传道德模范，用他们的先进事迹感召群众，把社会主义道德观念传播到千家万户，在全社会树立鲜明正确的价值导向，营造知荣辱、讲正气、促和谐的社会主义新风尚。这对于推进社会主义核心价值体系建设，进一步提高社会文明程度和公民道德素质，具有非常重要的作用。

首先，加大宣传力度。用道德模范的示范、激励和导向作用引领社会文明风尚建设，把宣传道德模范先进事迹与深入学习实践科学发展观活动结合起来，把学习成果转化为贯彻落实科学发展观的实际行动和强大动力。其次，实事求是地宣传。实事求是是我们党的思想路线，宣传道德模范一定要坚持实事求是的态度，不能过分夸张，也不能无中生有。既要宣传优点，也要注意克服不足。在道德模范宣传的过程中，必须尊重客观事实，掌握分寸，留有余地。切不要任意拔高，言过其实，出现“一好遮百丑”的现象。道德模范的宣传越是真实贴切，越是接近原型，才越有吸引力和感染力，才会使人们能够学、愿意学，而不是望而生畏，敬而远之。道德模范一旦脱离实际，非但起不到示范、激励和导向作用，还可能使人们产生逆反心理，起到相反的作用。所以，在宣传道德模范时，应注意忠于道德模范事实，不溢美、不拔高、不说过头话。最后，拓展宣传渠道。拓展道德模范的宣传渠道，是发挥道德模范作用的一个重要环节。除了传统的报刊、电视手段外，还要采用先进事迹巡回报告、道德模范答记者问等形式。另外，也可以充分利用广播、互联网以及手机短信等各种媒体，通过新闻宣传、文艺作品、公益广告和群众性文化活动等多种方式，广泛开展道德模范的宣传活动，大力弘扬助人为乐、见义勇为、敬业奉献、孝老爱亲的崇高精神。

（2）正确对待道德模范。现实生活中的道德模范，有的是助人为乐，有的是诚实守信，有的是见义勇为，有的是尊老爱幼。他们以自己的实际行动，为社会主义思想道德建设作出了积极贡献，为全社会树立了学习的楷模。然而，如何引导人们正确学习和对待道德模范，是充分发挥道德模范作用的一个重要问题。一方面，要正确认识道德模范。道德模范是旗帜、是榜样，展现着一种风采，孕育着一种希望，代表着一种方向。新形势下，要做好树立道德模范的工作，充分发挥其潜在的激励鼓舞和示范引导作用，必须坚持实事求是、与时俱进，用正确的观念、态度、方法对待道德模范。只有这样，才能避免道德模范宣传“一阵风”、“冷热病”现象的出现。另一方面，学习和弘扬道德模范的精神。道德模范是优秀的道德品质、坚定的道德信念和崇高的道德理想的具体表现形式。学习先进模范人物的活动，是社会主义精神文明建设的重要组成部分，要贯穿于三峡流域城市社会文明教育的全部进程。这需要引导党员、干部和群众虚心向道德模范学习，使社会逐步形成热爱楷模、争当模范的良好风气。

第六章

宜昌：三峡流域城市社会文明教育的创新样本

山至此而陵，水至此而夷，宜昌古称夷陵，一个坐落在湖北省西部的省域副中心城市，中国的动力心脏。

“峡尽天开朝日出，山平水阔大城浮。”20 世纪，诗人郭沫若这样赞美宜昌。

湖北省第十次党代会提出，要“支持宜昌加快建设省域副中心城市、长江中上游区域性中心城市和世界水电旅游名城，成为现代化特大城市”①。

党的十八大胜利召开之后，在新的历史起点上中央开启了新一轮的“改革窗口期”。国家依托长江黄金水道建设中国经济升级版支撑带，支持长江中游城市群建设，深入实施促进中部地区崛起战略，全面开展三峡后续工作；省委省政府作出加快推进“建成支点、走在前列”的战略决定，加快实施“一主两副”、“两圈两带”区域发展战略。②

近 5 年来，宜昌不断创新发展思路，明确了“既大又强、特优特美”的现代化特大城市内涵，确立了“235”城市发展目标、“132”综合实力目标、“14567”具体工作构想，初步形成了“1 + 10”改革总体部署，③宜昌按照“双中心沿江带形组团”的空间布局，东扩、北进、南展，城

---

① 《开启现代化特大城市建设新征程》，《三峡日报》，http：//hbrb. cnhubei. com/html/hbrb/20120704/hbrb1781657. html，2014 年 7 月。

② 《2014 年宜昌市政府工作报告》。

③ 同上。

市骨架以每年3—4平方公里的速度稳步扩展，建成区面积突破100平方公里，省域副中心城市的基本骨架初步形成，功能布局日益完善。目前，总投资300亿元的170多个城建新项目已经启动，“十三五”期间，宜昌城区面积将扩大到200平方公里，形成大都市的格局。[①] 这为今后一个时期的发展打下了战略性、开创性、长远性的良好基础。宜昌已经进入一个全新的发展阶段。[②]

在历经葛洲坝和三峡工程建设后，当前宜昌市委市政府正在抢抓“黄金十年”的第三次发展机遇，努力实现“大城梦”，争取在“十三五”期间，把宜昌建设成为“既大又强、特优特美”的现代化特大城市。努力在省内“建成支点、走在前列”，“一主两副、两圈两带”战略中率先取得突破，使宜昌真正成为宜人之城，昌盛之地。

2011年12月，宜昌市荣获国家第三批“全国文明城市”称号，这是宜昌市委市政府多年来辛勤耕耘的结果，也由此探索出了一条把经济社会发展与社会文明教育有机结合的城市发展之路。

第一节 宜昌城市社会文明教育创新的得力举措

一 构建核心价值，引领社会思潮

案例：[③]

2014年11月9日上午，夷陵中学的学生迎着寒风，再次利用周末休息时间，在开发区城东大道开展文明劝导活动。宜昌市大力开展文明劝导，传递有温度的爱心和原动力。

宜昌市向居民发送《文明礼仪手册》、公共文明礼仪短信，组织开展市民文明素质养成教育活动，引导居民学习践行公共文明礼仪，组织网格宣传员在交通路口开展文明劝导行动，检查片区环境卫生，清理绿化带，清除小广告，成为宜昌城市社会文明教育创新的“亮丽风景线”。

---

① 《宜昌创建全国文明城市纪实之三：山平水阔大城浮》，《湖北日报》，http：//news.cnhubei.com/hbrb/hbrbsglk/hbrb01/201109/t1822447.shtml，2014年7月。

② 《2014年宜昌市政府工作报告》。

③ 本节所涉及的案例均是2014年11月笔者实地调研时由所在地相关部门提供。

各级大力组建文化娱乐协会、社区体育协会等群众性团体180多个，吸引各类文体骨干3400多人，组织开展文化体育节、读书节、广场健身、社区运动会等健康向上的特色文化活动。西陵区云集路社区创作《道德十劝》群口快板、伍家岗区大公桥社区创作小品《社区新鲜事》，将核心价值观编入快板、小品等文艺节目，传扬文明新风，引导群众积极参与公益活动，营造良好的社会氛围。

在公益行动中，宜昌市整合社区退休老党员、入党积极分子、楼栋长、居民小组长、学校学生等社会力量，成立专业志愿服务队276支，注册志愿者23.4万人，广泛开展“邻里守望、情暖宜昌”志愿服务活动，建立志愿者社区登记注册、志愿者招募、志愿项目对接和志愿服务活动记录制度，搭建了“人人为我、我为人人”志愿服务平台，深入开展关爱空巢老人、关爱农民工、关爱进城务工子女、关爱残疾人、维护社会秩序、保持环境卫生、传播网络文明等学雷锋志愿服务活动，促进人们互帮互助、关爱他人、和谐相处。

为了更好地推动社会主义核心价值观融入群众生活，宜昌市在各个网格设立网格心理健康咨询室，组建130人的心理疏导服务队，开通“知心姐姐”心理咨询热线，通过电话、书信、QQ、集体心理健康知识辅导等形式开展心理咨询、个案辅导、心理健康讲座服务活动，帮助引导居民增强心理健康意识和心理调节能力。目前，全市“知心姐姐”心理疏导服务已覆盖70多个社区，举办心理健康讲座150多场，接待各类咨询4200多人次。

此外，一批批普通而不平凡的“社区名人”，纷纷用自己的一言一行践行着社会主义核心价值观，为群众做力所能及的好事、实事，温暖了广大群众。西陵区学院街道四方堰社区的“新市民”、志愿者周礼华，在四方堰社区做了19年义工。19年来，免费为社区居民疏通下水道、为居民楼点亮楼道路灯，成为周礼华乐此不疲的事情。2014年11月6日，在社区开展义务服务的周礼华接受媒体记者采访时说，利用休息的时间，为社区居民，特别是老年居民和空巢老人做点力所能及、举手之劳的事情，助人助己，很开心。

伍家岗区大公桥街道隆康路社区的老党员、79岁的王秀英和她的“老妈妈义务巡逻队”，30年来，坚持在社区开展治安巡逻，多次怒喝盗贼，使其落荒而逃。前些年，王秀英还通过教育引导，帮助所在社区一名厌学的孩子重新回到课堂，如今这个孩子已从北京理工大学毕业，成为社会有用之才。

四方堰社区主任徐家成介绍，四方堰社区的“空巢老人”胡芳琼得到志愿者张其华的关爱服务，2014 年春节，张其华把胡芳琼接到自己家里过年，胡芳琼感慨地说，邻里互助，让她感受到了家的温馨。

社会主义核心价值观是凝聚 13 亿人民全面建成小康社会、实现中华民族伟大复兴的中国梦的共同思想基础和精神纽带。宜昌市各级党委、政府注重坚持以社会主义核心价值体系引领社会思潮。一方面将其纳入各级党委中心组学习内容，纳入党校干部教学培训计划；另一方面在全市深入开展以社会主义核心价值体系为主题的宣教活动，要求进入市民学校课程，纳入国民教育全过程，把培育和践行社会主义核心价值观作为一项紧迫的政治任务来抓。同时把践行社会主义核心价值观融入到市民生活、学习、工作等方方面面，积极营造培育和践行社会主义核心价值观的浓厚氛围，广泛开展节俭立德、学雷锋等公益活动，让社会主义核心价值观入脑入心、融入生产生活、形成积极价值取向，让人民群众在潜移默化中感受到道德的力量。伴随“我在宜昌、我爱宜昌、我为宜昌作贡献”活动的深入推进，一大批文明行业、文明单位、文明村镇、文明社区典型涌现，遵守社会公德、维护城市形象、科学文明生活已成为广大市民的自觉行动。

宜昌市在社区黑板报、宣传橱窗、电子显示屏、小区灯杆等宣传载体刊播“图说我们的价值观”公益广告 4800 多条，在楼门展示牌、文化活动室张贴“图说我们的价值观”公益广告 10 万多份。宜昌市通过多种形式全方位开展“图说我们的价值观”公益广告宣传，以强烈的视觉和听觉冲击力，让核心价值观“24 字”走进群众身边，融入百姓生活，营造了核心价值观随处可见、家喻户晓、入脑入心的浓厚氛围。为全面深化改革、加快转型发展、建设现代化特大城市凝聚起强大的正能量。同时，把夷陵广场、五一广场、儿童公园建设为“宜昌好人”广场和“核心价值观”主题公园，集中展示道德模范、身边好人的先进事迹，为群众营造出感受道德力量的精神乐园。

宜昌市从城镇到乡村，广泛开展“践行核心价值观、争当最美宜昌人”主题实践活动，把社会主义核心价值观融入各个领域、行业、部门的具体职责和管理制度中，制定《宜昌市市民守则》、《宜昌市市民文明公约》、村规民约和职工守则等规章制度，倡导积极健康、文明和谐的生活方式和社会风尚，使核心价值观成为群众日常工作生活的基本遵循。广泛开展道德楷模、宜昌楷模和身边好人推荐评选活动，层层设立善行义举榜，传扬美德善行，建立道德讲堂1028所，宣讲好人事迹3000多场次，建立“村民道德理事会”2100多个，召开道德理事会议14000多场次，引导农民自我教育、自我管理和自我提高。

二　强化道德实践，培育文明风尚

案例：

由宜昌文明网、三峡宜昌网和《三峡日报》共同推出的“宜昌好人”网络专题，主要展示那些在坚持中书写奇迹、在担当中诠释责任、在纷扰中秉承信义、在奉献中传递大爱的宜昌人，比如李广佳、郑琦、李文英、张宗淮、王劲松、黄丽丹等。平凡的他们，分属不同的年龄层，或青春勃发，或人到中年，或翁妪齿稀，但是，他们以各不相同的生活轨迹、人生选择，感动了全社会，成为“宜昌形象”的代言人，共同筑起了宜昌“精神高地”。

“今天的‘德耀中华’，来听第四届全国道德模范候选人罗长姐的母爱故事。”2013年8月15日，中央电视台《新闻联播》在头条“德耀中华”栏目中，用4分13秒的时间讲述了五峰土家族自治县湾潭镇85岁老人罗长姐的母爱故事。这位不愿给部队增加负担，把患有狂躁型精神病后遗症的儿子带回老家照顾了37年的老人，感动了亿万观众。

近年来，在宜昌各个行业、各个领域，已涌现出一大批像罗长姐一样的道德模范与身边好人，他们有的助人为乐，有的见义勇为，有的诚实守信，有的敬业奉献，还有的孝老爱亲。他们用自身行动感染了身边的每一个人，推动着宜昌精神文明建设再上新的台阶。

在三峡宜昌，曾诞生了伟大的爱国诗人屈原、和平使者王昭君等历史名人。古往今来，在他们的身上，均彰显出峡江的气度和大城的精神。华夏文明的延续，理想精神的传承，已勾勒出一道楷模辈出、真情涌动的道德风景。

多年来，宜昌市始终把精神文明建设摆在全市工作的突出位置，不断强化精神文明建设，在全市营造了崇尚、学习、关爱、争当道德模范和身边好人的浓厚氛围，涌现出了一批在全国、全省有影响的道德模范和身边好人，他们或充满爱心助人为乐，或见义勇为舍生忘死，或诚实守信坚守正道，或敬业奉献虔诚勤勉，或孝老爱亲血脉情深，在他们身上集中展示了新时期宜昌人民鲜明的价值取向和良好的精神面貌，是宜昌道德建设成果的生动缩影，是文明宜昌的精彩写照。大力弘扬道德模范的崇高精神，扎实推进社会公德、职业道德、家庭美德和个人品德建设，让越来越多的市民像道德模范和身边好人那样，多做举手之劳的好事，多办惠及他人的实事，争做社会主义道德建设的参与者、示范者和引领者。

宜昌市广泛开展以弘扬社会公德、职业道德、倡导家庭美德、提升个人品德等为主要内容的系列道德实践活动，引导市民在活动中接受熏陶，在参与中提高素质。各社区积极开展以宣传普及公共文明礼仪知识、全民阅读、倡导低碳生活、爱国歌曲大家唱等群众性“讲文明树新风”活动，精心组织推荐评选全国、全省和宜昌市道德模范，推出以郑琦、杨自会、李广佳、薛家清、孙万清等一批在全国、全省有重大影响力的道德模范典型。有效开展“我推荐，我评议身边好人”、“道德模范巡讲网上行”、“道德模范基层巡讲报告会”等群众性互动交流活动，推动全市形成学习、敬重、争当道德模范的浓厚氛围。广泛开展劝导不文明行为、关爱空巢老人、关爱农民工、关爱农村留守子女等一系列主题志愿服务活动。深入开展网吧经营秩序、网络环境和校园周边环境综合整治，广泛开展“文明伴我成长”、“做一个有道德的人”等主题教育活动，形成了有利于未成年人健康成长的社会文化环境，被中央文明委表彰为“全国未成年人思想道德建设工作先进城市”。

三 坚持教管结合，养成文明习惯

宜昌市在社会文明教育中，坚持管教结合的方法，一边加强对市民的管理；一边通过广告宣传、举办活动、问卷调查等多种方式加强对市民的教育。采取这样双管齐下的办法，宜昌市民的文明习惯在短时间内得到大幅改善。

在城市管理方面，开展市容环卫秩序专项整治，大力整治环境卫生、乱搭乱建、乱贴乱画、乱堆乱放等不文明现象。开展公共交通秩序专项整治，进一步加强严管严罚示范街、停车场所的建设管理，严管重罚乱停乱放车辆行为。开展“门前三包”责任制落实专项整治，研究制定相关激励、奖惩机制，统筹实施常态监管。开展“出店经营”专项整治，依法依规整治和纠正占道经营、出店经营现象，严禁以街为市。开展市场秩序专项整治，进一步明确业主管理责任，切实加强集贸市场秩序常态监管。开展文化环境专项整治，大力开展以规范网吧经营秩序，打击网络、手机传播不良信息等违法犯罪行为，净化校园周边环境为重点的社会文化环境综合整治。开展客运秩序专项整治，依法依规严厉打击车站、码头、机场及城乡接合部等重点部位的无证经营、拉客、“宰客”、拒载等违法违规行为。开展惩戒不文明行为专项执法行动，依法依规严厉惩戒不文明行为。

在文明宣传方面，深入开展“讲文明树新风”公益广告宣传。市内媒体开设专栏（题），围绕积极培育社会主义核心价值观、社会道德行为规范、生态文明建设和与人民群众生活关系密切的交通、食品安全等主题，做好“讲文明树新风”公益广告制作刊播工作，充分发挥公益广告在加强精神文明建设，传播文明、引领风尚中的重要作用。倡导生态文明理念，广泛开展生态文明专项宣传教育活动，普及低碳经济、环保节能知识和低碳生活常识。围绕“学习践行公共文明礼仪，争做文明有礼宜昌人”主题，开展公共文明礼仪知识专项宣传教育活动，编印《宜昌市民文明生活指南》、《礼行天下——宜昌市民文明礼仪手册》10 万册，发放公共文明礼仪温馨提示卡 100 万份。全市各机关、企事业单位、街道、社区共举办各类文明礼仪知识培训和讲座 500 多场次，受众超过 50 万人次。累计发送公共文明礼仪公益短信 6500 万条。全市共有 30 万名机关干部、社区居民连续两年参加市民公共文明礼仪知识测试。同时加大对不文明行为的惩戒力度，组织 13 个涉及城市管理的执法部门，联合发布《关于治理不文明行为实施行政处罚的公告》，组织近万名志愿者上街开展文明劝导。在全省率先开展对不文明行为实施处罚，得到市民的广泛支持。

在开展文明活动方面，推进“文明交通行动计划”。继续实施“文明交通行动计划”，广泛开展文明交通宣传活动，强化市民交通法规意识，自觉做到不闯红灯、不跨越护栏、不违规停车。广泛开展“文明交通”志愿服务活动，劝阻不文明行为。深化“我们的节日”主题活动。在清明、端午、重阳、春节、元宵节等传统节日前后，以民俗庙会、凭吊先烈、龙舟比赛、中秋赏桂等为内容，突出文化内涵，突出民俗活动，弘扬民族精神、传承民族文化。深化“文明餐桌行动”。以提高广大市民文明健康素质和社会文明程度为目标，以“文明用餐、节俭惜福”为主题，继续开展文明餐桌示范街、示范店、示范食堂创建活动，不断完善宣传推动、督办考核、表彰奖励等工作制度，做到不剩饭，不剩菜，大兴勤俭节约之风。

案例：

宜昌市高新区高度重视社会文明宣传教育。一是营造浓厚宣传氛围。各街办、社区在公共场所设立了280余块遵德守礼提示牌和讲文明树新风公益广告牌；建管办在主干道设立200余块遵德守礼提示牌和公益广告牌，在楠苑广场设置30块“中国梦”公益广告展板。对建筑工地、企业围墙统一规划设置讲文明树新风公益广告画；各社区、小区张贴文明宣传资料，入户发放《至居民的一封信》、调查问卷，入户率100%；流动宣传车到人口密集处广播宣传；文明提示小喇叭在各公汽站、十字路口循环播放。二是普遍深入开展道德讲堂活动。学习道德模范先进事迹，宣扬中华传统美德。三是广泛开展关爱他人、关爱社会、关爱自然等学雷锋志愿服务活动，共举办各类活动48次，参与志愿者人数1481余人次。四是扎实开展文明劝导。全区共1000余名文明劝导志愿者，合理分布值勤，劝导随地吐痰、乱丢垃圾、横穿马路等不文明行为，履行市容监督员、文明劝导员和重要信息员的职能。

四　切实改善民生，彰显主体地位

宜昌社会文明教育与解决实际问题相结合，坚持以人为本发展理念，切实加强改善民生，取得了显著成效。近5年来，市、区两级政府先后融资投入70多亿元资金，全面加强了城市绿化、道路改造、交通配套设施和市、区级图书馆、文化馆等公共文化基础设施建设，为实施创建文明城市提供了可靠的投入保障。29个公园、36个游园、37块街头绿地全面建成，22个城乡接合部及杂居小区、58个农贸市场、240多处背街小巷、近万家“七小门店”综合整治成效显著，城区旱厕全部得到改造，背街小巷路灯、环卫设施全面升级。宜昌市政府为市民做了一件件看得见、摸得着、受益广的实事，市民生活环境和生活质量得到显著提升，幸福指数也不断提高。

首先，加快城市环境建设。生态是宜昌最大的特色，也是最大的优势，在城市建设中，始终坚持后现代理念，慎挖山、少砍树、禁填水，依山就势建新城，彰显宜昌山水特色。充分利用自然因子建设绿色亲民的公园、广场、绿地、水景、园林小品等景观节点，打造生态和谐之城。宜昌市开工建设运河公园、柏临河公园、卷桥河公园等公园项目。着力构建城区“六大水系、八大公园”生态系统，展示60余公里的“江穿城、城镶山”的城市新画卷。城区磨基山、求雨台、城东公园等六大公园相继开工建设，开工建设面积达100公顷。毕三年于一役，投资近2亿元，完成宜昌运河整治，形成了“一线穿六园”的宜昌市民乡愁记忆。推进绿色房屋大普及。以政府投资的公益性建筑和大型公共建筑为突破口，带动房地产等社会投资项目，全面促进绿色房屋建设和既有建筑绿色化改造。水资源利用大循环，采取“慢排缓释”措施，在宜昌新区建设中探索修建综合管沟，就近吸收、存蓄、渗透、净化雨水并加以利用，逐步探索建设海绵型城市。在市区推进城市亮化工程，针对长江江堤实施全面整治工程，为广大市民提供江边休闲的场所。每天在宜昌新闻节目播放期间发布环境质量监测数据，包括PM 2.5数值和各区污染指数。

其次，抓好城市管理和环境整治。在全市各大市场，宜昌市委市政府着力建设“菜篮子工程”，促进农贸市场超市化、柜台化。以高新区南苑市场为例，以前走进该市场，放眼望去，整个市场杂乱无章，蚊虫垃圾随处可见。如今走进该市场，整齐干净的购物环境让人眼前一亮。这种改变使市民买菜变得放心舒心。针对垃圾清理问题，宜昌市在近几年建立起了3个大的垃圾处理厂，推动垃圾无害化处理。在居民区，则是教育广大市民进行垃圾分类，垃圾袋装化处理。全市已运营垃圾处理厂十余座，实现了每个县城均有污水处理厂，污水处理、垃圾处理和污泥焚烧等环境保护工作顺利走在全国前列，垃圾无害化处理率达到93.73%，生活污水处理率达到91%。

最后，构建城市立体交通体系。贯彻以人为本、全面、协调和可持续的科学发展观，促进资源节约、环境友好、社会公平、城乡协调发展，保护自然与文化资源；落实优先发展城市公共交通的战略，优化交通模式与土地使用的关系，统筹各交通子系统协调发展；以基础设施建设为重点，以交通结构优化调整为主线，以建设绿色交通为理念，以科技进步和机制创新为保障，全力构建一体化的现代综合交通体系，全面服务于宜昌城市和社会经济发展的需要，助推宜昌实现城市跨越式发展，构建区域综合交通运输枢纽。打造长江中上游区域性交通枢纽城市，构筑畅达便捷、安全高效、集约低碳的现代化综合交通运输体系，支持和引导城市产业发展，为宜昌建设世界水电旅游名城、长江中上游区域性中心城市、湖北省域副中心城市提供支撑。

表 6—1　　宜昌远期（2030 年）交通发展主要服务指标

指标	分指标	市域	规划区	中心城区
效率指标	85%单程出行时间（分钟）	≤45	≤35	≤30
	公共交通出行占机动化出行比重（%）	≥45	≥48	≥50
	85%公共交通单程出行总时耗（分钟）	≤60	≤40	≤30
	机动车平均行程车速（公里/小时）	≥45	≥25	≥25
	交叉口平均延误时间（秒）	≤15	≤20	≤20
安全指标	万车事故率（人/万车/年）	≤10	≤9	≤8
	万车死亡率（人/万车/年）	≤2	≤1	≤1
环境指标	交通噪声［dB（A）］	≤70	≤68	≤68
	大气 CO/NOx 浓度	一级	二级	二级

表 6—2　　宜昌远期（2030 年）交通系统发展主要控制指标

指标名称	市　域	规划区	中心城区
交通投资占 GDP 比例	4.5%—5.0%		
道路网密度（km/km²）	—	—	4.5—5.0
轨道交通规模（km）	70—80		
公交线网密度 km/km²）	—	2.5—3.0	2.5—3.0

表6—3　　宜昌市远期（2030年）各类交通方式出行比例结构　　（单位:%）

特征 年	步行	自行车（含电动自行车）	摩托车	公共交通	轨道	出租车	私家车及单位配车	单位班车	其他
2011	50.70	6.10	9.60	21.90	—	1.5	6.8	1.2	2.19
2030	44	5	1	25	8	3	11	1.5	1.5

目前，宜昌BRT快速公交系统已投入运行。宜昌BRT，是目前全国单条线路最长、站距最短、站位最多、施工难度最大的BRT项目。它将像一条闪亮的彩带，把宜昌老城与新城、社区与商业中心紧密地连在一起，极大地缓解这个沿长江而生的狭长城市日渐拥挤的压力。

为了突出人性化、特色化，增强城市景观的吸引力，宜昌规划打造城市慢行交通重点发展区，分别是：三峡大坝景观慢行区、峡口平湖滨水休闲慢行区、西陵城市中心商业慢行区、伍家岗城市中心枢纽慢行区、点军沿江居住慢行区、三峡机场枢纽慢行区、猇亭枢纽慢行区和白洋枢纽慢行区。慢行交通主要由滨水绿道、自行车道等组成。

这些惠民工程与社会文明教育相结合，使宜昌的市容市貌大为改善，更有效地推动宜昌向宜居、宜商、宜旅、宜学的方向发展。

五　打造宜学之城，鼓励全民教育

坚持教育先行，将教育、科技、文化事业发展与产业发展、就业创业等统筹部署、整体推进，把宜昌建设成为教育事业发达、学习环境优越、优势人才聚集、适宜学习创业、具有创新创造和发展活力的宜学之城。[①] 纵观历史，科学技术曾使人类社会出现了三次大的飞跃。第一次飞跃是以蒸汽机的出现为标志的产业革命，人类社会开始了工业化进程。第二次是以电力广泛使用的电气时代革命。第三次飞跃便是正在深入展开的以微电子技术为核心的信息革命，人类社会便开始进入“数字化”时代。自然知识解决的是物的秩序，社会知识解决的是人的秩序，是精神价值的秩序。城市建设需要自然知识，也需要社会知识。加快社会文

---

① 廖达凤：《打造宜学之城，助力大城建设》，载宜昌公共门户，http://www.yichang.gov.cn/art/2013/12/16/art_161_480610.html，2014年3月。

明教育创新关键是促进知识创新。从古到今，每次文明的更迭均伴随着知识的重大创新。宜昌市在向特大城市迈进的过程中，认真落实科学发展观，遵循教育发展基本规律，按照“促进公平、追求卓越、推动创新、服务发展”思路，进一步优化配置教育资源，巩固提升基础教育，突破性发展高等教育和职业教育，推动各级各类教育全面、协调、可持续发展，推动教育和产业融合发展，不断提高人才培养规模和办学水平，全面提升宜昌教育的辐射影响力和核心竞争力，为建设现代化特大城市提供更加有力的人才支撑、智力支持和精神动力。

1. 学城共进，提升特大城市吸引力

坚持一手抓现有学校提档升级，一手抓新区学校规划建设，促进新老城区教育齐头并进、均衡发展。对老城区优势教育资源集中的学校、办学规模较小的学校，通过改建、扩建、搬迁、撤并等方式，同步整合师资力量，提升学校办学规模和水平。同时高标准新建一批学校，着力化解优质资源分布不均衡等热点难点问题。综合考虑新区经济发展、功能分区、人口密度、生源结构等要素，按照全面覆盖、方便就学、满足需要、适度超前的原则，加快编制新区教育规划，有序推进中小学扩容建设工程，先行配建一批现代化学校，优先提升新区公共服务能力，努力将宜昌新区打造成优质教育资源的聚集区、素质教育的示范区，促进城市建设与教育发展互融共进、相辅而行。

宜昌市社区科普大学总校暨首家教学点于2015年9月25日在白龙井社区授牌揭牌，大学每周四下午授课。社区科普大学是依托社区和社区居民自治组织兴办，面向社区居民、贴近生活、贴近实际，非学历、非正规、大众性的科普教育活动平台，进一步促进全民素质的提高，丰富中老年朋友业余文化生活，社区通过开展丰富多彩、形式多样的科普活动，使中老年朋友有一个活跃身心、发挥特长的空间，从而使他们老有所为、老有所教、老有所学、老有所乐。提高社区居民树立科学理念，掌握科学知识，增强科学意识和鉴别能力，破除愚昧思想和落后习俗，提高科技文化素质，建立科学文明的生活方式，促进社区经济、文化的发展，构建和谐社区。社区科普大学所开设的课程必须是贴近生活、贴近实际、百姓喜欢的课程。主要分为：素质课，如市民文明礼仪、社交礼仪等；健康课，如家庭用药常识、家庭保健、合理膳食、食品安全、养生之道等；休闲课，如书法、绘画、音乐、舞蹈等；文化课，如日常英语、计算机、板报设计等；综合课，如家政服务、家电维修、美容美发等。

宜昌市科协在社区创建科普大学，乃是顺应基层社会结构发生重大变革的新形势，与时俱进地对开展具有中国特色、时代特征、本地特点的社区科普活动之路的一次积极探索，是对城区科普创新的一次成功的突破。它为宜昌市各级科协和科普组织在社区开展群众性、社会性、经常性的科普活动，普及科学文化，提高居民的科学文化素质，构建社会文明教育创新体系找到了一个崭新的切入点和立足点，因而具有理论意义和现实意义。

创建社区科普大学，乃是促进科普活动群众化、社会化、经常化，提高普通公民的科学文化素质的创新举措，它一改过去那种零打碎敲、无序运作的科普旧颜，为科普活动的规范而富有成效地运作构筑新的平台，从而显示科协工作的勃勃生机，为宜昌社会文明教育创新找到新的途径。

社区科普大学的创建，为广大自然科学和社会科学工作者普及科学文化，报效国家、服务人民搭建了广阔的舞台，特别是充分发挥了本社区老科技工作者的作用，为他们奉献余热，实现老有所为、老有所乐，开辟了广阔的天地，提供更为方便的条件。他们能充分发挥自己的聪明才智，或者欣然出任教师，或者领办各种不同类型的培训班和讲座，或者参与教学管理、担任班级辅导员，为科普工作、创建文明社区献计出力。

在社区创建科普大学，是科普创新的需要。创建社区科普大学，普及科学文化，开展群众性、社会性、经常性的富有时代特色和科协自身特色的科普活动，是宜昌市科普工作的一项创新。它把科普组织网络不断向基层延伸，这也促使宜昌市的科普志愿者队伍不断发展壮大。而所有这一切对于科普工作创新来说都是极为宝贵的。由此可见，创建社区科普大学是科普工作创新的突破口，也成为社会文明教育创新的突破口。

2. 校地互融，增强特大城市软实力

重点从三个方面入手。一是突破性发展高等教育。完善省市共建、市域统筹为主的高等教育管理体制，探索建立高校分类指导服务体系，推动各级各类高校办出特色、争创一流。支持三峡大学加快建设特色鲜明的高水平综合性大学，早日跻身全国地方高校“百强”。支持三峡大学科技学院和各高职学院进一步扩大办学规模和提升办学层次。大力引进国内知名大学、科研院所在宜昌办分校、研究生分院和科研转化基地。坚持学研一体，积极提升在宜高校科技创新能力，重点建好一批研发创新平台，组建一批产学研创新联盟，成立一批技术转移中心，培育一批科技实体，促进产学研用紧密结合，促进校区、园区和城区“三区联动、共赢发展”。二是大力发展职业教育。围绕化工、装备制造等重点产业集群和医学教育、师范教育等民生重点领域，以“校企合作、校企一体化”为目标，组织行业、企业全过程全方位参与职业院校办学，促进学校与企业合作、专业与产业对接、学习与工作一体。加快推进宜昌职教园建设，以集团化办学为抓手，积极探索“一年在县市职教中心打基础、两年在职教园强技能”的合作办学新方式，把职教园打造成区域性的职业教育中心和全省中职学生技能大赛的赛事中心。健全中高职院校之间实验实训资源共享机制，推进中高职教育“五年一贯制”培养试点。力争经过3—5年努力，新增2所国家示范性职业院校，50%以上的职业院校进入省级示范学校行列，建成一批国家级实训基地，职业院校毕业生同时取得学历证书和职业资格证书的比例达到85%以上。三是积极发展继续教育。实行校社共建、资源共享，推动中小学校与社区对接，打造面向全体市民的学区，集中各部门力量共同开发市民教育课程，使学校成为广大市民的社区学习中心和素质提升中心。大力发展现代远程教育，办好开放型大学，搭建终身学习平台和站点，构建学历和非学历教育并举、职前职后贯通的继续教育体系，形成教育机构、社会机构和企事业单位共同参与继续教育的格局，把宜昌建成名副其实的学习型城市。

3. 内外并举，提高特大城市辐射力

坚持教育数量规模扩张与质量效益提升相结合，一手抓内涵增长、推动现有教育提档升级，一手抓外延扩张，通过招商引智提升教育优势，不断增强现代化特大城市的辐射带动力。一是固本强基，提升教育水平。进一步发挥基础教育全省领先优势，不断深化以高位均衡、素质教育改革、高效轻负、教育资源的深度开发和集约利用为特色的各项改革，使宜昌成为基础教育改革的先行区和示范区。支持在宜高等院校、大胆改革创新、开放办学、特色发展，拓展教育领域、提升办学质量。以中国残疾人艺术团附属学校建设为契机，进一步改善宜昌市特殊教育学校的办学条件，努力将该校打造成国内知名的特教学校。二是争优创名，打造教育品牌。鼓励学校开展建立校际联盟、集团化办学、学区化管理等方面的尝试，扩大优质教育资源，扩大名校的影响力。着力培育引进一批省内一流、全国知名的名校、名师、名校长，成为教育事业发展的引领者，成为现代化特大城市的新名片。支持市内学校以各种方式与国内外知名学校、教育和科研机构、企业开展合作，强强联合，实现双赢。利用宜昌市区位优势，积极将优质教育资源直接向市外辐射，进行教育产品有偿输出和咨询服务。三是多元办学，聚集科教资源。着力深化教育体制改革，强化政府公共教育服务的责任和义务，鼓励和引导民间资金以多种方式进入教育领域，形成政府主导、社会参与、主体多元、形式多样的办学格局，促进民办学校和公办学校有序竞争、协调发展。

六　致力生态建设，打造青山绿水

案例：

如今的滨江公园比以往更清新秀美。长江宛如玉带绕城东去。花间亭下，到处可见休闲人群。江边商业区，高楼大厦鳞次栉比。背街老巷子，照样干净整洁。“水电之都”宜昌是国际知名的旅游城市，年接待国内外游客1500多万人次。提升城市品位，保护青山绿水，既能让市民享受实惠，又能对外展示城市形象。

近年来，宜昌先后投入几十亿元，实施绿化、美化、亮化工程，对城东大道、沿江大道等33条主次干道实施提档升级综合改造，新增城区道路100多公里等基础设施和民生项目，构成一幅人文与自然和谐相融的美丽画卷。

为保青山绿水，创宜居环境，宜昌向污染宣战：投资数十亿元的80多个有污染的工业项目被拒之门外，全市关停取缔约30家污染环境的小纸厂、小水泥厂等企业，城区搬迁改造近100家老企业。

伍家岗大公桥社区居民王卢汉嫌环境不好卖掉老房子，买了新房结婚，如今却追悔莫及。昔日小区的臭水沟如今成了郁郁葱葱的生态走廊；垃圾山成了街坊邻居的健身场；老人们在鲜花簇拥的广场上翩翩起舞，环境改善后房子也增值了。“这是文明城市创建带来的变化。”王卢汉悔中有喜。

现在宜昌森林覆盖率达58%，城区绿化覆盖率在40%以上，人均公园绿地面积10多平方米，年空气质量二级以上天数达350天。这座“绿色之城”因此先后获得“中国优秀旅游城市”、“国家园林城市”、“中国十佳宜居城市”、“国家卫生城市”和“国家环境模范城市”等称号。

目前城区园林绿化总面积达5475万平方米，绿化覆盖率和绿地率分别为41.25%和35.88%，公园绿地总面积1175万平方米，人均公园绿地面积14.15平方米。宜昌市在生态文明建设实践中牢牢把握“绿色决定生死”理念，坚定不移走绿色发展之路，坚持“城市、乡村、产业”统筹谋划、同步推进、协调发展，提出了建设“既大又强，特优特美”新宜昌的战略目标，把城市建设、乡村治理、产业发展与生态建设结合起来，充分展现宜昌的绿色之美、自然之美和生态之美。在“生态城市”建设中，宜昌以“建筑节能”为抓手奠定城市建设基础，并制定“三个绿色化”努力目标。

改善三峡生态环境，宜昌大力实施天然林保护、退耕还林等工程，涵养水源。三峡大坝开工至今，全市森林面积增加193万多亩，库区水土流失面积下降8%，土壤流失总量大幅减少。为让环境造福于人，宜昌实施“退城进园”策略，搬迁城区工业污染源。同时，全面加强城市绿化及生态园林建设，城区绿化覆盖率达40.58%，人均公共绿地10.44平方米。

为保一江清水向东流，宜昌把生态建设与经济建设结合起来，从源头抓环保，变“招商引资”为“招商选资”，把环境保护、资源消耗、能源综合利用作为“选资”的首要条件。当项目与环保相冲突时，坚决说“不”。近几年，全市因环保问题而拒绝的项目总额度已超过100亿元。

建立环保长效机制，宜昌把节能降耗和减排的指标列为对各县市区、市直部门绩效考核的重要指标。如今，全市52家重点工业企业单位产值能耗同比下降15.98%，主要工业产品综合能耗已经达到或接近国内同行业先进水平。宜昌开发区成为国家级循环经济试点园区。

近年来，为确保城市人居环境，宜昌实施工业企业“退城进园”，全市共搬迁、关停并转城区生产能力落后、污染严重的企业数百家；持续开展环保专项行动，全面开展工业企业污染治理，对百余家企业实行了挂牌督办。

正是这充满长远眼光的决策，面对后危机时代的新一轮城市间竞争，宜昌已经为再一次提档升级埋下了伏笔。

与治理工业企业同步，宜昌市把“三城联创”（创建全国文明城市、国家卫生城市、国家环保模范城市）当作最大的民生工程之一，解决人民群众反映的突出问题，不断强化环境监管和污染治理，改善和优化人居环境。

“十一五”和“十二五”期间是宜昌市“生态城市”建设的初步探索阶段，建筑节能工作稳步推进，绿色建筑发展势头良好，生态城市建设初见端倪。一是强化新建建筑节能。严格执行建筑节能“专项设计、专项审查、专项施工、专项监理、专项监督和专项验收”管理制度，保障全市公共建筑执行 50% 节能标准，居住建筑执行 65% 低能耗标准。2014 年前 9 个月，就完成新建节能建筑面积 398. 2 万平方米。二是加快绿色建筑规模化发展。在宜昌市政府投资的公益性、大型公建项目中积极推广绿色建筑。截至 2014 年 10 月，宜昌市共有 5 个项目获得国家绿色建筑评价标识，总建筑面积 12. 43 万平方米，正在设计和申报绿色建筑标识评价的建筑面积 80 多万平方米。三是大力推广可再生能源。全市加大可再生能源建筑应用推广力度，在学校、医院、酒店等公共公益性建筑中率先推广。截至 2014 年，经 16 次专家评审会评审，全市审批公示的示范项目 149 个，总建筑应用面积 357. 26 万平方米。四是加快既有建筑节能改造。2014 年全市完成既有建筑节能改造面积达 75. 6 万平方米，其中既有公共建筑改造面积 11. 3 万平方米，既有居住建筑改造面积 64. 3 万平方米。

“十三五”期间，宜昌市将按照“政府引导、市场运作；典型示范、整体推进；政策激励、规范约束；因地制宜、经济适用”原则，构建“建筑绿色化、基础设施绿色化、配套产业绿色化”三个绿色化的生态城市发展新格局。仅以建筑绿色化为例，宜昌市自 2015 年 1 月 1 日起，10 万平方米及以上的房地产项目、政府投资的公益性建筑、大型公共建筑和中心城区的保障性住房全面执行绿色建筑标准。到 2020 年，实现宜昌绿色建筑发展总体水平居中部地区前列，并打造一批国家级、省级绿色生态城区。

为实现“三个绿色化”，宜昌市拟定了部门联动、试点示范、技术支撑、政策激励等七个方面的推进措施，以期建立政府引导、市场运作、社会参与的有效推动发展模式。今后，宜昌市将全力推进城市建设步入绿色、循环、低碳的科学发展轨道，让绿色成为一种生活方式，一种城市文化，一种人人可以参与的行为和时尚。

七　借力区域发展，推进城市繁荣

长江经济带从20世纪80年代开始酝酿，历经30余年，产生长三角、中部城市群、成渝城市群，呈现当前三大板块风貌。在三大城市群之间，长三角与中部城市群已经实现无缝对接，而在中部城市群与成渝城市群之间还存在狭长的真空地带。从长江中下游城市带发展的历程中，人们不难发现此前存在着一个以合肥为中心的江淮城市群，最后以中部城市群副中心的身份融入中部城市群，从而进入国家战略层面。如何实现长江中上游经济带的无缝对接及弥合中部城市群与成渝群空间结构的“缺陷”，以三峡区域某一个中心城市打造一个新兴的三峡城市群，正可谓顺势而为，应运而生。三峡城市群是以长江三峡流域及其周边城市组成的城市组群。从地域上来讲，大致包括湖北省的宜昌市、恩施土家族苗族自治州、神农架林区以及重庆市万州区。从湖北省“一主两副”、“两圈一带”发展战略，特别是实施“宜荆荆”城市群发展战略来看，荆州、荆门与宜昌、与三峡有着不可分割的历史与现实的紧密联系，也应该纳入其中。因此，三峡城市群应由上述六市州区构成，未来崛起在长江中上游经济带接合部，可以完美消除两大城市群间的衔接梗阻，实现整个长江经济带的协调发展。

宜昌地处长江中上游接合部，渝鄂湘三省市交汇地，是举世瞩目的三峡工程所在地，也是湖北省重点支持发展的省域副中心城市，经济总量位居湖北第二。近年来，宜昌市坚持“沿江突破”战略，着力打造“沿江万亿经济走廊”，GDP增幅连续11年高于全国、湖北平均水平，2014年突破3000亿元，继续位居沿江19座同等城市第4位。全市总人口415万人，总面积2.12万平方公里。中心城区建成区面积约160平方公里，常住人口约150万人。宜昌是长江流域重庆至武汉之间唯一GDP

过 3000 亿元的城市，是长江中上游承东启西、通江达海的区域性综合交通枢纽。宜昌是举世公认的长江上游和中游的地理界线，是畅通长江三峡、盘活长江黄金水道重要棋子，东连武汉两型社会试验区，西临重庆统筹城乡发展试验区，承担着集聚、辐射、带动汉渝两大中心城市之间 400 多公里三峡区域的历史重任。

众所周知，宜昌是国家最大水电能源基地。在以宜昌城区为中心、半径 40 公里的范围内，已建成长江葛洲坝、清江隔河岩和高坝洲 3 座大中型水电站，为华南、华东地区经济发展和人民生活提供了丰富的能源。也可以说宜昌是全国乃至全球最大的清洁能源基地，规划建设三峡城市群，以绿色环保为先导，有利于把最大能源基地变成重大产业基地，加快把长江经济带建设成为具有全球影响力的内河经济带，加快补强长江经济带的经济短板，实现长江经济带的大贯通和一体化发展。

可以看出，宜昌近年来走出了一条经济跨越发展、社会文明进步的综合发展之路，目前又面临长江经济带开放开发的大好机遇，宜昌势必会在建设省域副中心城市和长江中上游区域性中心城市的进程中发挥辐射带动作用，使其成为长江中游城市群的重要支撑和湖北“建成支点、走在前列”的重要引擎，势必担当起湖北三峡城市群崛起的脊梁。

因此，宜昌的社会文明教育创新也可以借着这股东风，顺势而为，向着更加美好的未来发展。

第二节　宜昌城市社会文明教育创新的丰硕成果

一　“全国文明城市”花落宜昌

2011 年 12 月 20 日，中央文明委召开全国精神文明建设工作表彰大会，宜昌市被中央文明委授予“全国文明城市”荣誉称号，实现了湖北省创建全国文明城市“零的突破”。宜昌是“宜人之城、昌盛之地”，是湖北省委省政府重点支持发展的省域副中心城市、长江中上游区域性中心城市和世界水电旅游名城。全国文明城市是对一个城市整体实力和发展质量的综合考量，是一个城市物质文明、精神文明、政治文明、社会文明、生态文明协调发展的全面体现，是一个城市科学发展、社会和谐、民生幸福的重要标志。宜昌市委市政府始终把创建文明城市作为推动科学发展、跨越式发展、全面提高人民群众幸福指数的重大举措，牢固树立全民创建、创建为民、以人为本、人城共进的理念，举全市之力，整合资源、统筹推进，持之以恒、永不言败、永不放弃，历经15年艰苦奋战，终于如愿获得“全国文明城市”桂冠。这是宜昌400多万人民的荣耀，是宜昌精神文明建设和经济社会发展史上具有重大里程碑意义的大喜事。回首创建历程，异常艰辛不易；分享胜利果实，荣誉属于人民。

1. 紧扣评测标准，把握创建重点

严格按照《全国文明城市测评体系》明确的各项标准确定工作目标，优化资源，整合力量，统筹推进以全国文明城市为龙头的创建工作。

一是着力提升城市功能。牢固树立城市品牌理念，坚持高起点规划建设，着力提升城市品位，提升城市综合服务功能和综合竞争能力。近五年来，筹资70多亿元，开工建设了城区基础设施项目150多个，沿江大道、城东大道等33条主次干道新建和改造完成，广电中心、新图书馆、临江溪污水处理厂等重大项目全面建成，中心商务区、商业步行街、万达广场等一批服务类项目投入使用。城区生活垃圾无害化处理率、生活污水集中处理率均达到90%，城区空气质量二级以上优良天数达到350天。

二是着力形成创建合力。将城市社会文明教育创新工作纳入城区各区和市直各单位年度目标考核，实行年度目标管理和“一票否决”制。积极推行“城管进社区”和“路段管理责任制”，建立了市级领导联系街办、区级领导包片、市直单位对口帮扶社区、区直单位包路段、网格员包楼栋的文明创建责任制，一定三年不变，充分调动了各级各方面积极性。同时，以创建文明城市为龙头，统筹推进城市文明建设，形成了资源共享、多城共创的良好格局。宜昌先后进入中国优秀旅游城市、国家园林城市、国家卫生城市、国家环保模范城市、国家森林城市行列，连续四届被评为全国创建文明城市工作先进城市和全国双拥模范城市，连续两届被评为全国社会治安综合治理优秀城市。

三是着力解决突出问题。始终坚持创建为民，采取一系列强有力措施，解决了一大批关乎民生的热点难点问题。近年来，宜昌市委市政府先后制定出台关乎民生的规范性文件30多个，多渠道投入资金100多亿元，大力推进教育、医疗、就业、住房保障、社会救助等领域民生工程建设，让人民群众更多地享受创建成果。宜昌把饮水、吃菜、行路、就医、环保等民生问题梳理归类，制发40多个具体解决方案，下达城区和市直有关单位，督促限期整改达标。民生项目的顺利实施，赢得了广大市民和社会各界对创建工作的广泛支持。

2. 坚持以人为本，实现创建惠民

始终把群众满意作为检验创建成效的第一标准，群众怎么满意，城市就怎么建设。针对老百姓身边的事、老百姓眼前的困难和老百姓长期忧虑的事，一件一件抓落实，使文明城市创建从一开始就打上深深的民生烙印。

一是加强就业和社保工作。全面落实创业就业扶持政策，以创业带动就业，开发就业岗位，扩大就业规模，城镇登记失业率近来年始终控制在4.2%以内。城镇居民基本医疗保险参保率达到94%，新型农村合作医疗实现全覆盖。城乡居民社会养老保险试点有序推进，参保人数达到100万人。农村低保制度全面建立，城镇医保实现应保尽保。城镇住房保障体系逐步健全，低收入群体住房困难得到有效解决。探索建立被征地农民社会保障体系，以基本养老保险为重点，住房、医疗、就业、发展、社会保障“五法并举”，实现农民“变”居民、农村“变”社区。

二是倾力帮扶特困群体。完善城市低保制度，近4万名城市低保户纳入保障范畴。出台《宜昌市最低收入家庭廉租住房管理实施办法》、《宜昌市城区贫困群众医疗救助实施办法》等规范性文件，建立了医疗、住房、教育、司法、就业等专项救助制度。制定《宜昌市农民工基本医疗保险暂行办法》和《宜昌市农民工工伤保险实施办法》等规范性文件，绘制“农民进城打工服务线路图”，兴建“农民工生活公寓”，建立“农民工援助站”，开办“农民工夜校”，这一系列政策措施的实行，有效地解决了农民工养老、失业、医疗、工伤、生育保险和子女上学等困难。

三是强化社区便民服务。按照统筹规划、政策扶持、分级投入、社会支持的思路，兴建和改建城区社会活动用房。目前中心城区所有社区办公、活动场所面积均不少于300平方米。全市建立1000多个社会服务中心、老年公寓、托儿所、托老所、社区中介服务组织，开展各类社区服务项目500多个，形成了区、街道、社区三级服务体系。积极推进社区信息化建设，建立起涵盖社区党建、低保、劳动保障、计生、残疾人、退休人员等多方面信息的社区基础信息数据库，完善社区服务热线系统，为居民提供方便快捷的社区服务。

3. 推进机制创新，巩固创建成果

文明城市建设是一个长期而又艰巨的过程。宜昌始终坚持把建立健全创建工作长效机制作为持续创建的关键环节，为巩固深化创建成果奠定了坚实的基础。

一是创新社会管理机制。紧紧抓住全国社会管理创新综合试点重大机遇，全面系统推进社会管理创新，构建党委领导、政府负责、社会协同、公众参与的社会管理格局，促进社会管理从条块分治向整体联动转变、从被动应对向主动服务转变、从传统方式向信息化手段转变。宜昌将城市社区划分为1100个网格，每个网格配备一名管理员，综合履行信息采集、综合治理、就业保障、民政服务、计划生育、城市管理等职能，有效实现了社会管理地域全覆盖、社情全摸清和服务全方位，以人为本的网格化管理、信息化支撑、全程化服务社会管理新体系初步形成，经验已在全国逐步推广。

二是建立高效运行机制。成立城市综合管理委员会，与创建全国文明城市领导小组办公室合署联动，统一负责文明创建和城市管理的组织领导、指挥协调。按照重心下移、属地管理原则，强化区政府管理责任，将次干道、背街小巷和杂居小区管理下放到各区，形成了“决策考核以市为主、组织实施以区为主、市民动员以街道社区为主”的运行架构，形成了上下联动、齐抓共管、权责明确的文明城市创建新机制。

三是健全责任落实机制。出台创建文明城市责任分解实施方案，将创建文明城市的各项重点工作和目标任务，按年度细化分解到近百个创建责任单位，实现了创建主体明晰化、目标责任具体化、工作指标定量化。其一，建立了创建文明城市工作联席会议制度，定期召开会议，听取汇报；其二，建立了创建责任单位年度述职制度，每年开展一次述职；其三，建立深化全国文明城市创建工作问责机制，对问责对象在创建工作中，不正确、不及时、不有效履行职责、造成不良影响和后果的进行问责；其四，建立每月暗访测评制度，每月测评并召开新闻发布会，向全社会通报；其五，建立专项督察制度，成立督查专班，定期开展督察，实行强力整改。

创建文明城市是一项符合民意、造福百姓的民心工程，有助于提高市民的文明素质和城市的文明程度，为经济发展和社会进步创造良好的城市环境。经过五届15年的艰辛创建，宜昌的城市环境、市民素质、城市文明程度等软硬件条件都有了明显提升。可以说，经过一系列的整改、蜕变，文明之花已经在荆楚大地上悄悄绽放。如今，完善的城市功能、健全的城市设施、繁忙有序的交通秩序、街净楼美的环境卫生、谈吐优雅的普通市民，以及漫步运河两岸、健身休闲的人们，无不彰显着城市的文明品味，焕发着城市的迷人光彩，增加着城市的文明气息，也使宜昌的对外形象有了明显提升。

2015年2月28日，中央文明委在北京人民大会堂召开精神文明建设表彰大会，宜昌继2011年成为湖北首个全国文明城市后，再度荣获“全国文明城市”称号，成为湖北省首个蝉联此殊荣的城市。历时三年，两获殊荣，宜昌交出了一份优异的成绩单。2012年、2013年宜昌连续两年以全省第一的成绩通过中央文明办年度双测评，2014年宜昌更是高标准顺利通过全国文明城市复评工作。作为湖北省首个获得全国文明城市殊荣的城市，宜昌先后获得国家卫生城市、国家环保模范城市、国家森林城市、全国双拥模范城市、国家园林城市、全国社会治安综合治理“长安杯”等殊荣，有力地促进了省域副中心城市和现代化特大城市建设。宜昌将深化全国文明城市创建作为推进现代化特大城市建设的重要途径，牢固树立“全民创建、创建为民”的工作理念，将培育和践行社会主义核心价值观作为深化全国文明城市创建的灵魂工程。深化文明城市创建，从创建到蝉联，宜昌建立了文明城市创建工作的长效机制，让文明创建获得源源不断的动力，变成一种由外及内、“油然而生”的共识与共举。

二　“国家卫生城市”名不虚传

国家卫生城市是由全国爱国卫生运动委员会办公室考核组验收鉴定，而评选出的卫生优秀城市。截至2009年12月，全国爱卫会已经命名118个国家卫生城市，约占全国城市总数的1/6。此外，全国还命名了28个国家卫生区，377个国家卫生县（镇）。

早在1996年，宜昌就提出创建国家卫生城市的奋斗目标。此前，湖北省是全国仅有的两个没有卫生城市的省份，宜昌获此殊荣，实现了湖北省零的突破。国家卫生城市标准共有10个方面65条，每一条都事关民生大计。宜昌始终坚持“全民创建、创建为民”的宗旨。致力于提高居民生活质量。

宜昌在创建全国卫生城市的过程中，不断突破，在创建过程中获得了宝贵的实践经验。

一是创建机构高规格。宜昌市的“创卫”工作领导小组，均由市委（区委）书记亲自担任组长。创建工作实行市（区）级领导联系点制度，市（区）几大班子领导分片包干，督导开展创建工作。形成了纵向创建链，横向创建网，构建了政府主导创建、部门合力创建、市民参与创建的工作网络。

二是创建工作目标化。宜昌市委市政府每年将“创卫”工作纳入政府的目标考核范畴，以市区两级政府为主体，明确创建目标和工作任务，加强督办落实，确保每年取得实实在在的进展。宜昌市制定出台了《宜昌市创建国家卫生城市实施方案》、《关于“三城联创一票否决”实施办法》和《“三城联创”工作目标考核管理办法》，实行目标管理，党政主要领导亲自抓，分管领导具体抓，一级抓一级，一级促一级。严格实行谁主管、谁负责，谁丢分、谁负责，将年度考核结果作为奖惩和任用干部的重要依据，确保创建工作事事有人抓、件件出成效。

三是创建宣传多样化。宜昌市在市委机关报——《三峡日报》上开辟了“文明宜昌、三城联创”专题栏目，在三峡电视台《宜昌新闻》节目中开设了“创卫热线”，在《直播宜昌》中加强“创卫”新闻报道、创办“市民访谈”和“卫生与健康”等节目，在市广播电台开办“环卫之声”频道，在全市开展“我在宜昌，我爱宜昌，我为‘三创献一计’”大型民意调查互动活动。广泛开展“小手拉大手、文明卫生一起走、创建国家卫生城”活动。在城市主要街道、社区、商业中心区、城市主要出入口、学校及建筑工地围墙等重点地段，设置“创卫”宣传标语和公益广告，在出租车上张贴创卫宣传口号，举办“齐抓共管，人人参与创建国家卫生城市”万人签名活动。通过多种行之有效的途径，掀起了声势浩大的宣传热潮，让“创卫”工作家喻户晓，城区居民健康知识知晓率和健康行为形成率有较大提高。

四是创建机制长效化。宜昌市人大通过了《关于进一步加强“三城联创”工作的决议》，将各项创建工作纳入规范化、法制化、制度化轨道。围绕创建难点，市工商、城管、卫生等 8 个职能部门联合颁布了《关于依法整治“七小门店”等单位和个人违规行为的通告》，建立长效监管机制，着力规范其经营行为，取得明显成效。

建立健全全民参与机制。始终坚持“开门创卫”，精心设计创建载体，引导、动员广大市民参与到创建活动中来，形成人人关心创建、人人支持创建、人人参与创建的良好局面。始终把培育和提高市民的健康意识、文明素质、创新能力，贯穿于创建全过程，让市民实现自我管理、自我教育、自我服务、自我监督，在自觉参与中迸发出巨大的热情和无穷的创造力。注重“创卫”与创建全国文明城市、国家环境模范城市有机结合，把“三城联创”工作融入到城市建设管理的日常工作和各部门、各单位的业务工作中，共同推进，共同提高。

建立健全市场服务机制。在城区保洁管理上，坚持政府主导力、企业主体力和市场配置力“三力合一”，坚持政府“有形之手”与市场“无形之手”两手并用，积极探索市场化运作机制，提高城市的卫生管理水平。按照“两把扫帚变一把”、垃圾统管统运、市场化运作的思路，将市区主次干道、背街小巷全部纳入环卫清扫保洁范围，做到了市区主次干道、背街小巷 24 小时干净清爽。

建立健全人性化管理机制。采用疏堵结合、管理与教育并重的方式，对下岗职工、进城农民、残疾人等弱势群体进行柔性管理。对流动摊贩、占道经营者除依法依规取缔之外，强化引导，让其在规定地点、时段经营。在交通警力配备、红绿灯时间设置上，充分考虑不同地段、不同时段的流向、流量特点。专门建设安置小区，对失地农民实行社区管理，使农民迅速转变为具备一定文明素养的市民。组织低保对象、下岗职工成立城管专门队伍，宣传城管条例，参与城市管理，使城市管理“对手”变成城市管理助手。

五是督办检查制度化。宜昌市组建强有力的督导专班，通过行政督办、现场督办、会议督办、专班督办、新闻督办等多种形式，对各责任单位创建工作进展情况进行严格督办，定期发布督办通报，对重点难点工作，安排专人跟踪督办，推动各项创建工作不断深入。形成了自上而下的督查督办链条，有力地促进了城市管理各项工作的落实。

六是创建责任具体化。宜昌市建立了城市环境卫生综合整治机制。对城区160条背街小巷明确到责任单位、责任领导、责任人，增设公益型岗位聘请保洁人员；强化“门前三包”责任制，以街办、社区为单位，组建环境卫生监管专班，实行全方位监管，定期检查考核，规范临街门店招牌，开展小餐馆和公共场所“五小行业”专项整治，市工商、城管、卫生等相关部门和各区组建综合执法专班，采取“疏堵结合、综合治理”办法进行专项整治。市政府安排资金300万元，实行以奖代补，鼓励农贸市场改造硬件设施。各区政府与农贸市场业主签订了创建责任书，强化农贸市场业主主体责任，督促农贸市场开办单位加强行业自律，落实创建责任。

七是园林绿化规模化。宜昌市突出滨江和山水园林特色，加强城市生态建设，努力实现山、水、城、坝协调发展，人与自然和谐相处。大规模实施拆房建绿、拆墙透绿工程，狠抓公共绿化和庭院绿化。先后建成了世界和平公园、楠苑、松湖公园、截流纪念园、欧阳修公园和白龙岗公园等29个公园、36个游园、37块街头绿地。改造了滨江公园、南樹盆景园、大南门至镇江阁近12万平方米的公共绿地。

八是美化亮化高水平。宜昌市按照“一店一牌、规格统一、色彩协调、一街一特色”的标准，规范临街门店招牌，落实“门前三包”责任制，主次干道和街巷路面平整干净，两侧建筑物整洁美观，广告、牌匾设置规范，车辆停放整齐，市容市貌焕然一新。

三 “国家环保模范城市”榜上有名

“环保模范城市”是遵循和实施可持续发展战略并取得成效的典型，是我国城市21世纪初期发展的方向和奋斗目标，是我国环境保护的最高荣誉。国家环保模范城市涵盖了经济、社会、环境等多个方面的考核指标，“创模”是一项复杂的系统工程。宜昌市坚持“重民生、重过程、重特色”和“务实、真实、扎实”的“三重三实”原则，不断创新工作思路，突出重点，彰显特色，全面推进创建工作。宜昌市在创建国家环保模范城市中有如下七点做法：

一是完善创建工作保障机制，夯实环境保护群众基础。成立以市委书记为组长的创建工作领导小组，加强创建工作组织领导，统筹推进全市创建工作。科学编制“创模”规划，详细制定“创模”实施方案，将各项创建任务层层分解落实到相关责任单位，把创建工作纳入全市目标管理，实行综合考评、“一票否决”。多元化增加创建投入，近几年来累计投入环保资金近 50 亿元，为“创模”提供了强大资金保障。开通 12369 环保热线，在各类新闻媒体开辟“创模”专栏，面向社会聘请义务环保监督员，编发《市民环保手册》，组织开展“创模”知识竞赛、“创模”摄影大赛、“创模”进社区等活动，拓宽环保公众参与渠道，建立健全环保公众参与机制，强化环保公众监督机制。组建“青年环保志愿者”、“巾帼环保志愿者”和“环保小卫士”等环保公益组织，使“创模”工作得到人民群众的大力支持和广泛参与，构建了扎实的环境保护群众基础。

二是以节能减排为突破口，积极构建“两型”社会。通过扎实开展节能减排等工作，积极构建资源节约型和环境友好型社会。第一，强力推进节能减排。出台《关于进一步加强节能减排工作的意见》，将节能减排目标纳入全市经济社会发展规划。组织实施了“十大节能工程”和“百家企业节能工程”。通过推进节能降耗技术改造，建成了一批节能企业，单位能耗普遍下降。全市化工、建材、冶金三大高耗能产业节能工作走在全国、全省前列，部分产品综合能耗达到国内先进水平。第二，把推广清洁生产与污染治理有机结合，把推行环境管理体系认证作为规范企业环保管理的有效手段，积极引导企业开展清洁生产审核和环境管理体系认证工作。第三，推进清洁能源利用，优化能源结构。充分利用水能资源优势，科学实施水电能源开发，宜昌市域内已经建成葛洲坝、清江隔河岩和高坝洲等多座水利水电工程。抓住西气东输机遇，积极建设天然气利用项目，目前宜昌主城区各单位和家庭已用上天然气。第四，积极探索发展循环经济。制定《宜昌市循环经济发展规划》，通过不断探索实践，形成了以“创新中循环，循环中增效”为特色的循环经济发展模式。宜化集团、兴发集团成为全国循环经济先进企业，有 7 家企业被认定为全省循环经济试点企业。宜昌开发区成为国家级循环经济示范区。

三是把三峡库区作为重中之重，全面实施水环境治理。其一，积极开展水污染治理。"十五"期间，全市实施了三峡库区及其上游水污染防治项目 47 个。近几年，又启动了三峡库区及其上游水污染防治项目 42 个。加强流域综合治理，实施了黄柏河流域、香溪河流域、柏临河流域等一批水污染防治工程。加大船舶污染防治力度，对长江宜昌段所属 110 余艘船舶的排污口进行了铅封，禁止其向长江排污。开展库区水质预警和同步监测，建立健全了三峡库区水环境应急监测机制。其二，编制《宜昌市集中式饮用水源地环境保护规划》，进一步加强饮用水源保护区建设管理。按照环保部要求，对各饮用水源地水质实行严格监测。其三，开展水土保持和地质灾害防治。充分利用水土保持治理项目建设机遇，实施库区水土保持综合治理面积 1000 多平方公里。积极开展地质灾害防治工作，建立了由 400 多个地质灾害观测点组成的监测预警体系。全市三峡库区地质灾害治理工程完成效果良好，多次得到国家、省领导和专家的高度评价。

四是加强环保设施建设，提高城市污水垃圾处理水平。其一，提高污水处理厂建设管理水平。宜昌城区已建成 4 个污水处理厂，生活污水日集中处理能力达到 26.8 万吨，集中处理率 86.5%，在湖北省率先实现了大于 80% 的目标，并对污水处理厂污泥进行了安全处置和综合利用。制定出台了《宜昌市城镇污水处理厂运行管理办法》，积极推进污水处理社会化、市场化和专业化。其二，加强生活垃圾处理场建设管理。全市城区建设了两个垃圾填埋场，生活垃圾日处理能力达到 732 吨，无害化处理率 89.88%。积极推进垃圾焚烧和垃圾堆肥项目建设，促进了生活垃圾处理方式由单一型向综合型转变，逐步实现城市垃圾处理产业化。配套建设垃圾填埋场渗滤液处理项目，使渗滤液经处理后达标排放。其三，开工建设危险废物处置中心，积极推进危险废物集中处置。

五是以工业污染防治为龙头，着力开展城市环境综合整治。其一，大力开展工业污染防治。"十五"以来，实施工业企业"退城进园"，全市共搬迁、关停并转城区落后生产能力、污染严重企业近百家。其二，加强城市环境综合整治。宜昌在湖北省率先启动了淘汰燃煤锅炉行动，中心城区实现无燃煤锅炉的目标。逐步对城区公交车和出租车实行油改气，加快推进机动车燃料改造。目前城区已有 4 个压缩天然气加气站投入使用，486 台公交车和 1300 辆出租车完成改造。修订完善了《宜昌市机动车排气污染防治办法》，加大了机动车尾气污染防治力度。发布《宜昌市城镇环境噪声污染防治管理实施细则》，建立环保、公安和城管等部门分工协作的噪声监管机制，噪声污染得到严格控制。在城区实行机动车“禁鸣”，进一步减轻交通噪声污染。

六是注重“创模”辐射延伸，积极推进农村环境保护。其一，大力加强林业生态建设和自然保护区管理。全市累计完成退耕还林 164.07 万亩，天然林保护 1274 万亩，植树造林 23.65 万亩。不断加强自然保护区、国家森林公园等建设与管理，初步形成了保护类型齐全、分布范围合理的“受保护地”管理网络。深入开展矿产资源开发秩序与环境保护专项整治，进一步优化矿产资源开发结构和布局，提高了矿山规模化、集约化利用和生态环境保护水平。其二，积极开展农村环保工作试点。把生态家园建设作为农村环境保护的切入点和突破口，不断加大投入力度，积极发展生态农业，整体推进生态家园建设。全市建沼气池农户已达 26.58 万户，占总农户的 32.4%。加强小城镇和村容村貌环境整治，加强农村饮用水源地保护，加强农村生活污水和垃圾治理，加强畜禽养殖污染防治，农村生产生活环境得到极大改善。宜都市、远安县成为全国“农村环保小康行动试点县市”。其三，积极创建“国家生态示范区”。当阳市、远安县已进入“国家生态示范区”行列，远安县在省内率先开展了“国家生态示范县”创建工作。

七是增强环境突发事件应急能力，维护广大人民群众的环境安全。制定《宜昌市突发环境事件应急预案》，构建市、区（县）、企业三级预案体系。建立应急环境监测中心，配备多功能应急监测车，应急环境监测能力不断增强。积极开展突发环境事件应急演练，应急反应速度和处理能力进一步提升。出台了《宜昌市危险废物管理办法》，进一步加强和完善了危险废物转移、处置管理。对医药、化工等行业开展安全生产和环境污染事故隐患排查，有效地防治了环境污染引起群体性事件和因安全事故引发环境污染事件，进一步维护了广大人民群众的环境安全。

四　宜昌市民和善有礼

案例：

宜昌，这座宜人之城，昌盛之地，自古就有着崇尚道德礼义的传统。

屈原、昭君、关公等历史文化名人留给后人忠孝礼义信的珍贵品质，也让讲道德、讲诚信成为宜昌人代代相传的自觉追求。作为全国文明城市，宜昌如何在建设现代化特大城市的蓝图下让道德跃上新高度，如何利用道德模范的宣贯，来实现经济发展和市民道德素质转型的同频共振？

以“身边人讲身边事，身边人讲自己事，身边事教身边人”，宜昌建设的1000余所“道德讲堂”，让百万市民坐得住、听得进、学得会、用得上。“道德讲堂”已成为宜昌创新社会管理，推动经济社会转型升级新的着力点。

1. 以“身边人”讲“身边事”

2013年8月12日，家住伍家岗航运社区的居民陈红娟看到社区张贴的公告，拎着菜篮子就赶往了万寿桥街道办公室。这里人头攒动，数百居民围聚一堂，静静聆听社区德高望重的残疾老党员讲述他的道德故事。

活动组织者、航运社区区委书记区娟欣慰地说：“以前大家觉得模范离我们很远，感动而不敢学。现在居民们在自家门口，听着最熟悉的人分享道德故事，收获的不仅是感动，还有精神的共鸣和震撼。”

在宜昌，像这样以“身边人讲身边事，身边人讲自己事，身边事教身边人”为主要形式的“道德讲堂”已经开办了1028个，参与群众35万人次，覆盖社区居民、农民、公务员、学生、工人、新市民等各类人群。“道德讲堂”家喻户晓，“崇德尚善”蔚然成风。

“模范就像梯子，从不是用来仰望的，而是让更多人借助它来攀登。”市文明办主任李进新在接受采访时如是说。“要做好文明城市这篇大文章，需要高度的文化自信和文化自觉。而要实现这一点，除了政府引导，还需要群众积极参与。”

在这一理念引领下，道德讲堂在宜昌遍地开花，逐步建成了“做反省、唱歌曲、诵经典、学模范、发善心、送吉祥、向‘德’鞠躬、善行义举”的道德文化建设的新平台、新模式。

2. 用“小人物”传“大能量”

凡人善举是“道德讲堂”不竭的生命动力。

近年来，市文明办通过建立覆盖党政机关、窗口行业、校园、社区、乡村等各领域的“道德讲堂”，传播凡人道德故事，讲述百姓身边人的模范道德故事，使道德故事可亲、可敬、可信、可学，引导群众积善行德，自觉成为道德的传播者和践行者。

78岁的王秀英老人是伍家岗隆康路社区的一位普通居民。退休后的她先后担任过社区卫生义务保洁员和义务巡逻员，并在任社区图书管理员期间刻苦自学，甩掉了文盲的帽子。她发动周围的人参与助人为乐的公益活动，成立“老妈妈义务巡逻队”，一群平均年龄近70岁的花甲老人在王秀英的带领下，风雨无阻义务巡逻二十五载，协助维护了社区秩序和平安。

在此前长达10余年的时间里，王秀英的事迹仅为和她亲近熟悉的人津津乐道。如今，通过“道德讲堂”这个载体的宣传，王秀英和她的“老妈妈义务巡逻队”已经是家喻户晓。在她的精神力量感召下，越来越多的志愿者开始加入和充实到这支队伍中来，这支队伍成为社区乃至整个宜昌一道独特亮丽的“银色风景线”。

3. 从“学模范”到“做模范”

事实上，自“道德讲堂”开设以来，类似王秀英这样的道德模范层出不穷。近年来，从宜昌“道德讲堂”走出各类好人3000余人，这其中，全市推出了郑琦、薛家清、李国楚等全国道德模范提名奖3名，李文英等湖北省道德模范6名，李广佳等宜昌市道德模范104名，并先后有王劲松等36人入选中国好人榜，还有罗长姐、李元成、吕俊峰等3人入选全国第四届道德模范候选人。这些道德标杆像点点星火，燃烧自我温暖他人的同时，也源源不断传递着社会主义核心价值体系的“道德力量”。

从细微之处见真情，用平凡的故事打动人。道德宣讲员刘艳红说，“道德讲堂”接地气，讲的故事老百姓听得进去、说得出来、带得回去、放得心上。更重要的是，越来越多的个体或群体，会在潜移默化中受到影响，崇德向善、见贤思齐，成为新的“道德生力军”。作为最早一批开展“道德讲堂”的企业，宜昌市供电公司就是“身边榜样”道德辐射作用的最大受益者之一。

自2012年举办“道德讲堂”以来，宜昌市供电公司在机关本部及各二级单位巡回开讲30余次，受教育人数逾4000余人次，在公司员工中掀起了学习道德典范的热潮。在这里先后涌现出“一句话、一辈子”的“信义孝子”李元成，从“爆破英雄”到敬业奉献典型的侯满厚，跳进寒江勇救2名落水儿童的“笑脸爷爷”迟德智，用一支竹竿救起落水三人的夷陵区供电公司职工王乐明，面对大额现金及贵重物品不动心的客服中心好保安唐友龙等一批先进典型。诸如此类的凡人义举，在供电公司广大干部职工中引起了强烈反响的同时，也成为宜昌“道德讲堂”最生动的教材。

“道德讲堂”里，群众不仅是道德传承者，更是践行者。在“做善事”环节，不少单位和个人通过捐款捐物、志愿服务等活动，来帮扶困难群众、自助慈善事业，或关爱道德模范和身边好人。如由市委宣传部、市文明办主办，市检察院承办的宜昌市“道德讲堂总堂”第一讲，现场接受捐款79517.50元，其中宜昌市供电公司、市地税局各捐款3万元，用于帮助四川地震灾民及学习宣传、帮扶困难道德模范；市交通局承办的“道德讲堂总堂”第二讲中，举行了宜昌市第九届免费接送高考生志愿者活动仪式；市保险协会承办的“道德讲堂总堂”第三讲中，现场为学雷锋协会捐款31560元；在市政府办、市直宣教系统承办的“道德讲堂总堂”第四讲中为农村留守儿童捐书10000多册。在市粮食局道德讲堂上为黄愉婷捐款8000元，市邮政局开展的“道德讲堂”做善事环节，举行了关爱贫困学生的“爱心包裹”捐赠活动……全市许多单位都把“做善事”环节搬到了户外，结合实际开展了不同形式的学雷锋志愿服务，万民志愿者活跃在宜昌的大街小巷、车站码头。

点滴善举，如江流汇海，让宜昌这座文明城市凝聚无穷大爱。

以社会主义核心价值体系引领城市社会文明教育，使社会主义核心价值体系融入到城市精神，在弘扬城市精神中，打造城市发展的核心动力，使市民与生机勃发的城市一起成长、同步共进，让市民在弘扬城市精神中升华境界。[①] 社会主义核心价值观不仅表现为观念形态，而且更多地表现为现实形态。实践是社会主义核心价值观生成发展的基础，只有立足于实践的核心价值观，才有合理的现实基础，才会被人们普遍接受和认同，从而成为社会和个人的价值追求、价值标准。

---

① 湖北宜昌文明办：《宜昌创建文明城市工作》，http：//archive. wenming. cn/gzyd/2008 – 12/18/content_ 15221571. htm，2014年7月。

1. 市民道德建设的现实价值

宜昌是三峡大坝、葛洲坝的所在地，历史悠久，风景秀丽，旅游资源丰富。慕名而来的游客在感受宜昌的历史厚重、文化繁荣的同时，也充分感受到了宜昌人的热情、友好、文明、进步。广大市民的共同努力也是宜昌能荣获“全国文明城市”的有力保证。

市民是平凡的，但市民是城市的主人，是城市文明的创造者和传播者。城市文明建设有赖于市民素质的提升，市民素质的提升则有赖于市民精神的形成。勤劳敬业、正义勇敢、仁爱向善是中国传统道德中普及最广、传播最久的美德，有着永恒的意义。中华民族史可以说是一部可歌可泣的勤劳敬业史、一部可敬可佩的正义勇敢史、一部可赞可颂的仁爱向善史。中华民族的这些美德传承到当今城市社会，则表现为令人称道、闪闪发光的市民精神。不断地挖掘弘扬这种精神，能推动城市社会文明的发展，促进人类社会为进步。

宜昌地域特征丰富，形成了正道直行、舍己为公等优良传统。将社会主义核心价值观与宜昌文化资源结合进行鲜活展现，可以充分发挥地域文化影响力广、凝聚力强、号召力大等优势，更容易直达人心。倡导市民道德，正是为了传承这些优秀传统文化因子，使其融入人们的精神血液之中，在全市形成积极向善、争当好人的道德风尚。宜昌作为湖北首个“全国文明城市”，市民文明素质是城市文明的基础和灵魂。提升城市文明水平，站在新的起点上，不仅让群众得到看得见、摸得着的民生实惠，更为重要的是通过打造“文明宜昌”，涵养文明素质、共沐文明之风。倡导市民道德，可以让广大市民用实际行动诠释社会主义核心价值观的力量，绽放巨大的能量效应，托起城市文明的新高度。

2. 市民道德建设的主要做法和成效

开展“做宜昌好人、当道德模范”主题实践活动，力图以模范人物感召人、以评选导向引领人，促使市民在活动中接受熏陶，在参与中提高素质。宜昌坚持宣传教育、机制建设、实践养成三位一体的工作导向，联系实际、多措并举，在宜昌树起了一面面学习的旗帜，为加快建设现代化特大城市提供了强有力的精神支撑。

注重宣传教育，让“宜昌好人”响起来。一是常态宣传营造声势。

在宣传“宜昌好人”时，宜昌注重常态宣传，把目光投向基层，聚焦群众，深入挖掘、大力宣传基层群众的精彩闪光点和凡人善举，积极传播社会各个方面温暖人心的善心义举。在市级媒体开设了“践行社会主义核心价值观”、“宜昌好人”、“凡人善举”、“寻找最美”、“学习雷锋”等多个专栏，常年宣传普普通通的“身边好人”。近年来，重点宣传了情义孝子李元成、夷陵好人李广佳、挡刀民警王劲松、英子姐姐刘发英、英雄民警胡钦春等一大批基层党员干部；推出了夷陵大禹张宗淮、最孝农民工谭学军、情义夫妻谭继周、尹世莲等一批可信可学的普通百姓。二是集中宣传保持强势。能不能让“宜昌好人”在社会响起来，精心组织、提前谋划典型宣传战役，是一个重要环节。各大媒体通过消息、通讯、述评、评论、图片以及专题片等形式，从不同角度围绕典型进行集中宣传，形成既各具特色、又整体一致的宣传战役。当“拥军慈母”罗长姐荣获全市首个“全国道德模范”称号后，市委宣传部第一时间进行集中宣传策划，重点突出“六个一”：撰写一份事迹材料，创作一台大型纪实舞台剧，编撰一本书籍，制作一部电视纪录片，举行一系列先进事迹报告会，组织编写一个电影剧本。推出后，在社会上引起极大反响，激励广大群众积极向善。三是联动宣传扩大气势。3 年来，先后 2 次高规格地承办了中宣部、中央文明办举办的“全国道德模范故事汇”，共演出 5 场，并通过现场直播、录播、制作光碟发放等形式，组织 100 多万市民感受了道德的力量。每年还自主组织道德模范到机关、学校、企业、军营、社区、村镇进行巡讲巡演，宣传道德模范和身边好人的事迹。编辑出版了《德耀宜昌——道德模范和好人故事》一书，收集道德模范及好人故事 126 个，共印制书籍 8000 多册，作为道德讲堂的辅助教材发放给各县市区、各单位学习。同时，宜昌市在全省率先建成了第一个“宜昌好人”暨图说“我们的价值观”主题广场，以图片的形式集中展示道德模范和身边好人的先进事迹，为广大市民营造一片感受道德力量的精神乐园，进一步扩大社会宣传效果。另外，拓宽“宜昌好人”宣传教育发布渠道，有效整合了交通运输、城市建设、市政管理等部门的资源优势，在火车站、公交站亭、主要街路、建筑围挡、出租车、公交车等运输工具和公共场所进行大力度宣传，让市民在耳濡目染中受到熏陶和教育，形成广泛的社会影响。

突出机制建设，把“宜昌好人”树起来。一是体现规范运作。坚持把“宜昌好人”的精神实质渗透到市民公约、乡规、职业规范、学生守则等行为准则和各行各业的管理制度中。制定下发《宜昌市评选表彰道德模范实施办法》、《关于在全市开展“学习道德模范争做文明市民”活动的通知》、《宜昌市学雷锋志愿服务工作条例》等文件，评选表彰了一批道德模范，推荐了一大批身边好人。全市共评选表彰三届道德模范及提名奖105名。其中，罗长姐荣获“全国道德模范”，郑琦、薛家清、李国楚、李元成、吕俊峰等5人先后荣获“全国道德模范提名奖”，李元成等5人先后荣获“湖北省道德模范”荣誉称号。二是找准“好人特质”。近年来推出的“宜昌好人”，坚持让典型立得住、叫得响、树得牢的总体要求，着重从助人为乐、见义勇为、诚实守信、敬业奉献、孝老爱亲等五个方面进行分析论证，充分了解典型各自的成长环境、突出事迹和个性特点，深入挖掘典型的本质内涵，对典型分类、标准、定位、宣传方式、宣传时机等方面进行了规范，确保先进典型保持鲜活的生命力。自2008年以来，宜昌市共有49人次入选“中国好人榜”，入榜人数居全省地市州第一。2014年又有22人次入选“湖北好人榜”，这些典型分布于各条战线、各个行业，呈现不同的“好人特质”，范围辐射到各个领域，充分体现了“宜昌好人”选树的多样性、可信性。三是彰显人文情怀。尊重和关爱“身边好人”，是社会文明程度的重要体现，也是全社会的共同责任。宜昌市委市政府高度重视，制定了《宜昌市帮扶生活困难道德模范实施办法（暂行）》，明确了帮扶对象、帮扶方式和帮扶程序，建立了帮扶生活困难道德模范和身边好人的长效机制。近三年来，市政府安排财政资金近100万元，用于帮扶困难道德模范。同时，建立了科学合理的慰问走访制度，在重大节庆日，由主要领导带队，走访慰问各级评选的生活困难道德模范和身边好人，及时送去慰问品和慰问金。

坚持实践养成，使“宜昌好人”热起来。一是引导参与。广大市民群众积极、主动和广泛的参与，是“做宜昌好人、当道德模范”主题实践活动的一大亮点。通过持续开展“我推荐、我评议身边好人”活动、“我崇尚、我践行社会主义核心价值观”活动、“爱国歌曲大家唱”群众性歌咏活动和全国道德模范现场交流活动，积极营造全方位、多层次、立体化敬好人、学好人、做好人的热潮。同时，依托全市各类

1028个道德讲堂，编印了“道德讲堂”市民读本7万多本，引导广大市民群众通过唱一首道德歌曲、讲一个身边故事、作一番点评等活动样式，让“宜昌好人”精神唱响道德讲堂。二是重点培育。培育和践行社会主义核心价值观虽然是全民性的，但关注重点应该放在青少年这一群体上，加强青少年价值观教育关系到国家的前途与命运。宜昌以“做一个有道德的人”为主题，进一步健全完善学校、家庭、社会紧密协作的教育网络，着力抓好学习雷锋、日行一善、童心向党等经常性活动，近年表彰“美德少年”近200名，引导未成年人时时处处争做有道德的人。加强全市青年志愿者队伍建设，已发展13.4万名注册青年志愿者、140个志愿者服务站。通过组织开展“三关爱”志愿服务、“续写雷锋日记”等活动，引导他们争做“积极向善”的好青年。三是搭建平台。仅仅培育和宣传单个的“身边好人”是远远不够的，要把平台和载体建设作为着力点和突破口，充分释放“一个好人带出一批好人”的森林效应。在充分调研论证的基础上，我们重点培育和发展“学雷锋协会”、“孙万清平台”、“李元成突击队”、“帮你”工作室、“英子姐姐”助学团队、“李文英工作团”等平台和载体，每年提供固定的经费，帮助他们放大正气、扩散爱心、传递温暖。2014年以来，在中心城区加强“帮你”工作室建设，拿出专项资金200万元，1.5万名志愿者组建了40个“帮你”工作室，为民办实事近7000多件，引起湖北省主流媒体的广泛关注。

3. 市民道德建设的重要启示

这些道德模范的先进事迹是社会主义核心价值体系的集中体现，生动体现了社会主义、爱国主义和集体主义思想，体现了社会公德、职业道德、家庭美德和个人品德的优良品质，集中展现了社会主义核心价值体系的内在要求，为社会文明的发展传递了正能量。广大市民通过学习这些道德模范的先进事迹，能有效推进社会文明教育在社会范围内的广泛传播，有利于弘扬中华民族的传统美德，有利于弘扬社会发展进步的时代精神，有利于深化人们对社会主义核心价值体系的理解认同。

找准理论“结合点”，做好实践“转化篇”。社会主义核心价值观根在实践，要着力推动核心价值观从抽象的理论转化为生动的实践，规避两者之间存在的“踏空”和“对接不力”的风险。一方面，需要在理论上不断深化研究，完善理论结构，充分考虑受众的不同特点，将一般的理论具体化、通俗化，以解决实践中存在的沟通不畅、大而化之等问题，提高“落地率”。另一方面，需要在实践中不断探索积累，用通俗的语言、具体的事例，用群众所欢迎的实践形式来宣传社会主义核心价值观，为群众感知、理解、认同，进而成为自觉追求和自愿行动。

突出群众“主体性”，积聚社会“正能量”。群众既是培育和践行社会主义核心价值观的受益者，更是其实践者而非“旁观者”。要坚持以群众参与为基础，创新方式方法，引导群众从自身做起、从平凡小事做起，将社会主义核心价值观真正转化为群众刻之于心、言之于口、践之于行的价值认同，焕发出强大的生命力。要不断提高公民素质，引导群众与“身边好人”进行学习对比，实现自我教育、自我提升。要利用各种时机和场合，搭建弘扬社会主义核心价值观的展示平台，充分发挥群众的主体作用，积聚充满“正能量”的社会氛围。

发挥典型“感召力”，激活人性“真善美”。时代进步需要健康向上的道德风尚来引领，社会发展需要道德楷模的力量来推动。要充分发挥先进典型的模范带头作用，让他们走进百姓中间，在社会上树立道德标杆，成为家家知晓、人人敬重的“公众明星”。通过开展先进典型进基层、进校园、进广场、进网站等活动，让“身边好人”品牌亮出去，使“身边好人”崇高的理想信念和道德追求能够在人们的心中形成共振，真正做到“多一个广场，少一个赌场”、“多一次报告，少一些浮躁”、“多学先进，少些口角”，从而激活人性“真善美”。

要让学习道德模范的人顺心顺气，不讲道德的人受到社会唾弃，形成学习先进，崇尚模范的生动局面。城市社会文明教育创新之花才越开越红、越开越艳。

五　社会秩序安宁和谐

案例：

李慧是宜昌市西陵区中书街社区的一名“格格”，她的管辖范围为15049平方米，其中有240户居民，3条小巷。2014年5月的一天清晨8

点，李慧刚走到童家巷口，78 岁的大妈杨忠秀就迎了上来。“巷子那头的垃圾收拾晚了，脏死了！”杨大妈边抱怨，边拉着她来到巷子深处的垃圾堆放点前。李慧蹲下身来，将垃圾照片和具体位置通过手中配发的社区 E 通发送到市网格管理中心。上午 10 点 15 分，李慧转到了汪家巷，社区志愿者冀学云告诉她：17 号治安探头坏了。下午 4 点 30 分，到了孩子们放学的时间。李慧守在学校门口，将 20 多个孩子接到社区。傍晚 6 点，李慧再次转到上午报告的问题发生地，发现垃圾已经被清走了，探头也已经修好。此时，已是华灯初上。

正是通过李慧这样普通的网格管理员，在城市小网格这个民生大舞台上不断展演着一个个生动的故事，政府与群众的沟通互动渠道畅通了，社区工作人员工作负担减轻了。更为可喜的是，通过这种贴身式的服务，让政府和老百姓的心贴得更近，也让居民之间组织互动日益紧密。

例如在石板溪社区，该社区 19 名网格员把社区所有居民都纳入社区的 QQ 群，及时上传发布最新的政策信息，切实保障了广大社区居民的切身利益。遇到居民纠纷问题，网格员能在第一时间了解整体情况，提出解决办法。一方面教育了社区居民，另一方面也实实在在地做到了为居民们排忧解难。

例如宜昌高新区南苑社区邻里之间引发纠纷，该社区网格员就会在第一时间里前往纠纷现场进行调节。一方面对两家的不文明行为提出批评教育，另一方面帮助解决纠纷问题，促进邻里之间友好相处。

当前，我国正处于城市化加速推进的发展阶段，大量人口汇聚大中城市，社区人口规模不断增加，社区工作者工作压力随之增大，原有的社区划分已不能满足现有经济社会要求。调查显示，我国街道的平均规模已达 3.5 万—6.5 万人，居委会平均拥有人口数为 3127 人、969 户。而从国际经验来看，发达国家城市中社区一般不超过 1000 人、300 户。因此，正是在这种“结构紧张”的状态下，人民群众最关心、最直接、最现实的利益问题大量发生和积累在社区，从而直接影响社会稳定，社区正在面临着难以承受的重任。事实上，现代社会中单位小区淡出，商品房小区成为社区主体，陌生人社会不断替代熟人社会，社会互动的应然性逐渐降低。如果个体之间缺乏组织互动，就会出现社会原子化，这不仅使个人缺少确定性、安全感和价值归属，还使整个社会陷入整合危机。

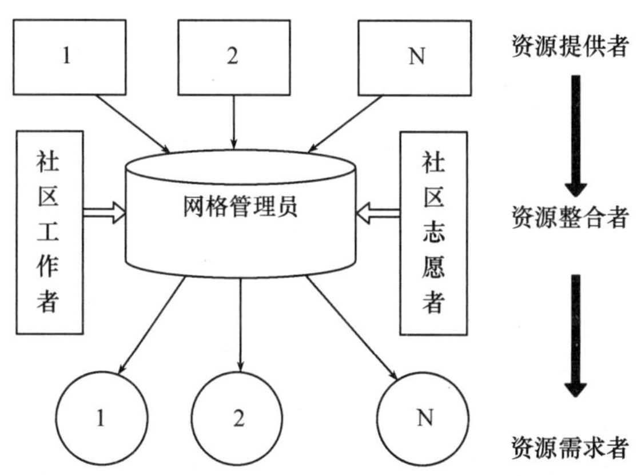

图 6—1　宜昌市网格化管理模式

随着信息化网格技术的不断演变，网格同空间地理技术相结合，从而开始应用到城市地理信息系统建设中来。其实，网格化管理并不是宜昌首创，但宜昌把网格化和信息平台有机结合起来，却是开了先河。

宜昌市委市政府把社会文明教育创新作为创新社会管理、改善公共服务、化解社会矛盾的有利契机和有效平台。宜昌在社会管理体系上探索出了“一本三化”的网格管理体系，在社会治理环节取得了重大成就。

1．网格化管理价值取向：“以人为本，全程化服务”

“以人为本”是以人民群众的需求为导向，“全程化服务”是将服务贯穿常住人口生命周期和流动人口的生活周期，实现随着人口情况的不断变动，社会管理服务及时有效跟进的社会管理秩序。也就是充分利用社会管理综合信息平台，以人口信息流为指令，及时了解群众诉求，积极主动提供基本公共服务和便民服务。新生儿童刚刚出生，医院就将相关初始信息发送到人口基础信息系统，公安、计生、卫生教育等及时跟进，一个新的社会成员信息体系随之始形成，终身管理服务由此开始。一个外来人口进入宜昌，通过社区网格、公安、计生、人社等多种渠道，建立形成外来人口相关信息，相关部门迅速跟进，全程化管理服务。

2. 网格划分方式："街巷定界、规模适度、无缝覆盖、动态调整"

宜昌市按照"街巷定界、规模适度、无缝覆盖、动态调整"的原则，以300户左右为标准，把城区121个社区划分为1110个网格，每个网格配备一个管理员。网格的划分听取街道、社区、公安、城管等部门的意见。网格的调整由各区人民政府每年上报，市民政局牵头，会同市规划、公安、城管、财政、电子政务办、社区网格管理监管中心等部门对各区提出的调整法案进行审查论证，报市综治委批准后实施。

3. 组织结构框架："事项准入、上下联动"

在运行机制方面，社区网格管理站与便民服务站、综治信访维稳工作站在社区党组织的统一领导下相互配合，各司其职，共同做好基层社会服务管理工作。市、区政府有关职能部门建立部门内统一受理指挥平台，实现对网格管理员上报信息的一门受理和对内统一协调指挥，形成上下联动的管理运行机制。强化工作监督，严格电子监察，防止互相推诿，与单位和个人的目标管理考核和社会治安综合治理年度考核挂钩。在网格事务的准入方面，建立城市社区网格管理员工作事项准入制度，积极探索市区两级政府向网格管理员队伍统一购买服务的新机制。已经纳入网格服务管理的内容，经市直各部门提出具体工作任务申请，由市网络管理中心牵头下达工作指令，市电子政务办提供技术支持。拟新纳入网格服务管理的工作事项，由市直各部门和各区人民政府提出申请，经市社区网格管理监管中心审核，报市政府批准后方可实施。任何单位或组织未经批准不得直接安排网格管理员协助、代办有关工作事项，不得安排网格管理员从事其职责外的工作。

4. 信息化渠道："一通、两系统"

"一通"是指的"社区E通"。社区通是网格管理员对现场信息进行快速采集与传送的专用工具。网格管理员在所划分的网格内巡查，对网格内发生如常住人口、暂住人口、出租屋、治安信息、社会矛盾、计划生育、特殊人群、环境卫生、城市管理等变化信息，通过电话、表单、照片、录音和地理信息快速定位等多种采集手段，经无线电将所采集到的信息实时传送到社区综合信息服务管理平台。"两系统"是指"社区综合信息收集系统"和"社区综合服务管理系统"，承担信息的收集、协调、分配功能。

5. 网格内治理资源："格格入格，网网相连"

在行政力量下沉方面，以社区网格为基础，与城管、工商、公安等其他部门网格相连，实现治理资源网网相连，顺畅治理资源下沉渠道。社区网格管理员是由市区两级政府统一购买服务，在社区网格中专职从事信息采集和综合服务等工作的基层社会工作者。由各社区网格管理监管分中心负责与被录用的社区网格管理员签订劳动合同，合同期限一般为三年，并有计划地对社区网格管理员开展政策法规、业务知识、职业道德等方面的培训，鼓励和引导社区网格管理员参与社会工作师等各种职业资格考试和学历教育考试。

"网格"（grid）一词最早出现于20世纪90年代中期，是近十年来世界上兴起的一项重要信息技术。根据福斯特和凯塞尔曼德从计算机科学的角度认为，网格是构筑在互联网上的一种新兴技术。随着信息化网格技术的不断演变，网格同空间地理技术相结合，从而开始应用到城市地理信息系统建设中来。城市网格化管理作为一种新型的数字化城市管理模式，由北京市东城区首创，目前在上海、深圳、武汉、杭州、合肥和舟山等十多个城市展开试点。

基于此，依托数字化城市所建立的社区网格，正是打破传统意义上的大社区格局，重构基层管理和服务架构，建立和强化个体之间有效联结的微观组织单元，实现政府公共服务的有效投递。网格作为沉降于社区的服务管理层级，也在一定程度上保证了精细化、精准化、便捷化的管理和服务，可以实现管理对象的全覆盖，并加强对特殊人群和弱势群体的监控。

与此同时，城市管理和公共服务作为一个复杂性的系统工程，涉及城管、公安、卫生、教育、工商、计生、人社、民政等诸多方面和部门。网格化管理正是围绕上述职能部门的各种管理问题构筑全方位立体化的协同管理层级，将各种资源有效配置整合，为资源需求者提供可透明地使用整个网络乃至整个社会资源的服务。通过网格节点，积极推动各类社会服务资源聚集整合，由传统的被动服务、坐班管理向主动服务、巡查管理转变，创新社会服务管理基础结构。网格化管理正是为了寻求这一目标，在资源共享基础上，提供公共服务保证。

网格化管理带动街办、社区管理职能变革。现在，宜昌城区所有街办都成立了便民服务、综治信访维稳和网格管理“三个中心”，与之相对应，原来的社区整合成便民、维稳、网管“三个站”，同时拥有社区专职工作者、网格管理员和社区志愿者“三支队伍”。基于这种基层治理模式的革新，加强了政府基层力量，整合了部门分散资源，提升了社区服务水平，使政府从越位、错位回到正位，从而最终实现从全能政府向有限政府转变。更为重要的是，宜昌市通过在社区设立网格，构建网格管理员这一纽带，划小了管理单位，加强了网格内住户居民的联系互动，增强社区居民与社区利益的关联度。此外，社区居民还主动将身边的问题和生活中的诸多不便告诉网格管理员，使居民身边的琐事通过他们成为政府案头的大事，激发了居民参与城市管理的热情，形成了市民与政府互促互动的格局，为构建和谐社会打下了坚实基础。

总之，宜昌将社会文明教育与社会管理、公共服务相结合，有力促进了社会管理文明，社会生活文明，有利于城市的健康发展，有利于社会的和谐稳定。

参考文献

一　著作

[1] 于建荣:《中国特色社会主义社会文明研究》，中央文献出版社 2007 年版。

[2] 李少元主编:《新世纪小康农村教育建设的范例与蓝图》，国际文化出版公司 2002 年版。

[3] 罗浩波:《社会文明学导论》，浙江大学出版社 2008 年版。

[4] 高艳青:《社会转型期的城市社区精神文明建设》，河北大学出版社 2009 年版。

[5] 吴克明:《网络文明教育论》，湖南师范大学出版社 2005 年版。

[6] 国家教育发展研究中心:《2008 年中国教育绿皮书》，教育科学出版社 2008 年版。

[7] 倪鹏飞，李煜伟等:《教育提升城市竞争力——构建服务型教育体系的宁波经验》，社会科学文献出版社 2011 年版。

[8] 倪鹏飞:《中国城市教育竞争力比较——探寻宁波方位》，社会科学文献出版社 2009 年版。

[9] 朱向军:《提升城市教育竞争力》，上海三联书店 2006 年版。

[10] [美] 安东尼·奥罗姆等:《城市的世界——对地点的比较和历史分析》，曾茂娟等译，上海人民出版社 2005 年版。

[11] 褚宏启:《教育现代化的路径》，教育科学出版社 2000 年版。

[12] 丁钢:《中国教育：研究与评论》(第 2 辑)，教育科学出版社 2002 年版。

[13] 顾明远:《中国教育的文化基础》，山西教育出版社 2004 年版。

[14] 国际21世纪教育委员会：《教育——财富蕴藏其中》，教育科学出版社1996年版。
[15] 刘精明：《转型时期中国社会教育》，辽宁教育出版社2004年版。
[16] 吴琅高：《城市教育论》，人民教育出版社2000年版。
[17] 王卫东：《现代化进程中的教育价值观》，中国社会科学出版社2002年版。
[18] 杨吕勇：《教育社会学》，广东人民出版社2005年版。
[19] 董克用：《公共治理与制度创新》，中国人民大学出版社2005年第2版。
[20] 章友德：《城市现代化指标体系研究》，高等教育出版社2006年版。
[21] 郑金洲：《教育文化学》，人民教育出版社2000年版。
[22] 郑杭生：《社会学概论新编》，中国人民大学出版社1987年版。
[23] 李娟：《中国特色社会主义生态文明建设研究》，经济科学出版社2013年版。
[24] 张静：《和谐社会之政治文明建设》，武汉大学出版社2010年版。
[25] 中国科学院可持续发展战略研究组：《2005中国可持续发展战略研究报告》，科学出版社2005年版。
[26] 孙向军：《中国政治文明：社会主义政治文明论》，江西高校出版社2004年版。
[27] 刘学军：《政治文明的文化视角：中国现代化进程中的政治文化走向》，江西高校出版社2004年版。
[28] 关世杰：《人类文明中的秩序、公平公正与社会发展》，北京大学出版社2009年版。
[29] 中央文明办组织编写：《社会主义精神文明建设概论》，人民出版社2005年版。
[30] 罗浩波：《当代中国文明发展理路——科学发展观与中国特色社会主义文明构建》，武汉大学出版社2011年版。
[31] [德] 埃利亚斯：《文明的进程：文明的社会发生和心理发生的研究》（大学译丛），王佩莉、袁志英译，上海译文出版社2013年版。

二 期刊论文

[1] 胡绪明：《后世博视阈下的大学生城市文明教育》，《兰州学刊》2011 年第 11 期。
[2] 李少元：《城镇化的挑战与农村教育决策的应对》，《东北师大学报》（哲学社会科学版）2013 年第 1 期。
[3] 高春花：《城市文明素质的内在要素与培养路径》，《北京建筑工程学院学报》2011 年第 4 期。
[4] 董建华：《漫谈教育者的文明与文明教育》，《辽宁教育研究》2003 年第 1 期。
[5] 孙珊珊：《公民生态道德教育研究》，沈阳工业大学硕士学位论文，2010 年。
[6] 邱其霖：《构建和谐社会进程中的城市社区思想政治教育研究》，江西师范大学硕士学位论文，2010 年。
[7] 庄锡福：《社会文明建设与政治文明建设辩证关系分析》，《马克思主义研究》2006 年第 6 期。
[8] 冯增俊：《珠江三角洲教育现代化的基本经验及展望》，《现代教育论丛》1998 年第 3 期。
[9] 李荣，于君：《关于城市社区思想政治教育工作的思考》，《教育教学》2007 年第 10 期。
[10] 陈蔚：《基于文明城市的市民文明素质审视——以惠州市为例》，《邵阳学院学报》（社会科学版）2009 年第 5 期。
[11] 廖小平：《大学德育中的“学校人”与“社会人”——当代大学的德育目标辨析》，《教学与研究》2004 年第 5 期。
[12] 刘丽波：《率先现代化城市公民的道德素质状况分析》，《哈尔滨市委党校学报》2004 年第 4 期。
[13] 樊非：《自我教育的系统分析》，《系统辩证法学报》2004 年第 3 期。
[14] 伍志燕：《科学发展观与社会文明建设”学术讨论会综述》，《江汉论坛》2007 年第 4 期。
[15] 黄蓉生，李国安：《和谐社会构建与社会文明建设》，《马克思主义

研究》2007 年第 2 期。
[16] 靳志强：《关于社会主义社会文明的若干实践问题》，华侨大学硕士学位论文，2009 年。
[17] 吴允侠：《城市现代化进程中的公民道德建设研究》，南京师范大学硕士学位论文，2004 年。
[18] 苗启明，刘天才：《双质五层结构：社会文明的完整形态》，《学术月刊》2006 年第 1 期。
[19] 王凤才：《文明论：文明问题的哲学反思》，《中共济南市委党校学报》第 2004 年第 3 期。
[20] 王孝哲：《试论社会关系文明》，《天府新论》1999 年第 2 期。
[21] 王旭东：《每个人都是社会文明的受益者》，《江淮法治》2007 年第 8 期。
[22] 萧君和：《一种非常重要的文明——关于社会文明的思考》，《贵州社会科学》2004 第 11 期。
[23] 徐红：《在建设“生活品质之城”中推进市民教育的新发展》，《南京广播电视大学学报》2008 年第 2 期。
[24] 杨全海：《论城市精神文明在城市现代化发展中的战略价值》，《资源与人居环境》2007 年第 4 期。
[25] 章仁彪：《城市文明、城市功能与城市精神》，《同济大学学报》（社会科学版）2005 年第 2 期。
[26] 程红艳：《教育的起点是人的生命》，《教育理论与实践》2002 年第 8 期。
[27] 褚宏启：《历史上英国教育现代化的进程的渐进式特征》，《比较教育研究》2000 年第 3 期。
[28] 褚宏启：《西部地区教育现代化应注意的若干问题》，《中央民族大学学报》（哲学社会科学版）2002 年第 2 期。
[29] 但昭彬，李炎芳：《关于构建小康社会教育指标体系的思考》，《中国教育学刊》2003 年第 11 期。
[30] 冯建军：《教育现代性的反思与批判》，《南京师范大学学报》2004 年第 4 期。
[31] 邴正，漆思：《文明学论纲——全球化时代文明反思的学理呼唤》，

《长春市委党校学报》2003 年第 1 期。

[32] 陈承财：《科学发展观视阈中的社会关系文明建设》，《重庆文理学院学报》（社会科学版）2010 年第 6 期。

[33] 刘振明：《试论未成年人思想道德建设的三个重要环节》，《伦理学研究》2004 年第 4 期。

[34] 马虎银：《依法治国理政，促进社会文明——新加坡法治建设及社会文明状况透视》，《发展》2007 年第 5 期。

[35] 李军：《提升高校校园安全软实力的思考》，《大学教育》2014 年第 8 期。